세상의 속도를
따라잡고 싶다면

Do it!

파이썬 웹 개발부터 배포까지!

점프 투 플라스크

파이썬 입문자도 2주 만에 만들어 운영할 수 있는 게시판 서비스!
글쓰기, 댓글, 검색, 회원가입 등 완벽한 게시판 만들기로 웹 개발 전 과정 완벽 입문!

위키독스 운영자
박응용 지음

이지스 퍼블리싱

세상의 속도를 따라잡고 싶다면 **Do it!**
변화의 속도를 즐기게 될 것입니다.

Do it!

파이썬 웹 개발부터 배포까지!

점프 투 플라스크

초판 3쇄 • 2024년 6월 27일
초판 발행 • 2020년 11월 25일

지은이 • 박응용
펴낸이 • 이지연
펴낸곳 • 이지스퍼블리싱(주)
출판사 등록번호 • 제313-2010-123호
주소 • 서울특별시 마포구 잔다리로 109 이지스빌딩 4층 (우편번호 04003)
대표전화 • 02-325-1722 | 팩스 • 02-326-1723
홈페이지 • www.easyspub.co.kr | 이메일 • service@easyspub.co.kr

기획 및 책임 편집 • 박현규 | 편집 도움 • IT 2팀 이인호, 김은숙, 한승우 | 베타 테스터 • 나영수, 김나환
교정교열 • 박명희, 김창수, 안동현 | 표지 및 본문 디자인 • 트인글터 | 인쇄 • 보광문화사
마케팅 • 박정현, 한송이 | 독자지원 • 오경신 | 영업 및 강의자료 PPT 문의 • 이주동(nlrose@easyspub.co.kr)

ISBN 979-11-6303-197-0 13000
가격 19,800원

역경을 이겨 내고 핀 꽃이 가장 아름답다.

The flower that blooms in adversity is
the most rare and beautiful of all.

영화 **뮬란**(Mulan) 중에서

파이썬으로 질문·답변 게시판을 만들어 배포해 보고 넓은 시야를 가진 웹 개발자가 되자!

《Do it! 점프 투 파이썬》으로 파이썬 기초를 공부한 많은 사람들이 "이제 무엇을 공부해야 할까요?", "파이썬으로 무엇을 해볼 수 있나요?"와 같은 질문을 많이 한다. 그래서 첫 번째 답으로 《Do it! 점프 투 플라스크》를 준비했다.

프로그래머로서 파이썬을 더 능숙하게 다루고 싶다면 이 책을!

파이썬을 공부하는 방법은 무척 다양하지만 필자는 웹 프로그래밍을 추천한다. 보통 '웹 프로그래밍'이라 하면 사이트나 게시판 만들기를 생각하기 쉽다. 웹 프로그래밍은 웹 사이트 개발 외에도 게임이나 인공지능 분야에도 적용할 수 있으므로 한번 공부해 두면 여러분의 미래에 큰 도움이 될 것이다. 물론 웹 프로그래밍은 웹 개념, 데이터베이스, 모델링, 네트워크, 서버 등 관련 지식을 많이 배워야 하고, 또 이런 지식이 어떻게 조합되어 동작하는지도 알아야 하므로 짧은 시간에 습득하기란 쉽지 않다. 그렇지만 웹 프로그래밍을 공부한다면 분명 많은 프로그래밍 지식을 얻을 수 있을 것이다.

'코끼리 다리'만 만지지 말고 코끼리를 보자

'장님과 코끼리 이야기'를 들어 본 적이 있는가? 코끼리의 상아를 만져 본 장님은 코끼리를 '무'와 같다고 하고, 머리는 '돌', 다리는 '널빤지', 꼬리는 '새끼줄'과 같다고 했다는 이야기이다. 필자가 개발자로 사회에 첫발을 내딛었을 때의 상황이 바로 이 '코끼리를 만지는 장님'과 같았다. 전체가 아닌 부분만 보며 일했던 것이다. 그때 필자는 업무에서 사용하는 프로그램과 서비스의 연관성을 전혀 이해하지 못했다. 물론 현장에서 좌충우돌하며 오랜 기간 동안 얻은 경험으로 마침내 코끼리를 제대로 볼 수 있게 되었지만 이미 너무나 많은 세월이 지나 버렸다. 그런 의미에서 파이썬 기초 공부를 마치고 《Do it! 점프 투 플라스크》를 집어 든 여러분은 행운아이다.

《Do it! 점프 투 플라스크》는 코끼리의 다리가 아닌 코끼리를 볼 수 있게 도와주는 책이다. 어쩌면 코끼리 다리에서 무릎이나 발가락 등 세세한 부분은 지나칠 수도 있다. 하지만 개발자에게 중요한 것은 코끼리이다. 코끼리를 안 다음 다리를 관찰하는 것과 코끼리를 모르고 다리를 관찰하는 것에는 큰 차이가 있기 때문이다.

> 개발 과정 전체를 보라!

《Do it! 점프 투 플라스크》가 나올 수 있도록 도와주신 많은 분께 감사의 말씀을 전한다. 또한 이 책이 출간되더라도 위키독스에 그대로 공개될 수 있도록 해주신 이지스퍼블리싱의 이지연 대표님께 위키독스 독자를 대신해서 감사의 마음을 전한다. 이 책의 내용을 초보자도 이해하기 쉽게 만들어 준 박현규 편집자님과 이인호 팀장님께 마음 깊이 고마움을 표한다. 마지막으로 오랜 시간 동안 이 책을 검토하고 읽어 주신 《Do it! 점프 투 플라스크》 독자 여러분 모두에게 무한한 감사와 행운이 있기를 응원한다!

박응용 드림

편집자의 말

재미로 읽어 보는 플라스크 이름의 유래

이 책은 플라스크 프레임워크를 중심으로 웹 프로그래밍하는 방법을 알려줍니다. 그런데! 왜? 플라스크 프레임워크는 '플라스크'일까요? 책을 마무리한 다음 이름의 유래를 간단히 찾아봤습니다.

공식 로고에서 추측: 건 파우더 플라스크에서 따왔다!?
혹시 플라스크 로고를 본 적이 있나요? 우리가 떠올리는 '유리 소재의 플라스크'가 아니라 건 파우더 플라스크gun powder flask와 비슷하네요~ 아마 플라스크를 개발한 개발자 아르민 로나허는 '아주 적은 양으로도 한 방에 웹 프로그래밍을 할 수 있는 플라스크의 특징'을 강조하고 싶었던 것은 아닐까 추측해 봅니다.
• 건 파우더 플라스크 이미지: bit.ly/32r4vun

개발자의 발표 자료에서 추측: 실험실 기초 도구인 플라스크에서 따왔다!?
학교 실험실에서 흔하게 볼 수 있었던 플라스크! 플라스크 개발자의 '플라스크 소개 발표 자료'에서도 바로 그 플라스크 이미지를 볼 수 있었습니다. 어쩌면 웹 프로그래밍의 기초 도구가 되길 바라며 플라스크라는 이름을 붙인 것은 아닐까요?
• 플라스크 소개 발표 자료: speakerdeck.com/mitsuhiko/opening-the-flask

레딧 사이트의 대화에서 추측: bottle이라는 웹 프레임워크를 뛰어넘기 위해!?
해외 개발자가 자주 방문하는 레딧(reddit.com)이라는 사이트에서 흔적을 찾아볼 수 있었는데요. bottle이라는 웹 프레임워크를 사용하다 짜증이 난 아르민 로나허가 장난 삼아 지은 이름이라고 합니다.
• 레딧 대화: bit.ly/32tkicl

한 블록씩 만들다 보니
어느새 질문·답변 게시판 서비스가 완성되었어요!

베타 테스터가 입을 모아 칭찬한 이 책만의 장점은 '하루에 한 블록씩 완성해 이어 붙이니 어느새 질문·답변 게시판 서비스가 완성되었다'는 것인데요. 게시판 개발은 물론이고 복잡하고 까다로운 AWS 배포까지 부드럽게 할 수 있었다고 하네요. 정말 그랬는지 베타 테스터의 생생한 소감을 들어 볼까요?

게시판 제작·배포 방법이 꼼꼼하게 채워져 있는 강력 추천 도서! — 김나환 님

어디에도 웹 서버를 구축하여 배포하는 방법이 명확하게 설명된 곳이 없었는데 바로 여기에 있었군요. 딱 제가 찾던 책입니다. 완독해 보니 파이썬의 기본 문법, 통신 기본 지식 정도만 알고 있으면 수월하게 볼 수 있으며, 웹 개발이 처음인 사람도 실습을 쉽게 할 수 있도록 세심하게 배려한 책이라는 생각이 들었습니다.

본문 중간중간 적혀 있는 선생님의 팁은 정말 꿀이었습니다. 본문을 읽다가 궁금한 내용이 생겼을 때 바로 보충해 주더군요. 초보자에게 유용한 정보가 팁에 가득 들어 있으니 놓치지 말고 모두 읽어 보기를 추천합니다! 《Do it! 점프 투 플라스크》를 완독하니 게시판이 만들어져서 뿌듯했습니다. 저는 여기서 배운 내용을 응용하여 다른 웹 프로그램을 만들어 볼 생각입니다.

웹 개발자가 되고 싶다면 이 책으로 공부해 보세요! — 나영수 님

취업 준비를 하면서 가장 많이 들은 조언은 바로 '게시판을 한번 만들어 보라'는 것이었습니다. 게시판을 구현하면 반드시 CRUD(create, read, update, delete)라는 핵심 기능을 구현하게 되고, 이 기능은 웹 개발자라면 당연히 구현할 줄 알아야 하기 때문입니다. 게시판 만들기는 신입 웹 개발자의 포트폴리오를 채우기에 최적이라는 뜻이기도 하죠.

이 책은 실습에 무게 중심을 둔 책이지만 이론도 자연스럽게 공부할 수 있습니다. 사소한 기능부터 하나씩 배우면서 점차 완벽하게 만드는 과정을 소개했으니 어쩌면 당연한지도 모르겠습니다. 바닥부터 쌓아가며 만드는 과정이 너무 좋았고, 덕분에 웹 프로그래밍 구조를 쉽게 이해할 수 있었습니다. 정말 행복한 베타 테스트 기간이었습니다. 여러분도 이 책으로 나만의 게시판을 만들어 보면 좋겠습니다.

나는 웹 프로그래밍 기초 지식을 얼마나 갖추었을까?

파이썬 필수 지식	숫자형 자료형	☑
	문자열 자료형	☐
	리스트 자료형	☐
	if 문	☐
	for 문	☐
	함수	☐
	클래스	☐
	모듈	☐
	패키지	☐
	라이브러리	☐
	간단한 파이썬 프로그래밍	☐
웹 필수 지식	HTML 작성 방법	☐
	HTML 엘리먼트	☐
	HTML 속성	☐
	HTML 표	☐
	HTML 클래스, 아이디	☐
	HTML 자바스크립트 연결	☐
	HTML 폼	☐
	CSS 작성 방법	☐
	CSS 선택자	☐
	CSS 박스 모델	☐

파이썬 참고 도서

점프 투 파이썬

11가지 프로젝트로 시작하는 **파이썬** 생활 프로그래밍

웹 참고 도서

HTML5 + CSS3 웹 표준의 정석

프로그래밍을 위한 자바스크립트 기본 편

(A⁺) 나는 몇 점?

_____ / 21개

진단 결과!

- 0~5개: 참고 도서와 함께 공부해 보세요.
- 6~10개: 인터넷 검색으로 보충하며 공부해 보세요.
- 11개 이상: 이 책으로 바로 공부해도 좋아요.

읽으며 이해하고, 만들어 실행해 보면서 확인하고!

단계별 소스
100% 제공!

《Do it! 점프 투 플라스크》는 파이보라는 질문·답변 게시판 서비스를 그대로 따라 만드는 방식으로 설명합니다. 그래서 이 책은 읽고, 이해하고, 만들고, 확인하는 방식으로 공부해야 효과적입니다. 혹시 단계마다 완성해야 할 소스가 궁금하다면 wikidocs.net/81088에 접속하여 소스 확인 방법을 읽어 보세요.

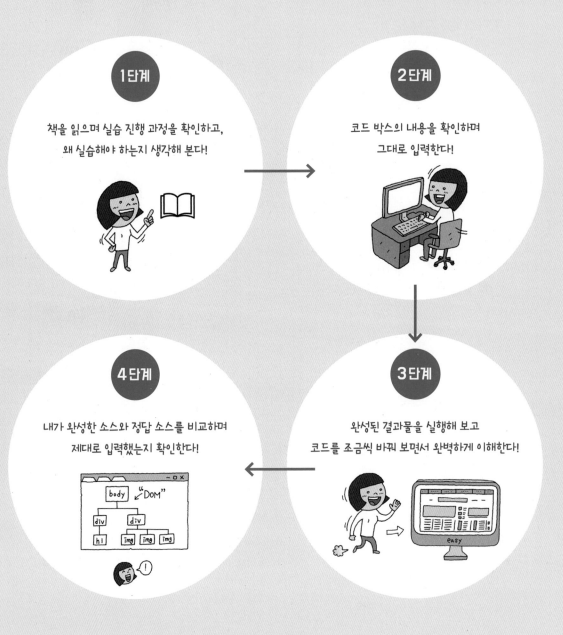

1단계 책을 읽으며 실습 진행 과정을 확인하고, 왜 실습해야 하는지 생각해 본다!

2단계 코드 박스의 내용을 확인하며 그대로 입력한다!

3단계 완성된 결과물을 실행해 보고 코드를 조금씩 바꿔 보면서 완벽하게 이해한다!

4단계 내가 완성한 소스와 정답 소스를 비교하며 제대로 입력했는지 확인한다!

독학, 단기 수업에 활용해 보세요!

웹 개발 30일 코스!

1일차 | 월 일	2일차 | 월 일	3일차 | 월 일	4일차 | 월 일	5일차 | 월 일
01장 개발 환경 준비	02-1~02-3 프로젝트 구조 이해하기	02-4~02-6 모델, 템플릿 사용하기	02-7 스태틱 이해하기	02-8 부트스트랩 사용하기
6일차 | 월 일	**7일차 | 월 일**	**8일차 | 월 일**	**9일차 | 월 일**	**10일차 | 월 일**
02-9 템플릿 상속 사용하기	02-10 폼 사용하기	03-1 내비게이션 바 만들기	03-2 페이징 만들기	03-3 템플릿 필터 사용하기
11일차 | 월 일	**12일차 | 월 일**	**13일차 | 월 일**	**14일차 | 월 일**	**15일차 | 월 일**
03-4 게시물에 번호 붙이기	03-5 답변 개수 표시하기	03-6 회원 가입 만들기	03-7 로그인 & 로그아웃 만들기	03-8 모델 변경 해보기
16일차 | 월 일	**17일차 | 월 일**	**18일차 | 월 일**	**19일차 | 월 일**	**20일차 | 월 일**
03-9~03-10 글쓴이 표시하기 게시물 수정 & 삭제 기능 추가하기	03-11 댓글 기능 만들기	03-12 추천 기능 만들기	03-13 앵커 기능 추가하기	03-14 마크다운 기능 추가하기
21일차 | 월 일	**22일차 | 월 일**	**23일차 | 월 일**	**24일차 | 월 일**	**25일차 | 월 일**
03-15 검색 & 정렬 기능 만들기	03-16 도전! 7가지 기능 스스로 만들기 소스 없음, 건너뛰어도 좋음	04-1~04-3 깃 & 깃허브 도입하고 서버 이해하기	04-4~04-5 AWS 도입하고 파이보 세상에 공개하기	04-6~04-7 설정 파일 분리하고 MobaXterm 도구 도입하기
26일차 | 월 일	**27일차 | 월 일**	**28일차 | 월 일**	**29일차 | 월 일**	**30일차 | 월 일**
04-8 WSGI 이해하기	04-9~04-11 Gunicorn & Nginx 도입하고, 본격적으로 서비스화하기	04-12 오류 페이지 꾸미기	04-13~04-14 로깅 도입하고 도메인 적용하기	04-15 PostgreSQL 데이터베이스 도입하기

저자가 파이썬으로 만든 지식 공유 웹 서비스, 위키독스

위키독스는 온라인에서 책을 만들고 공유할 수 있는 서비스입니다. 여기에서 《Do it! 점프 투 파이썬》이 시작 되었고, 이어서 《Do it! 점프 투 플라스크》, 《Do it! 점프 투 장고》도 출간되었습니다. 이곳은 여러분도 참여할 수 있는 공간입니다. Do it! 애독자 여러분도 열심히 공부해서 자신이 터득한 내용을 다른 사람과 공유해 보는 기쁨을 누려 보세요.

> **위키독스 자세히 알아보기:** wikidocs.net/book/20

저자가 파이썬으로 만든 질문·답변 웹 서비스, 파이보

궁금한 내용이 있으면 저자가 파이썬으로 만든 질문·답변 웹 서비스인 파이보에 질문해 보세요.

> **파이보에서 자유롭게 질문하기:** pybo.kr

학습에 필요한 실습 파일을 내려받으세요

이 책을 공부할 때 필요한 실습 파일을 먼저 내려받으세요. 이지스퍼블리싱 홈페이지 자료실 또는 저자 깃허브에서 실습 파일을 제공합니다.

> **이지스퍼블리싱 홈페이지**: www.easyspub.co.kr → 자료실 검색
> **저자 깃허브**: github.com/pahkey/flaskbook

이지스 소식지 — 매달 전자책을 한 권씩 볼 수 있어요!

이지스퍼블리싱 홈페이지에서 회원가입을 하여 매달 정기 소식지를 받아 보세요. 신간과 책 관련 이벤트 소식을 누구보다 빠르게 확인할 수 있습니다. 매달 전자책 한 권을 공개하는 이벤트도 진행 중이랍니다.

두잇 스터디룸에서 친구와 함께 공부하고 책 선물도 받아 가세요!

이지스퍼블리싱에서 운영하는 네이버 카페 '두잇 스터디룸'에서 같은 고민을 하는 친구들과 함께 공부해 보세요. 내가 잘 이해한 내용은 남을 도와주고 내가 잘 이해하지 못한 내용은 도움을 받으면서 공부하면 복습 효과도 누릴 수 있습니다. 서로서로 코드와 개념 리뷰를 하며 훌륭한 개발자로 성장해 보세요(회원 가입과 등업 필수).

> **두잇 스터디룸**: cafe.naver.com/doitstudyroom

차례

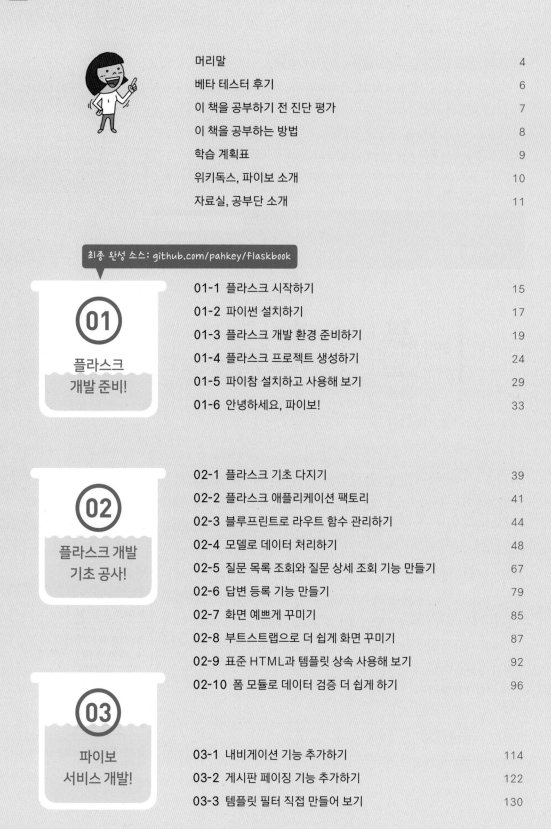

최종 완성 소스: github.com/pahkey/flaskbook

01

플라스크 개발 준비!

'시작이 반이다.'
여러분은 이미 플라스크를 향해 첫걸음을 내디뎠으니 성공을 절반 이
룬 셈이다. 축하한다. 이 책은 처음부터 끝까지 모든 내용이 이어진다.
따라서 이 책은 흐름이 중요하며 그중에서도 시작이 가장 중요하다.
이번 장에서는 플라스크를 본격적으로 개발하기 전에 준비해야 할 것
을 알아보자.

이 장의 목표

✓ 파이썬과 플라스크를 설치하고 개발 환경을 준비한다.

✓ 플라스크 프로젝트를 만들어 첫 번째 프로그램을 만든다.

✓ 플라스크 서버를 실행하고 실행 결과를 확인한다.

01-1 플라스크 시작하기

플라스크^{Flask}는 2004년 오스트리아의 오픈소스 개발자 아르민 로나허^{Armin} $_{Ronacher}$가 만든 웹 프레임워크다. 플라스크는 아르민 로나허가 만우절에 장난삼아 던진 아이디어였는데 사람들의 관심이 높아져 서비스로 만들어졌다고 한다. 플라스크는 장고^{Django}와 더불어 파이썬 웹 프레임워크의 양대 산맥으로 자리매김하고 있다.

그림 1-1 플라스크 프레임워크

플라스크는 마이크로 웹 프레임워크다

플라스크는 많은 사람이 '마이크로 웹 프레임워크'라고 부른다. 여기서 '마이크로'는 '한 개의 파이썬 파일로 작성할 수 있다' 또는 '기능이 부족하다'와 같은 의미가 아니라 프레임워크를 간결하게 유지하고 확장할 수 있도록 만들었다는 뜻이다.

간결하다는 것은 대체 무슨 뜻일까?

플라스크 프레임워크의 간결함은 구체적으로 무엇인지 다음 코드를 살펴보자. 이 코드는 완벽하게 동작하는 플라스크 웹 프로그램이다.

😊 코드를 해석하는 부분은 아니므로 지금은 구경만 하고 넘어가자.

```
플라스크의 간결함을 보여 주는 예                        ─ □ ✕

from flask import Flask
app = Flask(__name__)


@app.route("/")
def hello():
```

```
    return "Hello World!"

if __name__ == "__main__":
    app.run()
```

이 코드를 실행한 다음 웹 브라우저로 접속하면 화면에 'Hello World'가 출력된다. **이처럼 플라스크를 이용하면 파일 하나로 구성된 짧은 코드만으로도 완벽하게 동작하는 웹 프로그램을 만들 수 있다.**

확장성 있는 설계란 대체 무슨 뜻일까?

플라스크에는 폼^{form}, 데이터베이스^{database}를 처리하는 기능이 없다. 예를 들어 장고라는 웹 프레임워크는 프레임워크 자체에 폼과 데이터베이스를 처리하는 기능이 포함되어 있다. 장고는 쉽게 말해 덩치가 큰 프레임워크다. 그러면 플라스크는 이런 기능을 어떻게 보완할까? 플라스크는 확장 모듈이라는 것을 사용하여 이를 보완한다. 이 말은 플라스크로 만든 프로젝트의 무게가 가볍다는 것을 의미한다. 왜냐하면 플라스크는 처음부터 모든 기능을 포함하고 있지 않기 때문이다. 그때그때 개발자가 필요한 확장 모듈을 포함해 가며 개발하면 된다. 실제로 플라스크 프로젝트는 가벼운 편이다.

플라스크는 자유로운 프레임워크다

플라스크는 한마디로 자유도가 높은 프레임워크다. 프레임워크는 대부분 규칙이 복잡하고 개발자는 그 규칙을 반드시 따라야 한다. 규칙을 따라야 하는 건 플라스크도 마찬가지다. 하지만 플라스크에는 최소한의 규칙만 있으므로 개발의 자유도는 다른 프레임워크보다 높다.

01-2 파이썬 설치하기

플라스크는 파이썬으로 만든 웹 프레임워크다. 그래서 플라스크를 구동하려면 반드시 파이썬을 먼저 설치해야 한다. 파이썬은 공식 홈페이지에서 설치 프로그램을 내려받아 설치하면 된다.

윈도우에서 파이썬 설치하기

`01단계` **최신 파이썬 설치 파일 내려받기**

파이썬 공식 홈페이지에서 [Downloads] 메뉴를 누르고 윈도우용 파이썬 설치 파일을 내려받자. 다음 화면에서 〈Python 3.8.x〉을 누르면 된다. 참고로 이 글을 작성하는 시점의 파이썬 최신 버전은 3.8.5다.

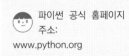
파이썬 공식 홈페이지 주소: www.python.org

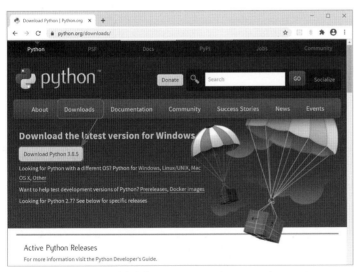

그림 1-2 파이썬 설치 파일 내려받기(www.python.org/downloads)

`02단계` **주의! 파이썬 설치 시 파이썬 경로 추가하기**

방금 내려받은 설치 파일을 실행한다. 파이썬 설치 화면이 열리면 본격적으로 설치 작업을 하기 전에 반드시 아래쪽에 있는 〈Add Python 3.8 to

PATH〉 옵션을 선택하자. 그다음 〈Install Now〉를 선택하면 바로 설치가 진행된다. 설치를 완료하면 〈close〉를 눌러 설치 프로그램을 종료한다.

파이썬이 설치된 경로를 시스템이 인식해야 명령 프롬프트 어느 위치에서나 python 명령을 실행할 수 있다. 그러나 많은 사람이 경로 추가 옵션을 선택하지 않아 오류가 발생한다. Add Python 3.8 to PATH 옵션을 체크했는지 반드시 확인하고 설치하기 바란다.

그림 1-3 경로 추가 옵션 체크 후 설치하기

03단계 파이썬 설치 확인하기

파이썬이 제대로 설치됐는지 확인하고자 명령 프롬프트를 연다. 윈도우 작업 표시줄에 있는 검색란에 cmd를 입력 후 [Enter]를 누르자. 명령 프롬프트가 열리면 다음 명령을 입력해 자신의 컴퓨터에 설치된 파이썬 버전을 확인한다. 오류 없이 파이썬 버전이 제대로 출력되면 설치에 성공한 것이다.

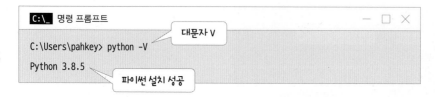

만약 명령어를 제대로 입력했는데도 파이썬 버전이 나타나지 않고 '찾을 수 없는 명령'이라는 오류 메시지가 출력된다면 앞의 설치 과정에서 경로 설정에 문제가 있을 가능성이 크다. 이때는 1단계에서 내려받은 설치 파일을 다시 실행해 〈Uninstall〉을 눌러 삭제한 다음 2단계부터 다시 설치하자.

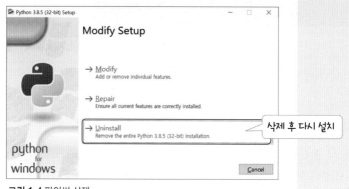

그림 1-4 파이썬 삭제

01-3 플라스크 개발 환경 준비하기

이제 본격적으로 플라스크를 이용한 웹 개발 환경을 준비해 보자. 그전에 여러분이 알아야 할 중요한 개념이 하나 있다. 바로 파이썬 가상 환경이다. 우리는 플라스크를 파이썬 가상 환경에 설치할 것이다.

파이썬 가상 환경 알아보기

파이썬 가상 환경은 파이썬 프로젝트를 진행할 때 독립된 환경을 만들어 주는 고마운 도구다. 예를 들어 파이썬 개발자 A가 2개의 파이썬 프로젝트를 개발하고 관리한다고 가정하자. 파이썬 프로젝트를 각각 P-1, P-2라고 부르겠다. 이때 P-1, P-2에 필요한 파이썬 또는 파이썬 라이브러리의 버전이 다를 수 있다. 이를테면 P-1에는 파이썬 2.7 버전이, P-2에는 파이썬 3.8 버전이 필요할 수 있다. 이때 하나의 데스크톱에 서로 다른 버전의 파이썬을 설치해야 하는 문제가 생긴다.

그림 1-5 하나의 데스크톱에 여러 버전의 파이썬을 설치하는 예

이러한 개발 환경은 구축하기도 어렵고 사용하기도 힘들다. 가상 환경이 없던 예전에는 그런 고생을 감수할 수밖에 없었다. 하지만 파이썬 가상 환경을 이용하면 하나의 데스크톱 안에 독립된 가상 환경을 여러 개 만들 수 있다. 즉, 프로젝트 P-1을 위해 가상 환경 V-1을 만든 다음 파이썬 2.7 버전을 설치하고, 프로젝트 P-2를 위해 가상 환경 V-2를 만든 다음 파이썬 3.8 버전을 설치해서 사용할 수 있다.

가상 환경으로 구분하니 서로 다른 버전의 파이썬 설치도 문제 없음!

프로젝트 P-1을 위한 가상 환경 V-1

프로젝트 P-2를 위한 가상 환경 V-2

그림 1-6 가상 환경으로 하나의 데스크톱에 두 버전의 파이썬을 설치한 예

이처럼 가상 환경을 이용하면 하나의 데스크톱에 서로 다른 버전의 파이썬과 라이브러리를 쉽게 설치해 사용할 수 있다. 물론 이 책에서는 '파이보'라는 하나의 프로젝트만 진행할 것이므로 가상 환경이 필수는 아니다. 하지만 앞으로 웹 프로그래밍을 계속하고 싶다면 가상 환경의 개념을 익히고 실제로 사용해 보는 것이 좋다.

파이썬 가상 환경 사용해 보기

파이썬 가상 환경에 플라스크를 설치하기 위해 먼저 내 컴퓨터에 파이썬 가상 환경부터 만들어 보자.

01단계 가상 환경 디렉터리 생성하기

윈도우에서 명령 프롬프트를 실행하고 다음 명령어를 입력해 C:\venvs라는 디렉터리를 만들자.

```
C:\_ 명령 프롬프트                                    —  □  ✕

C:\Users\pahkey> cd \
C:\> mkdir venvs
C:\> cd venvs
```

venvs 디렉터리는 파이썬 가상 환경의 루트 디렉터리로 사용할 것이다. 만약 또 다른 가상 환경을 추가하고 싶다면 이 디렉터리 아래에 설치하면 된다. 쉽게 말해 모든 가상 환경은 이 디렉터리 안에 만들어진다고 생각하면 된다.

> 루트 디렉터리를 반드시 C:\venvs로 해야 하는 것은 아니지만 실습 편의를 위해 이대로 지정하자.

02단계　가상 환경 만들기

파이썬 가상 환경을 만들어 주는 다음 명령어를 입력해 실행하자.

```
C:\_ 명령 프롬프트                                          —  □  ×

C:\venvs> python -m venv myproject
```

명령에서 `python -m venv`는 파이썬 모듈 중 venv라는 모듈을 사용한다는 의미다. 그 뒤의 myproject는 여러분이 생성할 가상 환경의 이름이다. 가상 환경의 이름을 반드시 myproject로 지을 필요는 없다. 만약 가상 환경의 이름을 awesomesite와 같이 지정했다면 책에 등장하는 myproject라는 가상 환경 이름을 awesomesite로 대체하여 읽으면 된다.

명령을 잘 수행했다면 C:\venvs 디렉터리 아래에 myproject라는 디렉터리가 생성되었을 것이다. 이 디렉터리를 가상 환경이라 생각하면 된다. 그런데 가상 환경을 만들었다 해서 바로 가상 환경을 사용할 수는 없다. 가상 환경을 사용하려면 가상 환경에 진입해야 한다.

하지만 실습 진행의 편의를 위해 가상 환경 이름을 동일하게 하기를 권장한다.

03단계　가상 환경에 진입하기

가상 환경에 진입하려면 우리가 생성한 myproject 가상 환경에 있는 Scripts 디렉터리의 **activate**라는 명령을 수행해야 한다. 다음 명령을 입력해 myproject 가상 환경에 진입해 보자.

```
C:\_ 명령 프롬프트                                          —  □  ×

C:\venvs> cd C:\venvs\myproject\Scripts
C:\venvs\myproject\Scripts> activate
(myproject) C:\venvs\myproject\Scripts>
```

현재 진입한 가상 환경 이름

그러면 C:\ 왼쪽에 (myproject)라는 프롬프트를 확인할 수 있다. 이 프롬프트는 앞에서 만든 가상 환경의 이름으로 현재 여러분이 진입한 가상 환경을 의미한다. 이로써 현재 어떤 가상 환경에 진입한 상태인지 알 수 있다.

04단계 가상 환경에서 벗어나기

만약 현재 진입한 가상 환경에서 벗어나려면 **deactivate**라는 명령을 실행하면 된다. 이 명령은 어느 위치에서 실행해도 상관없다.

```
(myproject) C:\venvs\myproject\Scripts> deactivate
C:\venvs\myproject\Scripts>
```

가상 환경에서 잘 벗어났다면 C:\ 왼쪽에 있던 (myproject)라는 프롬프트가 사라졌을 것이다. 지금까지 가상 환경의 개념과 실습을 진행해 보았다. 가상 환경이라는 개념이 조금은 생소하겠지만 익혀두면 여러분의 웹 프로그래밍 경험에 도움이 될 것이다.

플라스크 설치하기

드디어 플라스크를 설치할 차례가 왔다. 앞에서 만든 myproject 가상 환경에 플라스크를 설치해 보자.

01단계 가상 환경인지 확인하기

명령 프롬프트 왼쪽에 (myproject) 프롬프트가 보이는지 확인하자. 만약 명령 프롬프트 왼쪽에 (myproject) 프롬프트가 보이지 않는다면 바로 이전의 실습을 참고하여 가상 환경에 진입한 상태에서 플라스크 설치를 진행하자.

```
C:\venvs\myproject\Scripts> activate
(myproject) C:\venvs\myproject\Scripts>
```

02단계 가상 환경에서 플라스크 설치하기

myproject 가상 환경에 진입한 상태에서 **pip install Flask** 명령을 입력하자. pip는 파이썬 라이브러리를 설치하고 관리해 주는 파이썬 도구다.

 가상 환경 진입은 바로 이전 실습에서 공부했다.

pip install Flask 명령은 pip를 이용해 플라스크를 설치하라는 명령어라고 생각하면 된다. 다음 화면이 나오면 플라스크가 잘 설치된 것이다. 그런데 마지막에 다음과 같은 경고 문구가 보인다. pip가 최신 버전이 아니라는 내용이다.

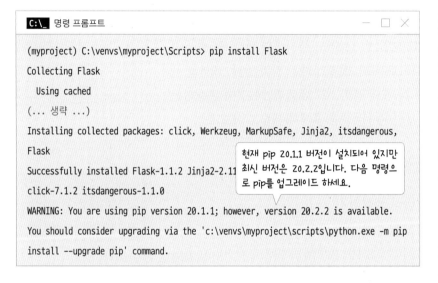

```
(myproject) C:\venvs\myproject\Scripts> pip install Flask
Collecting Flask
    Using cached
(... 생략 ...)
Installing collected packages: click, Werkzeug, MarkupSafe, Jinja2, itsdangerous,
Flask
Successfully installed Flask-1.1.2 Jinja2-2.11
click-7.1.2 itsdangerous-1.1.0
WARNING: You are using pip version 20.1.1; however, version 20.2.2 is available.
You should consider upgrading via the 'c:\venvs\myproject\scripts\python.exe -m pip
install --upgrade pip' command.
```

> 현재 pip 20.1.1 버전이 설치되어 있지만 최신 버전은 20.2.2입니다. 다음 명령으로 pip를 업그레이드 하세요.

개발자가 되고 싶다면 이런 경고 문구에 익숙해져야 한다.

03단계 pip 최신 버전으로 설치하기

경고 메시지에 따라 다음 명령을 입력해 pip를 최신 버전으로 설치하자.

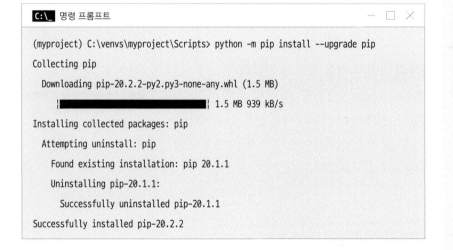

```
(myproject) C:\venvs\myproject\Scripts> python -m pip install --upgrade pip
Collecting pip
    Downloading pip-20.2.2-py2.py3-none-any.whl (1.5 MB)
    |███████████████████████| 1.5 MB 939 kB/s
Installing collected packages: pip
    Attempting uninstall: pip
        Found existing installation: pip 20.1.1
        Uninstalling pip-20.1.1:
            Successfully uninstalled pip-20.1.1
Successfully installed pip-20.2.2
```

01-4 플라스크 프로젝트 생성하기

플라스크에서 프로젝트는 하나의 웹 사이트라고 생각하면 된다. 즉, 플라스크 프로젝트를 생성하면 웹 사이트를 한 개 생성하는 것과 같다. 그리고 플라스크 프로젝트 안에는 보통 한 개의 플라스크 애플리케이션이 존재하는데 플라스크 애플리케이션이 무엇인지는 조금 후에 자세히 알아보자.

 프로젝트 디렉터리 생성하기

01단계 프로젝트 루트 디렉터리 생성하기

플라스크 프로젝트는 여러 개가 될 수 있으므로 프로젝트를 모아 둘 프로젝트 루트 디렉터리 생성은 필수다. 여기서는 프로젝트 루트 디렉터리 이름을 projects로 지었다.

😀 여기서는 C 드라이브에 프로젝트를 담을 루트 디렉터리를 생성했다.

```
C:\ 명령 프롬프트                                      —  □  ×

C:\> mkdir projects
C:\> cd projects
```

02단계 프로젝트 루트 디렉터리 안에서 가상 환경에 진입하기

프로젝트 루트 디렉터리 안에서 다음 명령어를 입력해 앞에서 만든 myproject 가상 환경에 진입한다. 이때 반드시 프로젝트 루트 디렉터리에서 명령어를 입력해야 한다. 가상 환경 진입 명령어가 길어서 좀 불편하겠지만 지금은 이 방법으로 가상 환경에 진입하겠다.

😀 가상 환경 진입 명령어를 간단하게 만드는 팁은 이 절의 마지막에서 설명한다.

```
C:\ 명령 프롬프트                                      —  □  ×

C:\projects> C:\venvs\myproject\Scripts\activate  ← 길어도 꾹 참고 입력
(myproject) C:\projects>
```

03단계 플라스크 프로젝트를 담을 디렉터리 생성하고 이동하기

플라스크 프로젝트를 담을 myproject 디렉터리를 생성하고 이동하자.

myprojects가 아니고 myproject이므로 디렉터리명에 주의하자.

```
C:\  명령 프롬프트                               — □ ×

(myproject) C:\projects> mkdir myproject
(myproject) C:\projects> cd myproject
(myproject) C:\projects\myproject>
```

배치 파일로 myproject 가상 환경에 간단히 진입하기

myproject 가상 환경에 진입하려면 매번 명령 프롬프트를 실행하고 C:\venvs\myproject\Scripts 디렉터리에 있는 **activate** 명령을 수행해야 한다. 이런 일련의 과정을 한번에 수행할 수 있는 배치 파일을 만들어 편리하게 이용해 보자.

01단계 배치 파일 생성하기

venvs 디렉터리에 myproject.cmd 파일을 만들고 다음처럼 작성한 후 저장하자.

여러분이 좋아하는 텍스트 편집기를 이용해서 파일을 생성해 보자.

```
파일 이름  C:/venvs/myproject.cmd

@echo off
cd c:/projects/myproject
c:/venvs/myproject/scripts/activate
```

윈도우에서 확장자 .cmd가 붙은 파일을 배치^batch 파일이라고 한다. 배치 파일은 여러 명령어를 한번에 실행해 주는 파일이라고 생각하면 된다. myproject.cmd 배치 파일의 내용은 C:/projects/myproject 디렉터리로 이동한 다음, C:/venvs/myproject/activate 명령을 수행하라는 뜻이다.

02단계 배치 파일 위치를 PATH 환경 변수에 추가하기

이 배치 파일이 명령 프롬프트 어느 곳에서나 수행될 수 있도록 C:\venvs 디렉터리를 시스템의 환경 변수 PATH에 추가해야 한다. 먼저 윈도우 + R

키를 입력하여 다음처럼 sysdm.cpl 명령을 입력한 다음 〈확인〉을 누르자.

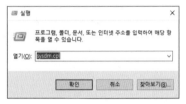

그림 1-7 sysdm.cpl 입력

그러면 다음과 같은 '시스템 속성' 창이 나타난다. 여기서 〈고급〉 탭을 선택하고 〈환경 변수〉 버튼을 누르자.

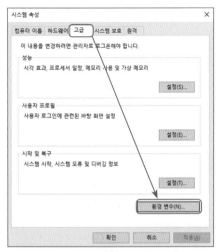

그림 1-8 〈환경 변수〉 누르기

그러면 다음과 같은 '환경 변수' 창이 나타난다. 여기서 사용자 변수 중 〈Path〉를 선택하고 〈편집〉 버튼을 누르자.

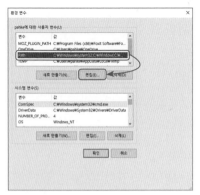

그림 1-9 Path 〈편집〉 누르기

그러면 다음과 같은 '환경 변수 편집' 창이 나타난다. 여기서 〈새로 만들기
(N)〉 버튼을 누르자.

그림 1-10 Path 새로 만들기

그리고 다음 그림처럼 'C:\venvs'라는 디렉터리를 추가하고 〈확인〉 버튼을
누르자.

그림 1-11 환경 변수에 디렉터리 추가

마지막으로 다음 '환경 변수' 창에서 〈확인〉 버튼을 누르자.

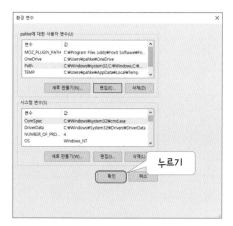

그림 1-12 〈확인〉 눌러 마무리

03단계 PATH 환경 변수 확인하기

이렇게 하면 환경 변수 PATH에 C:\venvs 디렉터리가 추가되어 myproject. cmd 명령을 어디서든 실행할 수 있다. 명령 프롬프트를 다시 시작하자(그래야 변경된 환경 변수 PATH가 제대로 반영된다). 그리고 set path 명령을 실행하여 변경된 환경 변수 PATH의 내용을 확인해 보자. C:\venvs라는 디렉터리가 환경 변수 PATH에 포함되어 있으면 된다.

04단계 배치 파일 실행하여 가상 환경에 진입하기

이제 지금까지 만든 myproject 명령(배치 파일명)을 실행하여 가상 환경에 잘 진입하는지 확인해 보자. 참고로 윈도우에서 확장자가 .cmd인 파일은 확장자까지 입력하지 않아도 된다.

01-5 파이참 설치하고 사용해 보기

보통 파이썬을 개발할 때 많이 사용하는 에디터는 비주얼 스튜디오 코드와 파이참^{PyCharm}이다. 이 책에서는 파이참으로 플라스크 개발을 진행한다.

그림 1-13, 1-14 비주얼 스튜디오 코드와 파이참

파이참 설치하기

01단계 파이참 설치 파일 내려받고 설치하기

파이참은 오른쪽 팁에 있는 주소에 접속하면 내려받을 수 있다. 〈Professional〉과 〈Community〉 중 무료 버전인 〈Community〉를 선택하자.
파이참 설치 파일을 내려받은 후 설치를 진행하자. 설치할 때 특별히 주의할 점은 없으므로 끝까지 〈Next〉를 선택하여 설치하면 된다.

윈도우용 파이참 설치 파일 주소: www.jet brains.com/ko-kr/py charm/download/#sec tion=windows

그림 1-15 파이참 설치 시작 화면

파이참 실행하기

윈도우 시작 버튼을 누르고 프로그램 목록에서 [JetBrains → PyCharm Community Edition]을 선택하면 파이참이 실행된다. 파이참을 처음 실행하는 독자라면 다음과 같은 설정 창이 나타날 것이다. 테마, 플러그인 등의 옵션은 기본값으로 선택하고 넘어가자.

필자는 책에 담을 화면을 갈무리하고자 다음과 같이 바탕이 흰색인 Light 테마를 설정했다.

그림 1-16 기존 설정을 불러오지 않고 새로 시작

이어서 다음과 같은 창이 나오면 2번째 메뉴인 〈Open〉을 선택하여 앞에서 우리가 생성한 플라스크 프로젝트인 C:/projects/myproject를 선택하자.

그림 1-17 파이참 시작 화면에서 프로젝트 열기

여기까지 문제없이 진행했다면 다음과 같이 파이참이 정상적으로 실행될 것이다.

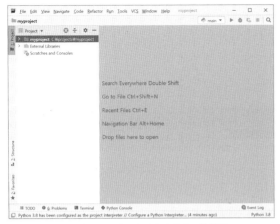

그림 1-18 파이참에서 프로젝트를 열면 나타나는 첫 화면

처음 프로젝트를 만들면 myproject 디렉터리 안에 main.py 파일이 자동으로 생성될 수 있다. 파일이 있다면 삭제 후 실습을 진행하자.

파이참 인터프리터 설정하기

파이참으로 플라스크 프로젝트를 불러온 다음 가장 먼저 해야 할 일은 플라스크 프로젝트가 바라봐야 할 파이썬 인터프리터 위치를 설정하는 것이다.

01단계 현재 파이썬 인터프리터 위치 확인하기

파이참 메뉴에서 [File → Settings]를 눌러 설정 창을 열고 [Project: myproject → Project Interpreter]를 순서대로 눌러 파이썬 인터프리터 위치를 설정할 수 있는 창을 열자. 그런 다음 오른쪽 위에 보이는 Python Interpreter를 보자. 아마도 파이썬을 설치한 디렉터리로 설정되어 있을 것이다.

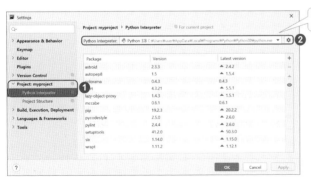

기본 파이썬 설치 디렉터리로 되어 있음

그림 1-19 파이썬 인터프리터 위치 확인

02단계 **파이썬 인터프리터 위치를 가상 환경 위치로 수정하기**

하지만 지금은 가상 환경을 사용하므로 파이썬 인터프리터 위치를 가상 환경 위치로 수정해 주어야 한다. 다음처럼 Python Interpreter 오른쪽에 보이는 톱니바퀴 모양 아이콘을 누른 다음 〈Add〉를 누르자.

그림 1-20 파이썬 인터프리터 위치 추가

다음처럼 파이썬 인터프리터 위치를 설정할 수 있는 Add Python Interpreter 창이 나타난다. 여기서 〈Existing environment〉를 누른 다음 Interpreter 오른쪽에 보이는 〈…〉을 누르고 C:\venvs\myproject\Scripts\python.exe를 선택한 후 〈OK〉를 누른다.

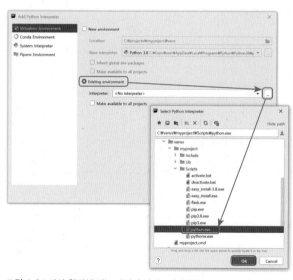

그림 1-21 가상 환경에 있는 파이썬 인터프리터 연결

나머지 창도 〈OK〉를 눌러 설정을 마치면 파이참이 myproject 가상 환경에 있는 파이썬 인터프리터를 인식하기 시작한다.

01-6 안녕하세요, 파이보!

드디어 파이보 프로젝트를 진행할 준비가 되었다. 이번에는 웹 브라우저에 'Hello, Pybo!'를 출력해 주는 첫 번째 플라스크 애플리케이션을 만들어 보자.

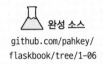
완성 소스
github.com/pahkey/
flaskbook/tree/1-06

첫 번째 애플리케이션 만들기

01단계 **새 파이썬 파일 만들기**

파이참에서 myproject 디렉터리에 pybo.py 파일을 생성하고 다음과 같이 코드를 작성하자. 지금은 코드의 의미를 잘 몰라도 괜찮다. 일단 그대로 따라 해 보자.

파일 이름	C:/projects/myproject/pybo.py

```python
from flask import Flask
app = Flask(__name__)


@app.route('/')
def hello_pybo():
    return 'Hello, Pybo!'
```

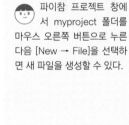
파이참 프로젝트 창에서 myproject 폴더를 마우스 오른쪽 버튼으로 누른 다음 [New → File]을 선택하면 새 파일을 생성할 수 있다.

app = Flask(__name__)은 플라스크 애플리케이션을 생성하는 코드다. 이 코드에서 __name__이라는 변수에는 모듈명이 담긴다. 즉, 이 파일이 실행되면 pybo.py라는 모듈이 실행되는 것이므로 __name__ 변수에는 'pybo'라는 문자열이 담긴다. @app.route는 특정 주소에 접속하면 바로 다음 줄에 있는 함수를 호출하는 플라스크의 데코레이터다.

데코레이터(decorator)란 기존 함수를 변경하지 않고 추가 기능을 덧붙일 수 있도록 해주는 함수를 의미한다. 좀 더 자세한 내용을 알고 싶다면 wikidocs.net/ 83687을 참고하자.

 02단계 **플라스크 서버 실행하기**

1단계를 마쳤다면 가상 환경에서 flask run 명령을 실행해 플라스크 개발 서버를 실행하자.

```
C:\_  명령 프롬프트                                          —  ☐  ✕

(myproject) c:\projects\myproject> flask run    가상 환경 진입 확인 후 명령 실행
 * Environment: production
   WARNING: This is a development server. Do not use it in a production deployment.
   Use a production WSGI server instead.
 * Debug mode: off
Usage: flask run [OPTIONS]
                                              오류 발생
Error: Could not locate a Flask application. You did not provide the "FLASK_APP"
environment variable, and a "wsgi.py" or "app.py" module was not found in the cur-
rent directory.
```

그런데 '플라스크 애플리케이션을 찾을 수 없다'는 오류 메시지가 발생한다. 오류 메시지를 조금 더 자세히 보면 'FLASK_APP 환경 변수 설정을 해야 한다'라고 표시되어 있다. 즉, 플라스크 서버를 실행하려면 반드시 FLASK_APP이라는 환경 변수에 플라스크 애플리케이션을 지정해 주어야 한다.

 점프 투 플라스크!

FLASK_APP 환경 변수의 기본값

플라스크는 FLASK_APP 환경 변수가 지정되지 않은 경우 자동으로 app.py를 기본 애플리케이션으로 인식한다. 따라서 앞의 pybo. py 파일명을 app.py로 지었다면 FLASK_APP 환경 변수를 별도로 지정하지 않아도 된다. 다만 우리는 FLASK_APP 환경 변수에 pybo.py를 지정하는 방법으로 이 문제를 해결하려고 한다.

03단계 기본 애플리케이션 설정하기

myproject 디렉터리에서 다음 명령을 실행하여 환경 변수 FLASK_APP에 pybo 애플리케이션을 지정하자. pybo는 앞에서 작성한 pybo.py 파일을 의미한다. 그리고 플라스크 서버를 다시 실행해 보자.

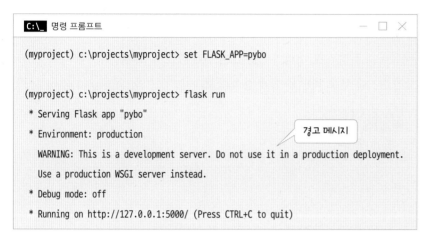

오류 없이 잘 수행된다. 그런데 여전히 뭔가 미심쩍은 경고 메시지가 보인다. 이 경고 메시지가 나타난 이유는 플라스크 서버가 운영 환경으로 실행되었기 때문이다. 플라스크는 서버를 실행할 때 아무런 설정을 하지 않았다면 기본 운영 환경으로 실행한다.

04단계 플라스크 서버를 개발 환경으로 실행하기

우선 Ctrl + C를 눌러 구동 중인 플라스크 서버를 중지하자. 그리고 다음 명령을 실행해 플라스크 서버 실행 환경을 개발 환경으로 바꾸자. 그리고 다시 플라스크 서버를 실행해 보자.

```
* Debugger is active!
* Debugger PIN: 202-513-618
* Running on http://127.0.0.1:5000/ (Press CTRL+C to quit)
```

드디어 아무런 오류 메시지 또는 경고 메시지 없이 플라스크 서버가 실행되었다.

서버를 실행하고 마지막 문구를 보면 플라스크 서버가 127.0.0.1:5000로 실행되었음을 알 수 있다. 웹 브라우저를 열고 해당 주소에 접속해 보자.

1단계에서 myproject/pybo.py 파일에 작성한 `hello_pybo` 함수가 실행되어 'Hello, Pybo!'가 출력된다. 축하한다! 여러분의 첫 번째 플라스크 웹 프로그램이 완성되었다.

 디버그 모드 활성화

4단계에서 진행한 것처럼 플라스크 실행 환경을 개발 환경으로 설정하면 디버그 모드가 활성화된다. 디버그 모드는 오류가 발생하면 디버깅 결과 메시지를 웹 브라우저에 출력해 준다. 또한 서버 실행중에 프로그램을 변경하면 서버가 자동으로 다시 시작하여 변경된 내용을 적용해 준다.

05단계 **실습을 더 간편하게 환경 변수 추가하기**

지금까지 설정한 대로라면 앞으로 플라스크 서버를 실행하려면 다음 명령어를 매번 입력해야 한다. 즉, 매번 FLASK_APP과 FLASK_ENV 변수를 설정한 다음 플라스크 서버를 실행해야 한다.

127.0.0.1:5000 대신 localhost:5000라고 입력해도 같은 화면을 볼 수 있다. 127.0.0.1과 localhost는 현재 컴퓨터를 가리키는 아이피 주소다.

```
C:\  명령 프롬프트                                               —  □  ×

(myproject) c:\projects\myproject> set FLASK_APP=pybo
(myproject) c:\projects\myproject> set FLASK_ENV=development
(myproject) c:\projects\myproject> flask run
```

하지만 01-4에서 생성한 가상 환경에 진입하는 myproject.cmd 파일에 이
명령어를 미리 추가해 놓으면 이와 같이 매번 환경 변수를 입력할 필요가 없
다.
myproject.cmd 파일을 열고 중간에 다음과 같은 코드를 2줄 추가하고 저
장하자.

| 파일 이름 | C:/venvs/myproject.cmd |

```
@echo off
cd c:/projects/myproject
set FLASK_APP=pybo
set FLASK_ENV=development
c:/venvs/myproject/scripts/activate
```

이렇게 하면 앞으로 가상 환경에 진입할 때 **FLASK_APP**과 **FLASK_ENV** 환경 변
수가 자동으로 설정되므로 편리하게 실습할 수 있다.

> 환경 변수 설정을 마쳤
> 다면 실행 중인 플라스
> 크 서버를 끄고 deactivate 명
> 령으로 가상 환경에서 빠져나
> 온 다음 myproject 명령으로
> 재진입하자. 그렇게 해야만 변
> 경된 환경 변수가 적용된다.

02

플라스크 개발 기초 공사!

이 장에서는 플라스크 개발을 하는 데 필요한 기본 내용을 모두 다룰
것이다. 여러분이 앞으로 만들 '파이보'가 완성된 빌딩이라면 여기는
기초 공사에 해당한다. 기초 공사를 탄탄히 하여 안전한 빌딩의 토대
를 마련해 보자.

이 장의
목표

✓ 블루프린트를 이용해 라우트 함수를 관리한다.

✓ 플라스크 ORM을 이용해 데이터베이스를 제어한다.

✓ 파이보 게시판에 질문 목록과 상세 조회 기능을 만든다.

02-1 플라스크 기초 다지기

현재 파이보 프로젝트는 projects/myproject 디렉터리 아래에 pybo.py 파일만 생성한 상태다. 그런데 이보다 규모를 갖춘 플라스크 프로젝트를 만들고자 한다면 프로젝트 구조를 잘 만들어야 한다. 그런데 플라스크는 '프로젝트의 구조를 어떻게 하라'와 같은 규칙이 없다. 그래서 프로젝트를 구성할 때 생각을 많이 해야 한다.

플라스크 프로젝트 구조 살펴보기

앞으로 만들 파이보 프로젝트의 전체 구조는 다음과 같다. 지금은 구상하는 단계이므로 눈으로 살펴보고 넘어가자.

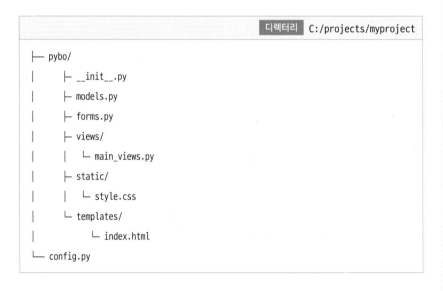

1장에서 작성한 pybo.py 파일은 pybo 패키지로 변경할 수 있다. 이 구조에서 보듯 pybo 디렉터리 안에 있는 __init__.py 파일이 pybo.py 파일의 역할을 대신할 것이다. pybo 패키지 안에 구성해야 하는 파일과 디렉터리를 간단히 알아보자.

데이터베이스를 처리하는 models.py 파일

파이보 프로젝트는 ORM^{object relational mapping}을 지원하는 파이썬 데이터베이스 도구인 SQLAlchemy를 사용한다. SQLAlchemy는 모델 기반으로 데이터베이스를 처리한다. 지금은 모델 기반으로 데이터베이스를 처리한다는 말이 이해되지 않겠지만, 이후 프로젝트를 진행하면 잘 알 수 있을 것이다. 아무튼 지금 여러분이 알아야 할 내용은 파이보 프로젝트에는 '모델 클래스들을 정의할 models.py 파일이 필요하다'는 것이다.

서버로 전송된 폼을 처리하는 forms.py 파일

파이보 프로젝트는 웹 브라우저에서 서버로 전송된 폼을 처리할 때 WTForms라는 라이브러리를 사용한다. WTForms 역시 모델 기반으로 폼을 처리한다. 그래서 폼 클래스를 정의할 forms.py 파일이 필요하다.

화면을 구성하는 views 디렉터리

pybo.py 파일에 작성했던 hello_pybo 함수의 역할은 화면 구성이었다. views 디렉터리에는 바로 이런 함수들이 작성된 여러 가지 뷰 파일을 저장한다. 파이보 프로젝트에는 기능에 따라 main_views.py, question_views.py, answer_views.py 등 여러 가지 뷰 파일을 만들 것이다.

CSS, 자바스크립트, 이미지 파일을 저장하는 static 디렉터리

static 디렉터리는 파이보 프로젝트의 스타일시트(.css), 자바스크립트(.js) 그리고 이미지 파일(.jpg, .png) 등을 저장한다.

HTML 파일을 저장하는 templates 디렉터리

templates 디렉터리에는 파이보의 질문 목록 조회, 질문 상세 조회 등의 HTML 파일을 저장한다. 앞에서 살펴본 파이보 프로젝트 구조에는 index.html 파일만 있다. 하지만 파이보 프로젝트가 진행되면서 question_list.html, question_detail.html과 같은 템플릿 파일을 계속 추가할 것이다.

파이보 프로젝트를 설정하는 config.py 파일

config.py 파일은 파이보 프로젝트를 설정한다. 파이보 프로젝트의 환경 변수, 데이터베이스 등의 설정을 이 파일에 저장한다.

02-2 플라스크 애플리케이션 팩토리

1장에서 플라스크 앱을 간단히 알아보았다. 실제로 플라스크 앱은 다음 코드에서 보듯 Flask 클래스로 만든 객체를 말한다.

완성 소스
github.com/pahkey/
flaskbook/tree/2-02

```
app = Flask(__name__)
```

플라스크는 app 객체를 사용해 여러 가지 설정을 진행한다. 그런데 이와 같은 방식으로 app 객체를 전역으로 사용하면 프로젝트 규모가 커질수록 문제가 발생할 확률이 높아진다. 순환 참조circular import 오류가 대표적이다.

> 순환 참조란 A 모듈이 B 모듈을 참조하고 B 모듈이 다시 A 모듈을 참조하는 경우를 말한다.

애플리케이션 팩토리 사용하기

app 객체를 전역으로 사용할 때 발생하는 문제를 예방하려면 어떻게 해야 할까? 플라스크 공식 홈페이지에서는 '애플리케이션 팩토리application factory를 사용하라'고 권한다. 이 절에서는 애플리케이션 팩토리를 사용해 보자.

> 애플리케이션 팩토리는 쉽게 말해 app 객체를 생성하는 함수를 의미한다.

01단계 pybo.py를 __init__.py 파일로 변경하기

1장에서 만든 myproject/pybo.py 파일을 myproject/pybo/__init__.py 파일로 대체해 보자. 먼저 명령 프롬프트에서 다음 명령으로 myproject/pybo 디렉터리를 만든다.

```
C:\_  명령 프롬프트                                          —  □  ✕

(myproject) c:\projects\myproject> mkdir pybo
```

그리고 move 명령어로 pybo.py 파일을 pybo/__init__.py 파일로 대체하고 플라스크 서버를 실행해 보자.

flask run 명령은 반드시 C:/projects/myproject 디렉터리에서 실행해야 한다. 다른 곳에서 실행하면 실행은 되지만 정상으로 동작하지 않는다. 앞으로도 서버를 실행할 때는 위치를 꼭 확인하자.

플라스크 서버가 이전과 똑같이 잘 실행되는 것을 확인할 수 있다. 1장에서 우리는 플라스크 기본 앱을 FLASK_APP=pybo로 설정했다. 따라서 이전에 pybo는 프로젝트 루트에 있는 pybo.py 파일을 가리켰지만, 이번에는 pybo 모듈 즉 pybo/__init__.py 파일을 가리킨다. 따라서 pybo.py 파일을 pybo/__init__.py 파일로 대체했지만 코드를 변경하지 않고서도 오류 없이 정상으로 동작한다.

02단계 애플리케이션 팩토리 사용하기

__init__.py 파일을 열고 create_app 함수를 선언하는 방식으로 코드를 수정하자.

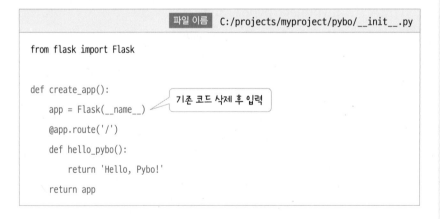

파일 이름 C:/projects/myproject/pybo/__init__.py

```
from flask import Flask


def create_app():
    app = Flask(__name__)       기존 코드 삭제 후 입력

    @app.route('/')
    def hello_pybo():
        return 'Hello, Pybo!'

    return app
```

create_app 함수가 app 객체를 생성해 반환하도록 코드를 수정했다. 이때 app 객체가 함수 안에서 사용되므로 hello_pybo 함수를 create_app 함수 안에 포함했다. 바로 여기서 사용된 create_app 함수가 애플리케이션 팩토리다. 코드를 수정한 후 플라스크 서버를 다시 시작하면 오류 없이 잘 실행된다.

함수명으로 create_app 대신 다른 이름을 사용하면 정상으로 동작하지 않는다. create_app은 플라스크 내부에서 정의된 함수명이다.

02-3 블루프린트로 라우트 함수 관리하기

02-2절에서 진행한 pybo/__init__.py 파일 내용을 보면 create_app 함수 안에 hello_pybo 함수가 들어 있다. hello_pybo 함수는 URL에서 /에 매핑되는 함수인데, 그 매핑을 @app.route('/')라는 애너테이션이 만들어 준다. 이때 @app.route와 같은 애너테이션으로 매핑되는 함수를 라우트 함수라고 한다. 그런데 하나 생각해 볼 점이 있다. 지금까지 작성한 대로라면 새로운 URL이 생길 때 라우트 함수를 create_app 함수 안에 계속 추가해야 하는 불편함이 있다. 이때 사용할 수 있는 클래스가 블루프린트[Blueprint]다.

🧪 완성 소스
github.com/pahkey/
flaskbook/tree/2-03

블루프린트 사용하기

플라스크의 블루프린트를 이용하면 라우트 함수를 구조적으로 관리할 수 있다. 블루프린트를 자세히 알아보자.

😊 블루프린트(blueprint)는 '청사진'을 뜻하는데, 플라스크에서는 URL과 호출되는 함수의 관계를 확인할 수 있는 Blueprint 클래스를 의미한다.

01단계 블루프린트 생성하기

__init__.py 파일의 hello_pybo 함수에 블루프린트를 적용해 보자. pybo 디렉터리 아래에 views 디렉터리를 만든 다음 main_views.py 파일을 생성해 다음 코드를 작성하자.

```
C:\_ 명령 프롬프트                                    ─ □ ×

(myproject) c:\projects\myproject> cd pybo
(myproject) c:\projects\myproject\pybo> mkdir views
```

파일 이름 C:/projects/myproject/pybo/views/main_views.py

```
from flask import Blueprint


bp = Blueprint('main', __name__, url_prefix='/')
     └─ 블루프린트 객체 생성
```

```
@bp.route('/')
def hello_pybo():
    return 'Hello, Pybo!'
```

이 코드는 pybo/__init__.py 파일에 있던 `hello_pybo` 함수를 main_
views.py 파일에 그대로 옮긴 것이다. 단, 애너테이션이 `@app.route`에서 `@
bp.route`로 변경되었다. 이 변화에 주목하자. `@bp.route`에서 `bp`는
Blueprint 클래스로 생성한 객체를 의미한다. 코드에서 보듯 Blueprint 클
래스로 객체를 생성할 때는 이름, 모듈명, URL 프리픽스(`url_prefix`)값을
전달해야 한다.

블루프린트 객체의 이
름인 'main'은 나중에
함수명으로 URL을 찾아주는
url_for 함수에서 사용할 예정
이다.

URL 프리픽스는 접두어 URL을 정할 때 사용한다

점프 투
플라스크!

URL 프리픽스는 특정 파일(main_views.py)에 있는 함수의 애너
테이션 URL 앞에 기본으로 붙일 접두어 URL을 의미한다. 예를 들
어 main_views.py 파일의 URL 프리픽스에 `url_prefix='/'` 대
신 `url_prefix='/main'`이라고 입력했다면 `hello_pybo` 함수를 호출하는 URL은
localhost:5000/이 아니라 localhost:5000/main/이 된다. URL 프리픽스는 나
중에 좀 더 자세히 알아보자.

02단계 **플라스크 앱 생성 시 블루프린트 적용하기**

1단계에서 생성한 블루프린트 파일을 적용하기 위해 __init__.py 파일을
다음과 같이 수정하자.

파일 이름 `C:/projects/myproject/pybo/__init__.py`

```
from flask import Flask

def create_app():
    app = Flask(__name__)

    from .views import main_views          ◀ 블루프린트 객체 bp 등록
    app.register_blueprint(main_views.bp)

    return app
```

create_app 함수에 등록되었던 hello_pybo 함수 대신 블루프린트를 사용하도록 변경했다. 블루프린트를 사용하려면 main_views.py 파일에서 생성한 블루프린트 객체인 bp를 등록하면 된다.

03단계 **라우트 함수 등록하기**

블루프린트를 적용했으니 이제 URL을 등록하고 사용해 보자. main_views.py 파일을 열어 hello_pybo 함수의 URL 매핑을 /에서 /hello로 바꾸고, index 함수를 추가해 URL 매핑을 /로 입력하자.

| 파일 이름 | C:/projects/myproject/pybo/views/main_views.py |

```python
from flask import Blueprint

bp = Blueprint('main', __name__, url_prefix='/')

@bp.route('/hello')
def hello_pybo():
    return 'Hello, Pybo!'

@bp.route('/')
def index():
    return 'Pybo index'
```

04단계 **라우트 함수 동작 확인하기**

앞 단계에서 블루프린트를 이용해 등록한 라우트 함수에 따라 각 URL로 접속할 때 웹 서버가 제대로 동작하는지 확인해 보자. 웹 브라우저를 열고 localhost:5000과 localhost:5000/hello에 접속해 보자.

반드시 myproject 디렉터리에서 flask run 명령 실행!

아마도 명령 프롬프트의 현재 디렉터리는 pybo일 것이다. 플라스크 서버는 myproject 디렉터리에서 실행해야 제대로 동작하므로 cd .. 명령으로 myproject 디렉터리로 이동한 후 flask run 명령을 실행하자. 플라스크 서버 실행 위치를 다시 한번 기억하자.

localhost:5000에 접속하면 라우터 /에 매핑된 `index` 함수가 호출되어 'Pybo index'가 출력되고, localhost:5000/hello에 접속하면 라우터 /hello에 매핑된 `hello_pybo` 함수가 호출되어 'Hello, Pybo!'가 출력된다.

02-4 모델로 데이터 처리하기

우리가 만들 파이보는 질문 답변 게시판이다. 질문이나 답변을 작성하면 데이터가 생성된다. 그러므로 데이터를 저장하거나 조회하거나 수정하는 등의 기능을 구현해야 한다. 웹 서비스는 데이터를 처리할 때 대부분 데이터베이스를 사용한다.

🔬 완성 소스
github.com/pahkey/
flaskbook/tree/2-04

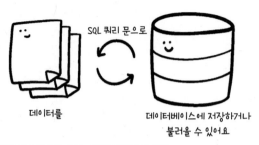

그림 2-1 데이터, SQL, 데이터베이스의 관계

그런데 데이터베이스를 사용하려면 SQL 쿼리^{query}라는 구조화된 질의를 작성하고 실행하는 등 복잡한 과정이 필요하다. 이때 ORM^{object relational mapping}을 이용하면 파이썬 문법만으로도 데이터베이스를 다룰 수 있다. 즉, ORM을 이용하면 개발자가 쿼리를 직접 작성하지 않아도 데이터베이스의 데이터를 처리할 수 있다.

😊 이 책은 독자가 데이터베이스 개념이나 SQL 쿼리의 기초는 안다고 가정한다. 그러나 독자가 이런 기초 지식이 없어도 이 책의 실습을 따라 하고 내용을 이해하는 데 무리가 없도록 구성했다.

😊 ORM은 데이터베이스에 데이터를 저장하는 테이블을 파이썬 클래스로 만들어 관리하는 기술로 이해해도 좋다.

데이터베이스를 쉽게 사용할 수 있게 해주는 ORM 알아보기

SQL 쿼리와 ORM을 비교해 보자. 다음과 같은 형태로 구성된 질문 테이블에 데이터를 입력한다고 가정해 보자.

표 2-1 question 테이블 구성 예

id	subject	content
1	안녕하세요	가입 인사드립니다 ^^
2	질문 있습니다	ORM이 궁금합니다
...	...	...

😊 표에서 id는 각 데이터를 구분하는 고윳값이다.

이렇게 구성된 question 테이블에 새로운 데이터를 삽입하는 쿼리는 보통 다음처럼 작성한다.

```
쿼리를 이용한 새 데이터 삽입 예                                    —  □  ✕

insert into question (subject, content) values ('안녕하세요', '가입 인사드립니다 ^^');
insert into question (subject, content) values ('질문 있습니다', 'ORM이 궁금합니다');
```

하지만 ORM을 사용하면 쿼리 대신 파이썬 코드로 다음처럼 작성할 수 있다.

```
ORM을 이용한 새 데이터 삽입 예                                    —  □  ✕

question1 = Question(subject='안녕하세요', content='가입 인사드립니다 ^^')
db.session.add(question1)
question2 = Question(subject='질문 있습니다', content='ORM이 궁금합니다')
db.session.add(question2)
```

코드에서 Question은 파이썬 클래스이며, 이처럼 데이터를 관리하는 데 사용하는 ORM 클래스를 모델이라고 한다. 모델을 사용하면 내부에서 SQL 쿼리를 자동으로 생성해 주므로 직접 작성하지 않아도 된다. 즉, 파이썬만 알아도 데이터베이스에 질의할 수 있다.

ORM을 이용한 새 데이터 삽입 예는 코드 자체만 놓고 보면 양이 많아 보이지만 별도의 SQL 문법을 배우지 않아도 된다는 장점이 있어 훨씬 좋다.

ORM의 장점을 더 알아보자

ORM을 이용하면 데이터베이스 종류에 상관 없이 일관된 코드를 유지할 수 있어서 프로그램을 유지·보수하기가 편리하다. 또한 내부에서 안전한 SQL 쿼리를 자동으로 생성해 주므로 개발자가 달라도 통일된 쿼리를 작성할 수 있고 오류 발생률도 줄일 수 있다.

플라스크 ORM 라이브러리 사용하기

파이썬 ORM 라이브러리 중 가장 많이 사용하는 SQLAlchemy를 사용해 보자. 이와 더불어 파이썬 모델을 이용해 테이블을 생성하고 컬럼을 추가하는 등의 작업을 할 수 있게 해주는 Flask-Migrate 라이브러리도 사용해 보자.

01단계 ORM 라이브러리 설치하기

Flask-Migrate 라이브러리를 설치하면 SQLAlchemy도 함께 설치되므로 myproject 가상 환경에서 다음 명령을 수행하여 Flask-Migrate 라이브러리를 설치하자.

```
C:\_ 명령 프롬프트                                                    —  □  ×

(myproject) c:\projects\myproject> pip install Flask-Migrate
Collecting Flask-Migrate
  Using cached Flask_Migrate-2.5.3-py2.py3-none-any.whl (13 kB)
(... 생략 ...)
Successfully installed Flask-Migrate-2.5.3 Flask-SQLAlchemy-2.4.4 Mako-1.1.3
SQLAlchemy-1.3.19 alembic-1.4.3 python-dateutil-2.8.1 python-editor-1.0.4 six-1.15.0
```

02단계 설정 파일 추가하기

파이보에 ORM을 적용하려면 config.py라는 설정 파일이 필요하다. 루트 디렉터리에 config.py 파일을 생성하고 다음과 같은 코드를 작성한다.

파일 이름   C:/projects/myproject/config.py

```
import os


BASE_DIR = os.path.dirname(__file__)


SQLALCHEMY_DATABASE_URI = 'sqlite:///{}'.format(os.path.join(BASE_DIR, 'pybo.db'))
SQLALCHEMY_TRACK_MODIFICATIONS = False
```

프로젝트의 루트 디렉터리(C:\projects\myproject)

`SQLALCHEMY_DATABASE_URI`는 데이터베이스 접속 주소이고 `SQLALCHEMY_`
`TRACK_MODIFICATIONS`는 SQLAlchemy의 이벤트를 처리하는 옵션이다. 이
옵션은 파이보에 필요하지 않으므로 **False**로 비활성화했다. 아무튼 지금 설
정한 내용은 pybo.db라는 데이터베이스 파일을 프로젝트의 루트 디렉터
리에 저장하려는 것이다.

점프 투 플라스크!

SQLite는 어떤 데이터베이스일까?

파이썬 기본 패키지에 포함된 SQLite는 주로 소규모 프로젝트에
서 사용하는 가벼운 파일을 기반으로 한 데이터베이스다. 보통은
SQLite로 개발을 빠르게 진행하고 이후 실제 운영 시스템에 반영할
때에는 좀 더 규모가 큰 데이터베이스를 사용한다.

03단계 **ORM 적용하기**

이어서 pybo/__init__.py 파일을 수정해 SQLAlchemy를 적용하자.

파일 이름 `c:/projects/myproject/pybo/__init__.py`

```python
from flask import Flask
from flask_migrate import Migrate
from flask_sqlalchemy import SQLAlchemy

import config

db = SQLAlchemy()
migrate = Migrate()


def create_app():
    app = Flask(__name__)
    app.config.from_object(config)

    # ORM
    db.init_app(app)
    migrate.init_app(app, db)
```

```
# 블루프린트
from .views import main_views
app.register_blueprint(main_views.bp)


return app
```

config.py 파일에 작성한 항목을 `app.config` 환경 변수로 부르기 위해 `app.config.from_object(config)` 코드를 추가했다. 그리고 전역 변수로 `db`, `migrate` 객체를 만든 다음 `create_app` 함수 안에서 `init_app` 메서드를 이용해 초기화했다.

플라스크에서는 이러한 패턴을 자주 사용한다. `db` 객체를 `create_app` 함수 안에서 생성하면 블루프린트와 같은 다른 모듈에서 불러올 수 없다. 따라서 `db`, `migrate`와 같은 객체를 `create_app` 함수 밖에서 생성하고, 실제 객체 초기화는 `create_app` 함수에서 수행한다.

04단계 데이터베이스 초기화하기

이제 ORM을 사용할 준비가 되었으므로 `flask db init` 명령으로 데이터베이스를 초기화하자.

```
C:\_ 명령 프롬프트                                              —  □  ×

(myproject) c:\projects\myproject> flask db init
Creating directory c:\projects\myproject\migrations ...  done
Creating directory c:\projects\myproject\migrations\versions ...  done
Generating c:\projects\myproject\migrations\alembic.ini ...  done
Generating c:\projects\myproject\migrations\env.py ...  done
Generating c:\projects\myproject\migrations\README ...  done
Generating c:\projects\myproject\migrations\script.py.mako ...  done
Please edit configuration/connection/logging settings in 'c:\\projects\\myproject\\
migrations\\alembic.ini' before proceeding.
```

이 명령은 데이터베이스를 관리하는 초기 파일들을 migrations라는 디렉터리에 자동으로 생성해 준다. 이때 생성되는 파일들은 Flask-Migrate 라이브러리에서 사용된다. 우리는 이 파일의 내용을 알 필요가 없다. 그리고 데이터베이스를 초기화하는 flask db init 명령은 최초 한 번만 수행하면 된다.

그림 2-2 데이터베이스 초기화로 생성된 migrations 디렉터리

데이터베이스 관리 명령어 정리하기

앞으로 모델을 추가하거나 변경할 때는 flask db migrate 명령이나 flask db upgrade 명령만 사용할 것이다. 즉, 앞으로 데이터베이스 관리를 위해 여러분이 기억해야 할 명령어는 이 2가지뿐이다.

표 2-2 데이터베이스 관리 명령어

명령어	설명
flask db migrate	모델을 새로 생성하거나 변경할 때 사용
flask db upgrade	모델의 변경 내용을 실제 데이터베이스에 적용할 때 사용

이 밖에도 여러 명령이 있지만 특별한 경우가 아니라면 이 2가지 명령어를 주로 사용할 것이다. 명령어 종류를 확인하고 싶다면 명령 프롬프트에서 flask db 명령을 입력하자.

모델 만들기

이제 파이보에서 사용할 모델을 만들어 보자. 파이보는 질문 답변 게시판이 므로 질문과 답변에 해당하는 모델이 있어야 한다.

> 모델은 데이터를 다룰 목적으로 만든 파이썬 클래스다.

01단계 모델 속성 구상하기

질문과 답변 모델에는 어떤 속성이 있어야 할까? 질문 모델에는 다음 속성 이 필요하다.

표 2-3 질문 모델 속성

속성명	설명
id	질문 데이터의 고유 번호
subject	질문 제목
content	질문 내용
create_date	질문 작성일시

답변 모델은 다음과 같은 속성이 필요하다.

표 2-4 답변 모델 속성

속성명	설명
id	답변 데이터의 고유 번호
question_id	질문 데이터의 고유 번호(어떤 질문에 달린 답변인지 알아야 하므로 질문 데이터의 고유 번호가 필요하다)
content	답변 내용
create_date	답변 작성일시

02단계 질문 모델 생성하기

이렇게 구상한 속성을 바탕으로 모델을 정의해 보자. 먼저 pybo 디렉터리에 models.py 파일을 생성하고 질문 모델인 Question 클래스를 정의해 보자.

> **파일 이름** C:/projects/myproject/pybo/models.py

```python
from pybo import db


class Question(db.Model):
    id = db.Column(db.Integer, primary_key=True)
    subject = db.Column(db.String(200), nullable=False)
    content = db.Column(db.Text(), nullable=False)
    create_date = db.Column(db.DateTime(), nullable=False)
```

Question 클래스는 모든 모델의 기본 클래스인 db.Model을 상속받았다. 이때 db는 __init__.py 파일에서 생성한 SQLAlchemy 객체다. 질문 모델은 고유 번호(id), 제목(subject), 내용(content), 작성일시(create_date) 속성으로 구성했으며, 각 속성은 db.Column 클래스를 사용해 생성했다.

`db.Column` 클래스에 어떤 옵션을 전달했는지 살펴보면서 각 속성의 특징을 확인해 보자.

먼저 속성을 생성할 때 `db.Column()` 괄호 안의 첫 번째 옵션은 데이터 타입을 의미한다. 데이터 타입은 필수 옵션으로 속성에 저장할 데이터의 종류를 결정한다.

```
                     속성의 데이터 타입 지정
id = db.Column(db.Integer, primary_key=True)
                              속성을 기본 키로 지정
```

`db.Column`에는 데이터 타입 외에 여러 옵션을 지정할 수 있다. 먼저 고유 번호 `id`에 지정한 `primary_key` 옵션은 속성을 기본 키로 지정한다. 고유 번호는 모델에서 각 데이터를 구분하는 유효한 값으로 중복되면 안 된다.

그리고 `nullable` 옵션은 속성에 빈값을 허용할 것인지를 결정한다. `nullable` 옵션을 지정하지 않으면 기본으로 빈값을 허용한다. 따라서 속성에 빈값을 허용하지 않으려면 `nullable=False` 옵션을 지정해야 한다.

03단계 답변 모델 생성하기

이어서 같은 파일에 답변 모델인 Answer 클래스도 작성하자.

파일 이름	C:/projects/myproject/pybo/models.py

```python
(... 생략 ...)
class Answer(db.Model):
    id = db.Column(db.Integer, primary_key=True)
    question_id = db.Column(db.Integer,
                            db.ForeignKey('question.id', ondelete='CASCADE'))
    question = db.relationship('Question', backref=db.backref('answer_set', ))
    content = db.Column(db.Text(), nullable=False)
    create_date = db.Column(db.DateTime(), nullable=False)
```

답변 모델에서 `id`와 `content`, `create_date` 속성은 질문 모델의 `id`, `content`, `create_date`와 의미와 목적이 같다. 다른 속성은 `question_id`와 `question`인데 두 속성이 왜 필요하고 어떤 의미인지 살펴보자.

db.Integer는 고유 번호와 같은 숫자값에 사용하고, db.String은 제목처럼 글자 수가 제한된 텍스트에 사용한다. 글 내용처럼 글자 수를 제한할 수 없는 텍스트는 db.Text를 사용한다. 작성일시는 날짜와 시각에 해당하는 db.DateTime을 사용한다.

데이터베이스에서는 id와 같은 특징을 가진 속성을 기본 키(primary key)라고 한다. 플라스크는 데이터 타입이 db.Integer이고 기본 키로 지정한 속성은 값이 자동으로 증가하는 특징도 있어서 데이터를 저장할 때 해당 속성 값을 지정하지 않아도 1씩 자동으로 증가하여 저장된다.

Question 클래스 아래에 Answer 클래스를 작성하자.

question_id 속성은 질문 모델과 연결하려고 추가했다. 답변 모델은 어떤 질문에 대한 답변인지 표시해야 하므로 2단계에서 생성한 질문 모델과 연결된 속성을 포함해야 한다. 이처럼 어떤 속성을 기존 모델과 연결하려면 db.ForeignKey를 사용해야 한다.

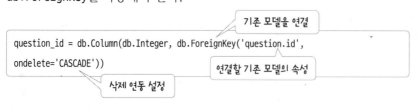

db.ForeignKey에 지정한 첫 번째 값은 연결할 모델의 속성명이고 두 번째 ondelete에 지정한 값은 삭제 연동 설정이다. 즉, 답변 모델의 question_id 속성은 질문 모델의 id 속성과 연결되며 ondelete='CASCADE'에 의해 데이터베이스에서 쿼리를 이용하여 질문을 삭제하면 해당 질문에 달린 답변도 함께 삭제된다.

그 다음 question 속성은 답변 모델에서 질문 모델을 참조하려고 추가했다. 예를 들어 답변 모델 객체에서 질문 모델 객체의 제목을 참조한다면 answer.question.subject처럼 할 수 있다. 이렇게 하려면 속성을 추가할 때 db.Column이 아닌 db.relationship을 사용해야 한다.

db.relationship에 지정한 첫 번째 값은 참조할 모델이고 두 번째 backref에 지정한 값은 역참조 설정이다. 역참조란 쉽게 말해 질문에서 답변을 참조하는 것을 의미한다. 한 질문에는 여러 개의 답변이 달릴 수 있는데 역참조는 이 질문에 달린 답변을 참조할 수 있게 한다. 예를 들어 어떤 질문에 해당하는 객체가 a_question이라면 a_question.answer_set와 같은 코드로 해당 질문에 달린 답변을 참조할 수 있다.

데이터베이스에서는 기존 모델과 연결된 속성을 외부 키(foreign key)라고 한다.

SQLAlchemy에서 제공하는 속성은 지금 소개한 것 외에도 다양하다. docs.sqlalchemy.org/en/13/core/type_basics.html에 접속하면 확인할 수 있다.

파이썬 코드를 이용하여 질문 데이터 삭제 시 연관된 답변 데이터 모두 삭제하는 방법

본문에서 '쿼리를 이용하여 질문 데이터를 삭제할 경우 답변도 함께 삭제된다'고 했는데 이는 정확히 말하면 데이터베이스 도구에서 쿼리를 이용하여 삭제하는 경우에 해당한다. 만약 파이썬 코드 a_question.delete()로 질문 데이터를 삭제하면 해당 질문과 연관된 답변 데이터는 삭제되지 않고 답변 데이터의 question_id 컬럼만 빈값으로 업데이트된다. 만약 파이썬 코드로 질문 데이터를 삭제할 때 연관된 답변 테이터가 모두 삭제되기를 바란다면 db.backref 설정에 cascade='all, delete-orphan' 옵션을 추가해야 한다.

```
question = db.relationship('Question', backref=db.backref('answer_set'
, cascade='all, delete-orphan'))
```

Do it!
실습

모델을 이용해 테이블 자동으로 생성하기

모델을 구상하고 생성했으므로 플라스크의 Migrate 기능을 이용해 데이터베이스 테이블을 생성해 보자.

01단계 모델 가져오기

앞선 실습에서 생성한 모델들을 플라스크의 Migrate 기능이 인식할 수 있도록 pybo/__init__.py 파일을 수정하자.

파일 이름   **C:/projects/myproject/pybo/__init__.py**

```
(... 생략 ...)
    # ORM
    db.init_app(app)
    migrate.init_app(app, db)
    from . import models
(... 생략 ...)
```

> migrate 객체가 models.py 파일을 참조하게 함

02단계 데이터베이스 변경을 위한 리비전 파일 생성하기

Question과 Answer 모델을 추가했으므로 데이터베이스가 변경되도록 명령 프롬프트에서 flask db migrate 명령을 수행하자.

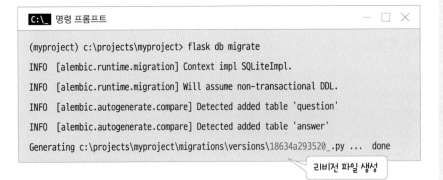

이 명령을 수행하면 18634a293520_.py처럼 데이터베이스 변경을 처리할
리비전 파일이 생성된다.

그림 2-3 migrate 명령으로 생성된 리비전 파일

리비전(revision)이란 생
성된 18634a293520_.
py 파일명에서 18634a2935
20_을 가리킨다.
리비전은 flask db migrate
명령을 수행할 때 무작위로 만
들어진다.

03단계 **데이터베이스 갱신하기**

이어서 `flask db upgrade` 명령으로 리비전 파일을 실행하자.

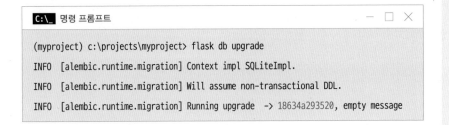

이 과정에서 데이터베이스에 모델 이름과 똑같은 question과 answer라는
이름의 테이블이 생성된다. 지금까지 설명한 1~3단계를 제대로 수행했다
면 projects/myproject 디렉터리에 pybo.db 파일이 생성되었을 것이다.
pybo.db가 바로 SQLite 데이터베이스의 데이터 파일이다.

그림 2-4 upgrade 명령으로 생성된 데이터베이스 파일

 생성된 테이블 살펴보기

pybo.db 데이터 파일에 정말로 question과 answer 테이블이 생성되었는지 확인해 보자. 여기서는 SQLite의 GUI 도구인 DB Browser for SQLite를 사용한다.

01단계 **DB Browser for SQLite 설치하기**

sqlitebrowser.org/dl에 접속한 다음 DB Broswer for SQLite(이하 DB 브라우저) 설치 파일(standard installer)을 내려받아 설치를 진행하자. 설치 시 체크 옵션에 주의하자.

자신의 운영체제에 맞는 설치 파일을 내려받아야 하며, 설치 중 바로 가기(short-cuts)를 생성하는 옵션을 추가해야 쉽게 실행할 수 있다.

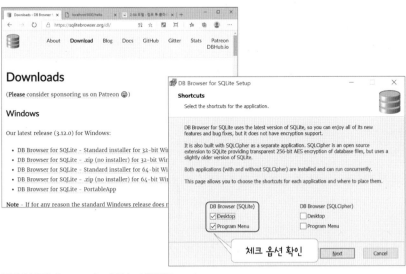

그림 2-5 DB Browser for SQLite 내려받기

02단계 **DB 브라우저에서 pybo.db 열기**

윈도우 바탕화면이나 프로그램 메뉴에서 방금 설치한 DB 브라우저를 실행하고 메뉴에서 [파일 → 데이터베이스 열기]를 선택한다. 그리고 앞선 실습에서 생성한 C:/projects/myproject/pybo.db 데이터베이스 파일을 선택하고 〈열기〉를 누른다.

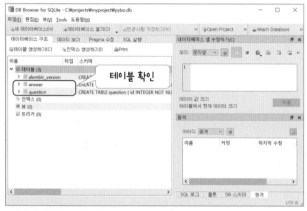

> alembic_version은 Flask-Migrate 라이브러리가 데이터베이스를 변경·관리하려고 사용하는 테이블이므로 신경 쓰지 않아도 된다.

그림 2-6 테이블 생성 확인

테이블 목록을 보면 question, answer 테이블이 생성되었음을 확인할 수 있다. DB 브라우저를 종료하자.

 모델 사용하기

모델도 만들었고 모델을 기반으로 테이블도 생성했으니 이제 모델을 사용할 차례다. 여기서는 프로젝트에서 모델을 본격적으로 사용하기 전에 '플라스크 셸'이라는 도구를 사용해 모델 사용법을 알아볼 것이다.

01단계 **플라스크 셸 실행하기**

플라스크 셸은 명령 프롬프트에서 `flask shell` 명령으로 실행한다.

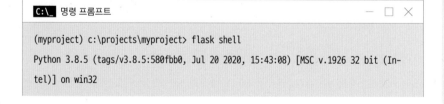

> 플라스크 셸은 플라스크를 실행하는 데 필요한 환경이 자동으로 설정되어 실행된다.

```
App: pybo [development]

Instance: C:\projects\myproject\instance
```

02단계 질문 데이터 저장하기

다음 명령을 수행해 Question과 Answer 모델을 플라스크 셸에 불러오자. 그런 다음 Question 모델 객체를 하나 생성해 보자.

```
C:\_ 명령 프롬프트                                           —  □  ✕

>>> from pybo.models import Question, Answer
>>> from datetime import datetime
>>> q = Question(subject='pybo가 무엇인가요?', content='pybo에 대해서 알고 싶습니
다.', create_date=datetime.now())
```

Question 모델의 create_date 속성은 DateTime 유형이므로 datetime.now 함수로 현재 일시를 대입했다. 객체 q를 만들었다고 해서 데이터베이스에 저장되는 것은 아니다. 데이터베이스에 저장하려면 다음처럼 SQLAlchemy의 db 객체를 사용해야 한다.

```
C:\_ 명령 프롬프트                                           —  □  ✕

>>> from pybo import db
>>> db.session.add(q)
>>> db.session.commit()
```

코드에서 보듯 신규 데이터를 저장할 때는 add 함수를 사용한 다음 commit 함수까지 실행해야 한다. db.session은 데이터베이스와 연결된 세션, 즉 접속된 상태를 의미한다. 데이터베이스를 처리하려면 이 세션이 필요하다. 세션을 통해서 데이터를 저장, 수정, 삭제 작업을 한 다음에는 반드시 db.session.commit 함수로 커밋을 해주어야 한다.

여기서 주의할 점은 커밋은 취소할 수 없다는 것이다. 커밋은 일종의 '결정 사인' 역할을 한다고 생각하면 이해하기 쉽다. 그래서 수행한 작업을 취소하려면 커밋 이전(세션 작업 도중)에 진행해야 한다. 이때 작업을 취소하고 싶으면 db.session.rollback 함수로 되돌리기(롤백)를 실행하면 된다. 데이터가 잘 생성되었는지 확인해 보자.

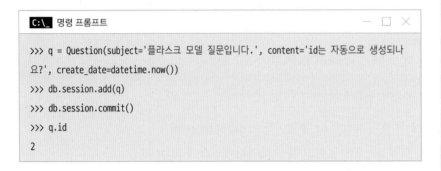

```
C:\_  명령 프롬프트                                      —  □  ×

>>> q.id
1
```

id는 Question 모델의 기본 키다. id는 앞에서 모델을 생성할 때 설정했던 대로 데이터를 생성할 때 속성값이 자동으로 1씩 증가한다. 정말 그런지 두 번째 질문 데이터를 생성한 후 id를 확인해 보자.

```
C:\_  명령 프롬프트                                      —  □  ×

>>> q = Question(subject='플라스크 모델 질문입니다.', content='id는 자동으로 생성되나
요?', create_date=datetime.now())
>>> db.session.add(q)
>>> db.session.commit()
>>> q.id
2
```

결과를 보면 두 번째 질문 데이터의 id는 예상대로 2가 출력됐다.

03단계 데이터 조회하기

이번에는 데이터베이스에 저장된 데이터를 모두 조회해 보자.

```
C:\_  명령 프롬프트                                      —  □  ×

>>> Question.query.all()
[<Question 1>, <Question 2>]
```

Question.query.all 함수로 모든 데이터베이스에 저장된 질문 데이터를 조회했다. 이 함수는 Question 객체 리스트를 반환한다. 결과에서 보이는 숫자 1과 2는 Question 객체의 id 속성값이다. 이번에는 filter 함수를 이용해 첫 번째 질문 데이터만 조회하자.

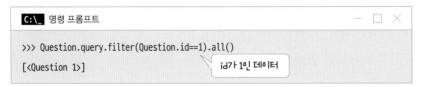

```
C:\_  명령 프롬프트                                      —  □  ×

>>> Question.query.filter(Question.id==1).all()
[<Question 1>]              id가 1인 데이터
```

filter 함수는 인자로 전달한 조건에 맞는 데이터를 모두 반환해 준다. 여기서는 기본 키인 id를 이용했으므로 값을 1개만 반환한다.

id는 유일한 값이므로 filter 함수 대신 get 함수를 이용해 조회할 수도 있다.

```
>>> Question.query.get(1)
<Question 1>
```

다만 get 함수로 조회하면 리스트가 아닌 Question 객체 1개만 반환된다. 이번에는 filter와 like 함수로 subject 속성에 '플라스크'라는 문자열이 포함된 데이터를 조회해 보자.

```
>>> Question.query.filter(Question.subject.like('%플라스크%')).all()
[<Question 2>]
```

'플라스크'라는 문자열이 포함된 두 번째 질문 데이터가 리스트에 담겨 반환되었음을 확인할 수 있다. filter 함수에 전달한 Question.subject.like('%플라스크%') 코드의 의미는 Question 모델 subject 속성에 '플라스크'라는 문자열이 포함되었는가?이다.

이때 like 함수에 전달한 문자열에 붙은 % 표기는 다른 문자열을 포함하는지를 나타낸다.

- 플라스크%: '플라스크'로 시작하는 문자열
- %플라스크: '플라스크'로 끝나는 문자열
- %플라스크%: '플라스크'를 포함하는 문자열

대소 문자 구분하지 않고 문자열을 찾으려면 like 함수 대신 ilike 함수를 사용한다.

데이터를 조회하는 다양한 사용법은 SQLAlchemy 공식 문서를 참조하자.

SQLAlchemy 공식 문서: docs.sqlalchemy.org/en/13/orm/query.html

04단계 데이터 수정하기

이번에는 질문 데이터를 수정해 보자. 데이터를 수정할 때는 단순히 대입 연산자를 사용하면 된다.

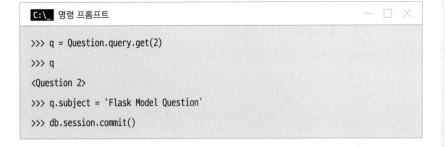

```
C:\_  명령 프롬프트                                    ─ □ ×
>>> q = Question.query.get(2)
>>> q
<Question 2>
>>> q.subject = 'Flask Model Question'
>>> db.session.commit()
```

두 번째 질문 데이터를 조회한 다음 subject 속성을 수정했다. 앞에서 설명했듯이 데이터를 변경한 후에는 반드시 커밋을 수행해야 데이터베이스에 반영된다.

05단계 데이터 삭제하기

이어서 데이터를 삭제하는 것도 실습해 보자. 여기서는 첫 번째 질문을 삭제하자.

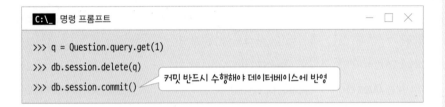

```
C:\_  명령 프롬프트                                    ─ □ ×
>>> q = Question.query.get(1)
>>> db.session.delete(q)
>>> db.session.commit()    ─ 커밋 반드시 수행해야 데이터베이스에 반영
```

첫 번째 데이터를 조회한 다음 delete 함수를 이용해 삭제했다. 이 역시도 커밋을 수행해 데이터베이스에 데이터 삭제 작업을 반영했다. 이어서 실제로 데이터베이스에서 첫 번째 질문이 삭제되었는지 확인하자.

```
C:\_  명령 프롬프트                                    ─ □ ×
>>> Question.query.all()
[<Question 2>]
```

첫 번째 질문이 삭제되어서 두 번째 질문만 조회되었다.

06단계 답변 데이터 생성 후 저장하기

이번에는 답변(Answer) 데이터를 생성하고 저장해 보자.

```
C:\_ 명령 프롬프트                                      —  □  ✕

>>> from datetime import datetime
>>> from pybo.models import Question, Answer
>>> from pybo import db
>>> q = Question.query.get(2)
>>> a = Answer(question=q, content='네 자동으로 생성됩니다.', create_date=datetime.
now())
>>> db.session.add(a)
>>> db.session.commit()
```

답변 데이터를 생성하려면 질문 데이터가 필요하므로 우선 질문 데이터를
구해야 한다. id가 2인 질문 데이터를 가져온 다음 q에 저장했다. 그런 다음
Answer 모델의 question 속성에 방금 가져온 q를 대입해 답변 데이터를 생
성했다.

Answer 모델에는 어떤 질문에 해당하는 답변인지 연결할 목적으로
question_id 속성이 있다. Answer 모델의 객체를 생성할 때 question에 q를
대입하면 question_id에 값을 지정하지 않아도 자동으로 입력된다.

Answer도 Question 모델과 마찬가지로 id 속성이 기본 키이므로 값이 자동
으로 생성된다. 다음 명령으로 id값을 확인해 보고 이 값을 이용해 데이터
도 확인해 보자.

```
C:\_ 명령 프롬프트                                      —  □  ✕

>>> a.id
1
>>> a = Answer.query.get(1)
>>> a
<Answer 1>
```

07단계 **답변에 연결된 질문 찾기 vs 질문에 달린 답변 찾기**

앞에서 구성한 Answer 모델의 question 속성을 이용하면 '답변에 연결된 질문'을 조회할 수 있다.

```
>>> a.question
<Question 2>
```

답변에 연결된 질문 찾기는 Answer 모델에 question 속성이 정의되어 있어서 매우 쉽다. 그런데 반대의 경우도 가능할까? 즉, 질문에서 답변을 찾을 수 있을까?

Question 모델과 Answer 모델은 현재 연결된 상태이고, Answer 모델의 question 속성에 역참조 설정 backref=db.backref('answer_set')을 적용했다. 그러므로 이를 사용하면 질문과 연결된 답변을 쉽게 가져올 수 있다.

```
>>> q.answer_set
[<Answer 1>]
```

지금 여러분은 역참조 설정의 유용함을 별로 느끼지 못할 것이다. 하지만 이 기능은 개발자에게 큰 편의를 가져다주는 신통방통한 녀석이다. 앞으로도 자주 사용할 예정이므로 꼭 기억해 두자. 이제 플라스크 셸을 종료하자.

플라스크 셸에서 빠져 나오려면 Ctrl + Z를 누르고 Enter를 입력한다.

질문 목록 조회와 질문 상세 조회 기능 만들기

이번 절에서는 파이보의 핵심 기능인 질문 목록 조회와 질문 상세 조회를 구현할 것이다. 그럼 시작해 보자.

완성 소스
github.com/pahkey/
flaskbook/tree/2-05

 질문 목록 조회 기능 만들기

우리가 원하는 질문 목록 조회 기능은 다음 주소에 접속할 때 동작해야 한다. 플라스크 서버를 실행하고 웹 브라우저에서 localhost:5000에 접속해 보자. 지금까지 실습을 잘 따라 했다면 화면에 'Pybo index'라는 문구가 출력될 것이다.

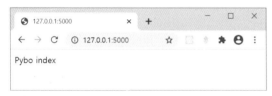

그림 2-7 localhost:5000에 접속한 후 볼 수 있는 첫 화면

01단계 게시판 질문 목록 출력하기

이 화면 대신 게시판 질문 목록이 출력되도록 main_views.py 파일을 수정해 보자. index 함수가 문자열을 반환하던 부분을 질문 데이터를 출력하도록 변경해 보자.

파일 이름 C:/projects/myproject/pybo/views/main_views.py

```
from flask import Blueprint, render_template

from pybo.models import Question

(... 생략 ...)
```

```
@bp.route('/')
def index():
    question_list = Question.query.order_by(Question.create_date.desc())
    return render_template('question/question_list.html',
                            question_list=question_list)
```

질문 목록은 `Question.query.order_by`로 얻을 수 있다. 이때 `order_by` 함수는 조회 결과를 정렬해 준다. 즉, `Question.create_date.desc()` 코드는 조회된 질문 목록을 '작성일시 기준 역순으로 정렬하라'는 의미다.

반환문에 호출한 `render_template` 함수는 템플릿 파일을 화면에 그려 준다. 조회된 질문 목록을 템플릿으로 전달하면 전달받은 데이터로 화면을 구성한다.

작성일시 순서로 질문 목록을 조회하려면 order_by(Question.create_date.asc()) 또는 asc()를 생략하여 order_by(Question.create_date)라고 작성한다.

02단계 질문 목록 템플릿 파일 작성하기

이제 `render_template` 함수에서 사용할 question/question_list.html 템플릿 파일을 작성해야 한다. 그런데 이 파일은 어디에 저장할까? 바로 플라스크가 앱으로 지정한 모듈 아래에 templates라는 디렉터리에 저장하면 된다. 그러면 별다른 설정을 하지 않아도 temptates 디렉터리를 템플릿 디렉터리로 인식한다. 다음 명령으로 pybo 디렉터리 아래에 templates 디렉터리를 생성하자.

템플릿 파일은 쉽게 말해 파이썬 문법을 사용할 수 있는 HTML 파일이다. 템플릿 파일은 HTML 파일과 비슷하지만 플라스크의 특별한 태그를 사용할 수 있다. 템플릿 파일은 잠시 후 자세히 다룬다.

```
C:\   명령 프롬프트                                                  —  □  ✕

(myproject) c:\projects\myproject> cd pybo
(myproject) c:\projects\myproject\pybo> mkdir templates
```

템플릿 디렉터리가 준비되었으므로 이제 해당 디렉터리에 템플릿 파일을 만들어 보자. `render_template` 함수에 지정한 템플릿 파일명은 question/question_list.html이므로 이 이름으로 템플릿 파일을 생성하고 다음과 같이 코드를 작성하자. 이때 파이참에서는 파일 생성 시 파일 이름에 /를 붙이면 / 이전에 있는 이름은 디렉터리로 생성해 준다. 즉, 파이참에서 question/question_list.html이라는 이름으로 파일을 만들면 question 디렉터리를 만들고 하위에 자동으로 question_list.html을 만들어 준다.

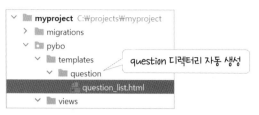

그림 2-8 템플릿 디렉터리에 생성된 question 디렉터리와 question_list.html 파일

파일 이름   c:/projects/myproject/pybo/templates/question/question_list.html

```
{% if question_list %}
    <ul>
    {% for question in question_list %}
        <li><a href="/detail/{{ question.id }}/">{{ question.subject }}</a></li>
    {% endfor %}
    </ul>
{% else %}
    <p>질문이 없습니다.</p>
{% endif %}
```

템플릿 파일에 입력된 **{% if question_list %}**와 같은 특이한 표현이 눈에 띌 것이다. **{%**와 **%}**로 둘러싸인 문장을 템플릿 태그라고 한다. 이 태그가 파이썬 코드와 연결된다. question_list.html 파일에 사용한 템플릿 태그들을 잠시 살펴보자.

```
{% if question_list %}
```

이 코드는 `render_template` 함수에서 전달받은 질문 목록 데이터 question_list가 있는지 검사한다.

```
{% for question in question_list %}
```

이 코드는 question_list에 저장된 데이터를 하나씩 꺼내 question 객체에 대입한다. 파이썬의 for~in 문을 안다면 쉽게 이해할 수 있을 것이다.

```
{{ question.id }}
```

이 코드는 바로 앞의 for 문에서 얻은 question 객체의 id를 출력한다. {{ question.subject }} 코드도 같은 맥락으로 이해할 수 있다. 템플릿 태그는 파이썬에 입문한 독자라면 충분히 이해할 수 있을 것이다.

이제 서버를 실행하고 웹 브라우저에서 localhost:5000으로 접속하면 다음과 같은 화면이 보인다.

이전에 등록한 질문 1건이 조회된 모습이다. 만약 플라스크 셸에서 Question 모델 데이터를 더 추가했다면 더 많은 질문이 표시될 것이다.

점프 투 플라스크!

플라스크에서 자주 사용하는 템플릿 태그

플라스크에서 자주 사용하는 템플릿 태그에는 다음 3가지 유형이 있다. 이 3가지 유형만 알아도 여러 기능을 충분히 만들 수 있다.

1. 분기문 태그

분기문 태그는 파이썬의 if, elif, else 문과 유사하게 사용한다. 단, 모든 분기문 태그는 {% endif %}로 닫아 주어야 한다.

```
{% if 조건문1 %}
    <p>조건문1에 해당하면 실행</p>
{% elif 조건문2 %}
    <p>조건문2에 해당하면 실행</p>
{% else %}
    <p>조건문1, 2 모두 해당하지 않으면 실행</p>
{% endif %}
```

2. 반복문 태그

반복문 태그는 파이썬의 for 문과 유사하다. 이 역시도 닫는 태그는 필수다.

```
{% for item in list %}
    <p>순서: {{ loop.index }} </p>
    <p>{{ item }}</p>
{% endfor %}
```

또 파이썬 문법과는 별도로 플라스크 템플릿 태그는 반복문 태그 편의를 위한 loop 속성을 제공한다.

표 2-5 반복문의 loop 속성

loop 속성	설명
loop.index	반복 순서, 1부터 1씩 증가
loop.index0	반복 순서, 0부터 1씩 증가
loop.first	반복 순서가 첫 번째 순서이면 True 아니면 False
loop.last	반복 순서가 마지막 순서이면 True 아니면 False

3. 객체 태그

객체를 출력하는 템플릿 태그도 있다.

```
{{ 객체 }}
```

객체의 속성은 점(.)으로 이어서 출력할 수 있다.

```
{{ 객체.속성 }}
```

이 책에서는 새로운 파이보 템플릿 문법이 나올 때마다 자세히 설명할 것이므로 지금 당장 모든 템플릿 태그를 알아 둘 필요는 없다. 그래도 템플릿 태그가 궁금하다면 공식 문서를 확인해 보자.

템플릿 태그 공식 문서:
jinja.palletsprojects.
com/en/2.11.x/templates

게시판 상세 조회 기능 만들기

앞선 실습에서 만든 질문 목록 조회 페이지에서 질문 링크(Flask Model Question)를 눌러 보면 다음과 같은 오류 메시지가 표시된다.

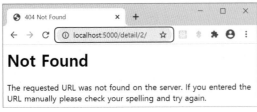

그림 2-9 질문 링크 오류 메시지

이 오류는 주소 표시줄에 보이는 localhost:5000/detail/2/ 페이지의 URL 을 정의하지 않아 발생한 것이다. 이 문제를 해결해 질문 제목과 내용이 표 시되도록 해보자.

01단계 라우트 함수 구현하기

질문 목록에서 링크를 누르면 다음과 같은 질문 상세 조회 URL을 요청한다.

```
localhost:5000/detail/2/
```

이 URL은 'Question 모델 데이터 중 **id**값이 2인 데이터를 조회하라'는 의 미다. 이와 같은 요청 URL에 대응할 수 있도록 main_views.py 파일에 **@ bp.route**와 함께 **detail** 함수를 추가하자.

파일 이름 C:/projects/myproject/pybo/views/main_views.py

```
(... 생략 ...)

@bp.route('/detail/<int:question_id>/')
def detail(question_id):
    question = Question.query.get(question_id)
    return render_template('question/question_detail.html', question=question)
```

> 매핑 규칙에 있는 int는 question_id에 숫자값 이 매핑됨을 의미한다.

detail 함수의 매개변수 question_id에는 라우트 매핑 규칙에 사용한 <int:question_id>가 전달된다. 즉, localhost:5000/detail/2/ 페이지를 요청하면 main_views.py 파일의 detail 함수가 실행되고, 매개변수 question_id에는 2라는 값이 전달된다.

02단계 질문 상세 템플릿 파일 작성하기

이어서 질문 상세 조회 화면에 해당하는 question/question_detail.html 템플릿 파일을 작성하자. templates/question 디렉터리에 question_detail.html 파일을 만들고 다음 코드를 작성하자.

| 파일 이름 | C:/projects/myproject/pybo/templates/question/question_detail.html |

```html
<h1>{{ question.subject }}</h1>

<div>
    {{ question.content }}
</div>
```

{{ question.subject }}와 {{ question.content }}의 question은 render_template 함수에서 전달받은 데이터이다.

이제 웹 브라우저에서 localhost:5000/detail/2/ 페이지를 다시 요청해 보자. 그러면 question_id가 2인 질문 데이터의 제목과 내용이 표시된다.

03단계 404 오류 페이지 표시하기

이번에는 웹 브라우저에서 localhost:5000/detail/30/ 페이지를 요청해 보자. 그러면 빈 페이지가 나타날 것이다. 왜냐하면 앱이 전달받은 question_id가 30이므로 main_views.py 파일의 detail 함수에서 Question.query.get(30)이 호출되는데 question_id가 30인 질문이 없기 때문이다.

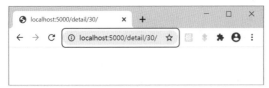

그림 2-10 id가 30번인 질문이 없어서 빈 페이지 표시

그런데 이처럼 잘못된 URL을 요청받을 때 단순히 빈 페이지를 표시하면 안 된다. 이때는 보통 'Not Found (404)'처럼 오류 페이지를 표시해야 한다. 404는 HTTP 주요 응답 코드의 하나이다. 표 2-6에서 HTTP 주요 응답 코드의 종류를 확인하자.

표 2-6 HTTP 주요 응답 코드의 종류

응답 코드	설명
200	성공(OK)
500	서버 오류(Internal Server Error)
404	서버가 요청한 페이지 없음(Not Found)

존재하지 않는 페이지를 요청받으면 빈 페이지 대신 404 오류 페이지를 표시하도록 다음처럼 detail 함수의 일부를 수정해 보자.

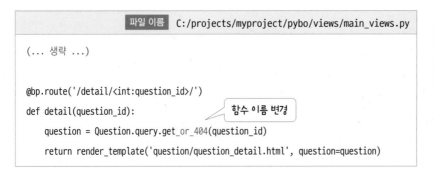

```
파일 이름   C:/projects/myproject/pybo/views/main_views.py

(... 생략 ...)

@bp.route('/detail/<int:question_id>/')
def detail(question_id):          함수 이름 변경
    question = Question.query.get_or_404(question_id)
    return render_template('question/question_detail.html', question=question)
```

기존 코드에서 get 함수 대신 get_or_404 함수를 사용했다. get_or_404 함수는 해당 데이터를 찾을 수 없는 경우에 404 페이지를 출력해 준다.
이제 웹 브라우저에서 localhost:5000/detail/30/ 페이지를 다시 요청하면 404 오류 페이지가 다음과 같이 출력된다.

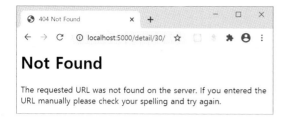

블루프린트로 기능 분리하기

지금까지는 질문 목록 조회와 질문 상세 조회 기능을 main_views.py 파일
에 구현했다. 모든 기능을 main_views.py 파일에 구현할 수도 있지만, 각
기능을 02-3절에서 배운 블루프린트 파일로 분리해서 관리하면 유지·보수
하는 데 유리하다.

01단계 질문 목록 조회, 질문 상세 조회 기능 분리하기

pybo/views 디렉터리에 question_views.py 파일을 새로 만들고 질문 목
록 조회와 질문 상세 조회 기능을 이동해 보자.

파일 이름 C:/projects/myproject/pybo/views/question_views.py

```python
from flask import Blueprint, render_template

from pybo.models import Question

bp = Blueprint('question', __name__, url_prefix='/question')

@bp.route('/list/')
def _list():
    question_list = Question.query.order_by(Question.create_date.desc())
    return render_template('question/question_list.html',
                            question_list=question_list)

@bp.route('/detail/<int:question_id>/')
def detail(question_id):
    question = Question.query.get_or_404(question_id)
    return render_template('question/question_detail.html', question=question)
```

quesiton_views.py 파일에 main_views.py 파일의 내용을 그대로 복사하되, 블루프린트 객체를 생성할 때 question이라는 이름을 사용하고, url_prefix에는 /question을 사용해 main_views.py 파일의 블루프린트와 구별했다. 그리고 index 함수명을 _list로 바꾸고 라우트도 /에서 /list/로 바꿨다.

이제 question_views.py 파일에 등록한 블루프린트를 적용하기 위해 pybo/__init__.py 파일도 수정하자.

질문 목록 조회 기능에 해당하는 함수명을 list가 아니라 _list로 지정한 이유는 list가 파이썬의 예약어이기 때문이다.

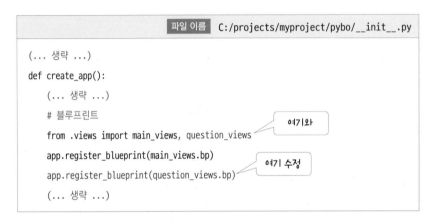

```
(... 생략 ...)
def create_app():
    (... 생략 ...)
    # 블루프린트
    from .views import main_views, question_views        여기와
    app.register_blueprint(main_views.bp)
    app.register_blueprint(question_views.bp)            여기 수정
    (... 생략 ...)
```

파일 이름 C:/projects/myproject/pybo/__init__.py

이와 같이 question_views의 bp 객체를 등록하면 된다.

02단계 url_for로 리다이렉트 기능 추가하기

question_views.py 파일에 질문 목록과 질문 상세 조회 기능을 구현했으므로 main_views.py 파일에서는 해당 기능을 제거하자.

파일 이름 C:/projects/myproject/pybo/views/main_views.py

```
from flask import Blueprint, url_for
from werkzeug.utils import redirect

bp = Blueprint('main', __name__, url_prefix='/')

@bp.route('/hello')
def hello_pybo():
    return 'Hello, Pybo!'
```

```
@bp.route('/')
def index():
    return redirect(url_for('question._list'))
```

detail 함수는 제거하고 index 함수는 question._list에 해당하는 URL로 리다이렉트할 수 있도록 코드를 수정했다. redirect 함수는 입력받은 URL로 리다이렉트해 주고, url_for 함수는 라우트가 설정된 함수명으로 URL을 역으로 찾아준다.

url_for 함수에 전달된 question._list는 question, _list 순서로 해석되어 함수명을 찾아준다. question은 등록된 블루프린트 이름, _list는 블루프린트에 등록된 함수명이라고 생각하면 된다. 현재 _list 함수에 등록된 라우트는 @bp.route('/list/')이므로 url_for('question._list')는 bp의 접두어인 /question/과 /list/가 더해진 /question/list/ URL을 반환한다.

이제 localhost:5000에 접속하면 리다이렉트 기능 덕분에 localhost:5000/question/list/ 페이지가 호출될 것이다. 확인해 보자.

03단계 하드 코딩된 URL에 url_for 함수 이용하기

앞서 url_for 함수를 이용하면 라우트가 설정된 함수명으로 URL을 찾아준다고 했다. 이 기능을 이용해 질문 목록 템플릿에서 질문 상세 조회를 호출하는 코드도 url_for를 이용해 수정하자.

| 파일 이름 | C:/projects/myproject/pybo/templates/question/question_list.html |

```
{% if question_list %}
    <ul>
    {% for question in question_list %}
        <li><a href="{{ url_for('question.detail', question_id=question.id) }}">{{
question.subject }}</a></li>
```

```
    {% endfor %}
    </ul>
{% else %}
    <p>질문이 없습니다.</p>
{% endif %}
```

기존에는 a 엘리먼트에 설정한 링크 URL이 /detail/처럼 하드 코딩되어
있었다. 이 부분을 url_for 함수를 이용해 question.detail 라우트 함수로
URL을 찾도록 변경했다. 이때 question.detail 함수는 question_id 매개
변수가 필요하므로 question_id를 전달해야 한다.
이제 질문 목록 조회 페이지에서 제목을 누르면 상세 페이지로 잘 이동할 것
이다.

url_for 함수를 사용하면 유지·보수하기 쉬워진다

템플릿에서 URL을 사용할 때 다음과 같이 url_for를 사용하지 않
으면 어떻게 될까?

```
<a href="/question/detail/{{ question.id }}">{{question.subject}}</a>
```

이렇게 URL을 하드 코딩하면 유지·보수하는 데 불리하다. 예를 들어 다음처럼 URL
구성 방식 자체가 변경되면 이런 코드는 쉽게 대응하기 어렵다.

- localhost:5000/detail/question/2
- localhost:5000/detail/2/question

이와 같이 URL 구성 방식을 자주 변경하면 템플릿에서 사용한 모든 URL을 일일이
찾아가며 수정해야 할 것이다. 이런 부담을 줄이고 싶다면 url_for 함수를 사용하기
를 권한다.

앞 절에서 우리는 질문을 등록하고 조회하는 기능을 만들었다. 이번에는 질문에 답변을 등록하고 보여 주는 기능을 만들어 보자.

완성 소스
github.com/pahkey/
flaskbook/tree/2-06

 Do it!
실습

답변 데이터 저장하고 표시하기

질문 상세 조회 화면에 답변을 입력하기 위한 텍스트 창(textarea)과 〈답변 등록〉 버튼을 생성하고, 이 버튼을 누르면 텍스트 창에 입력된 데이터가 저장되도록 구현해 보자.

01단계 답변 등록 버튼 만들기

질문 상세 조회 템플릿 파일에 답변 저장을 위한 form, textarea, input 엘리먼트를 추가하자.

파일 이름 C:/projects/myproject/pybo/templates/question/question_detail.html

```
<h1>{{ question.subject }}</h1>

<div>
    {{ question.content }}
</div>

<form action="{{ url_for('answer.create', question_id=question.id) }}" method="post">
    <textarea name="content" id="content" rows="15"></textarea>
    <input type="submit" value="답변등록">
</form>
```

답변 저장 URL은 form 엘리먼트 action 속성에 지정된 url_for('answer. create', question_id=question.id) 함수가 알려 준다. 이후 〈답변등록〉 버튼을 누르면 POST 방식으로 form 엘리먼트의 action 속성에 등록된 URL이 호출된다.

코드를 추가한 후 웹 브라우저에서 질문 상세 조회 페이지를 요청해 보자. 그러면 다음처럼 'answer.create에 해당하는 URL을 찾을 수 없다'는 오류 메시지가 화면에 나타난다.

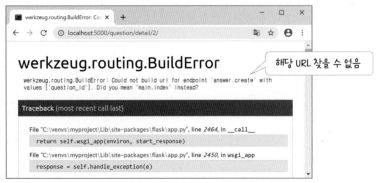

그림 2-11 answer.create에 해당하는 URL을 찾을 수 없다는 오류 메시지가 나타난 화면

이 오류를 해결하려면 답변 모델에 해당하는 블루프린트 파일을 작성하고 create 함수를 만들어야 한다.

02단계 답변 블루프린트 만들기

02-5절에서 질문 모델 question을 관리하는 블루프린트를 만들었듯이, 답변 모델 answer를 관리하는 블루프린트를 만들어 보자. views 디렉터리에 answer_views.py 파일을 만들고 다음처럼 코드를 작성하자.

파일 이름 C:/projects/myproject/pybo/views/answer_views.py

```python
from datetime import datetime

from flask import Blueprint, url_for, request
from werkzeug.utils import redirect

from pybo import db
```

```
from pybo.models import Question, Answer
                                              ┌─ answer_views.py 파일이 answer라는 이름의 블루프린트 파일임을 나타냄
bp = Blueprint('answer', __name__, url_prefix='/answer')
                                              ┌─ 답변 저장 템플릿에 있는 form 엘리
                                                 먼트의 method값과 일치해야 함
@bp.route('/create/<int:question_id>', methods=('POST',))
def create(question_id):
    question = Question.query.get_or_404(question_id)
    content = request.form['content']  ◄─── name 속성이 'content'인 값
    answer = Answer(content=content, create_date=datetime.now())
    question.answer_set.append(answer)
    db.session.commit()                ┌─ 질문에 대한 답변들
    return redirect(url_for('question.detail', question_id=question_id))
```

create 함수의 매개변수 question_id는 URL에서 전달된다. 만약 locahost:
5000/answer/create/2/ 페이지를 요청받으면 question_id에는 2가 넘
어온다. @bp.route의 methods 속성에는 'POST'를 지정해 주었다. 1단계에
서 작성한 답변 저장 템플릿의 form 엘리먼트는 POST 방식이었으므로 같
은 값을 지정해야 한다. 만약 @bp.route에 똑같은 폼 방식을 지정하지 않으
면 다음과 같은 오류가 발생하므로 주의하자.

> methods 속성은 웹 브
> 라우저에서 요청하는
> GET 또는 POST와 같은 폼
> 방식을 의미한다.

그림 2-12 methods 속성의 폼 방식이 다를 때 발생하는 오류

form 엘리먼트를 통해 전달된 데이터들은 create 함수에서 request 객체
로 얻을 수 있다. request.form['content'] 코드는 POST 폼 방식으로 전
송된 데이터 항목 중 name 속성이 'content'인 값을 의미한다.
답변을 생성하는 코드에서 question.answer_set은 '질문에 달린 답변들'
을 의미한다. 앞에서 Question과 Answer 모델이 연결되어 있어 backref에
설정한 answer_set를 사용할 수 있다고 설명했던 내용을 기억하자.

답변을 생성한 후 화면을 이동하도록 redirect 함수를 사용했다. redirect 함수에 사용한 question_id는 question_views.py 파일에 있는 detail 함수의 매개변수로 전달된다.

답변을 저장하는 방법은 한 가지만 있을까?

아니다. 다음처럼 Answer 모델을 직접 사용해도 답변을 저장할 수 있다. 이번 실습 코드와 다음 코드 중 어떤 것을 사용해도 결과는 같다.

```
answer = Answer(question=question, content=content, create_date=datetime.now())
db.session.add(answer)
```

request 객체는 무엇일까?

request 객체는 플라스크에서 생성 과정 없이 사용할 수 있는 기본 객체다. 플라스크는 브라우저의 요청부터 응답까지 처리 구간에서 request 객체를 생성하여 사용할 수 있게 해준다. 이 객체를 이용해 브라우저에서 요청한 정보를 확인할 수 있다. request 객체 외에 g라는 객체를 알아야 하는데 이 역시 실습하면서 배워 보자.

03단계 답변 블루프린트 적용하기

2단계에서 생성한 블루프린트 객체 answer_views.bp를 pybo/__init__.py 파일에 등록하자.

| 파일 이름 | C:/projects/myproject/pybo/__init__.py |

```python
(... 생략 ...)


def create_app():
    (... 생략 ...)

    # 블루프린트
    from .views import main_views, question_views, answer_views
```

```
app.register_blueprint(main_views.bp)

app.register_blueprint(question_views.bp)

app.register_blueprint(answer_views.bp)


return app
```

질문 상세 조회 페이지에 다시 접속해 보자. 그러면 다음처럼 답변을 등록
할 수 있는 창과 등록 버튼이 보인다.

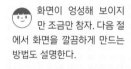 화면이 엉성해 보이지
만 조금만 참자. 다음 절
에서 화면을 깔끔하게 만드는
방법도 설명한다.

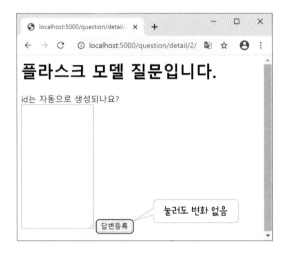

텍스트 창에 아무 값이나 입력하고 〈답변등록〉을 눌러 보자. 아마 아무런 변
화가 없을 것이다. 왜냐하면 우리는 아직 등록한 답변을 표시하는 기능을
추가하지 않았기 때문이다.

04단계 질문 상세 페이지에 답변 표시하기

질문에 등록된 답변을 화면에 표시해 보자. 답변은 질문과 함께 보여야 하
므로 질문 상세 조회 템플릿 파일에 다음 코드를 추가한다.

```
<h1>{{ question.subject }}</h1>

<div>
    {{ question.content }}
</div>

<h5>{{ question.answer_set|length }}개의 답변이 있습니다.</h5>
<div>
    <ul>
    {% for answer in question.answer_set %}
        <li>{{ answer.content }}</li>
    {% endfor %}
    </ul>
</div>

(... 생략 ...)
```

기존 코드에서 답변을 확인할 수 있는 영역을 추가했다. {{ question.answer_set|length }} 코드는 답변 개수를 의미한다. length는 템플릿 필터인데 객체의 길이를 반환해 준다. 이처럼 필터는 | 문자 뒤에 추가해서 사용한다.

소스를 저장하고 질문 상세 조회 페이지를 새로 고침하면 방금 등록한 답변들이 보인다. 축하한다! 이제부터 여러분은 답변을 저장하고 또 볼 수 있을 것이다.

템플릿에서 사용할 수 있는 필터는 많다. 다음 URL에서 확인할 수 있다. jinja.palletsprojects.com/en/2.11.x/templates/#builtin-filters

02-7 화면 예쁘게 꾸미기

지금까지 질문과 답변을 등록하고 조회하는 기능을 만들었다. 그런데 그럴싸한 화면이 아니라서 아쉽다. 여기서는 스타일시트를 이용해 웹 페이지에 디자인을 적용하는 방법을 알아본다.

 완성 소스
github.com/pahkey/
flaskbook/tree/2-07

웹 페이지에 CSS 적용하기

웹 페이지에 디자인을 적용하려면 CSS를 사용한다. CSS를 파이보에 적용하려면 CSS 파일이 pybo/static 디렉터리에 있어야 한다. 이때 CSS 파일은 플라스크에서 정적^{static} 파일로 분류한다. 정적 파일은 주로 이미지(.png, .jpg)나 자바스크립트(.js), 스타일시트(.css)와 같은 파일을 의미한다.

01단계 static 디렉터리 만들고 스타일시트 작성하기

정적 파일을 저장할 디렉터리는 템플릿 디렉터리와 마찬가지로 플라스크가 앱으로 지정한 모듈 아래에 **static**이라는 이름으로 생성하면 된다. 우리가 사용한 플라스크 앱은 pybo 모듈이므로 pybo 디렉터리 아래에 static 디렉터리를 생성하자.

```
C:\  명령 프롬프트                                          – □ ✕

(myproject) c:\projects\myproject> cd pybo
(myproject) c:\projects\myproject\pybo> mkdir static
```

static 디렉터리를 만들었으면 그곳에 style.css 파일을 만들고 다음과 같은 코드를 작성하자. 여기서는 답변을 등록할 때 사용하는 텍스트 창(**textarea**)의 너비를 100%로 넓히고, 〈답변등록〉 버튼 위에 마진을 10px 추가했다.

> 여기서 텍스트 창에 지정한 너비 100%란 웹 브라우저 너비를 기준으로 한다. 즉, 웹 브라우저의 너비에 따라서 텍스트 창의 크기가 꽉 차도록 조절된다.

파일 이름	c:/projects/myproject/pybo/static/style.css

```css
textarea {
    width:100%;
}


input[type=submit] {
    margin-top:10px;
}
```

> CSS를 활용하면 이보다 더 예쁘게 만들 수도 있다. 그것은 필자보다 디자인 감각이 뛰어난 독자 여러분 몫으로 남겨 둔다. 그 대신 다음 절에서 부트스트랩을 이용해 좀 더 예쁘게 만들 수 있는 방법을 소개한다.

02단계 질문 상세 페이지에 스타일시트 적용하기

1단계에서 만든 스타일시트를 질문 상세 조회 템플릿에 적용해 보자. question_detail.html 파일을 열고 가장 위쪽에 코드 한 줄을 추가하면 된다.

파일 이름	C:/projects/myproject/pybo/templates/question/question_detail.html

```html
<link rel="stylesheet" href="{{ url_for('static', filename='style.css') }}">
<h1>{{ question.subject }}</h1>
(... 생략 ...)
```

추가한 코드는 static 디렉터리의 style.css 파일을 연결한다는 의미다. 그리고 url_for 함수는 앞에서 배운 URL 추적 함수다. 앞에서는 url_for 함수가 URL을 찾아준다고 했지만 정적 파일의 URL도 찾아준다. 이제 질문 상세 조회 화면이 어떻게 변경되었는지 확인해 보자. 텍스트 창이 넓어지고 〈답변등록〉 버튼 위에 여유 공간이 생겼다. 축하한다! 이제부터 여러분은 조금 그럴싸한 화면을 만들 수 있을 것이다.

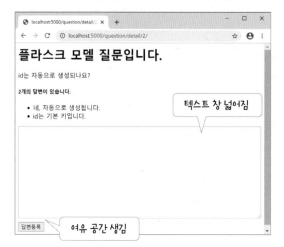

02-8 부트스트랩으로 더 쉽게 화면 꾸미기

웹 디자이너 없이 웹 프로그램을 만들다 보면 화면 디자인 작업을 하는 데 얼마나 많은 시간과 고민이 필요한지 알 수 있을 것이다. 이번에 소개하는 부트스트랩^{Bootstrap}은 개발자 혼자서도 화면을 괜찮은 수준으로 만들 수 있게 해주는 도구다. 부트스트랩은 트위터를 개발하면서 만들어졌고 아직도 발전하고 관리되고 있는 오픈소스 프로젝트다.

완성 소스
github.com/pahkey/
flaskbook/tree/2-08

파이보에 부트스트랩 적용하기

파이보에 부트스트랩을 적용해 멋진 모습으로 변신해 보자.

01단계 부트스트랩 설치하기

웹 브라우저를 열고 getbootstrap.com/docs/4.5/getting-started/ download/에 접속한 다음 〈Download〉를 누르고 다시 〈Download〉를 눌러 부트스트랩 설치 파일을 내려받자.

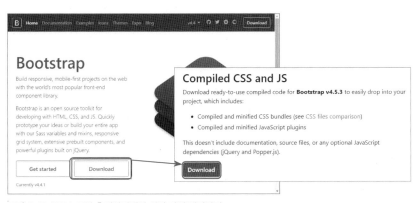

그림 2-13 부트스트랩 홈페이지에서 설치 파일 내려받기

그러면 bootstrap-4.4.1-dist.zip과 같은 이름의 압축 파일이 보인다. 방금 내려받은 파일의 압축을 해제하면 많은 파일이 보인다. 이 중에서 bootstrap.min.css 파일만 복사해서 pybo/static 디렉터리에 저장하자.

참고로 이 책을 집필하는 시점의 부트스트랩 최신 버전은 4.4.1이다. 만약 부트스트랩 4.x 버전, 즉 4로 시작하는 버전이 아닌 다른 버전을 설치한다면 책의 예제가 정상적으로 동작하지 않을 것이다. 새로 나온 5.x 버전은 책의 예제와 호환되지 않는다.

다른 파일도 이후 실습에서 사용할 것이므로 삭제하지 말자.

- 압축 파일에 있는 bootstrap.min.css 경로

  bootstrap-4.4.1-dist.zip\bootstrap-4.4.1-dist\css\bootstrap.min.css
- 복사할 경로

  C:\projects\myproject\pybo\static\bootstrap.min.css

02단계 부트스트랩 적용하기

질문 목록 조회 템플릿에 부트스트랩을 적용해 보자. question_list.html 파일 맨 위에 있는 bootstrap.min.css 파일을 연결하는 것을 시작으로 전체를 수정해야 한다.

> **파일 이름** C:/projects/myproject/pybo/templates/question/question_list.html

```
<link rel="stylesheet" href="{{ url_for('static', filename='bootstrap.min.css') }}">
<div class="container my-3">
    <table class="table">
        <thead>
        <tr class="thead-dark">
            <th>번호</th>
            <th>제목</th>
            <th>작성일시</th>
        </tr>
        </thead>
        <tbody>
        {% if question_list %}
        {% for question in question_list %}
        <tr>                        질문 번호(for 반복문의 현재 순서)
            <td>{{ loop.index }}</td>
            <td>
                <a href="{{ url_for('question.detail', question_id=question.id) }}">{{ question.subject }}</a>
            </td>
            <td>{{ question.create_date }}</td>       작성일시
        </tr>
        {% endfor %}
        {% else %}
```

```
            <tr>
                <td colspan="3">질문이 없습니다.</td>
            </tr>
            {% endif %}
            </tbody>
        </table>
    </div>
```

기존 질문 목록은 ul 엘리먼트로 간단히 표시했지만 여기서는 table 엘리먼트로 표현했다. table 엘리먼트와 하위 엘리먼트에 부트스트랩을 적용했는데, 여기에 사용된 class="container my-3", class="table", class="thead-dark" 등이 바로 부트스트랩이 제공하는 클래스다.

이제 웹 브라우저에서 localhost:5000/question/list에 접속하면 부트스트랩이 적용된 질문 목록 조회 화면을 볼 수 있다.

앞으로 다른 화면을 만들 때도 부트스트랩을 사용할 것이다. 그러나 이 책의 주제가 부트스트랩은 아니므로 간단히 설명한다. 혹시 자세한 내용이 궁금하다면 부트스트랩 공식 문서를 읽어 보기를 권한다.

부트스트랩 공식 문서: getbootstrap.com/docs/4.4/getting-started/introduction

03단계 질문 상세 조회 템플릿에 부트스트랩 적용하기

질문 상세 조회 템플릿도 부트스트랩을 적용해 다음처럼 전체 코드를 수정하자.

파일 이름 C:/projects/myproject/pybo/templates/question_detail.html

```
<link rel="stylesheet" href="{{ url_for('static', filename='bootstrap.min.css') }}">
<div class="container my-3">
    <h2 class="border-bottom py-2">{{ question.subject }}</h2>
    <div class="card my-3">
        <div class="card-body">
            <div class="card-text" style="white-space: pre-line;">{{ question.content }}</div>
```

```
                <div class="d-flex justify-content-end">
                    <div class="badge badge-light p-2">
                        {{ question.create_date }}
                    </div>
                </div>
            </div>
        </div>
    <h5 class="border-bottom my-3 py-2">{{ question.answer_set¦length }}개의 답변
이 있습니다.</h5>
    {% for answer in question.answer_set %}
    <div class="card my-3">
        <div class="card-body">
            <div class="card-text" style="white-space: pre-line;">{{ answer.
content }}</div>
            <div class="d-flex justify-content-end">
                <div class="badge badge-light p-2">
                    {{ answer.create_date }}
                </div>
            </div>
        </div>
    </div>
    {% endfor %}
    <form action="{{ url_for('answer.create', question_id=question.id) }}"
method="post" class="my-3">
        <div class="form-group">
            <textarea name="content" id="content" class="form-control" rows="10"></
textarea>
        </div>
        <input type="submit" value="답변등록" class="btn btn-primary">
    </form>
</div>
```

질문과 답변은 부트스트랩의 card 컴포넌트를 이용해 카드에 담아 보았다. card 컴포넌트는 게시물 1개를 담기에 적절하다. 여기서 사용한 부트스트랩 클래스 my-3, py-2, p-2의 의미는 다음과 같다.

부트스트랩 card 컴포넌트 참조: getbootstrap.com/docs/4.4/components/card

- my-3: 위아래(m은 margin, y는 y축을 의미) 방향으로 부트스트랩 기준 3 정도의 마진
- py-2: 위아래 방향으로 부트스트랩 기준 2 정도의 패딩
- p-2: 상하좌우 방향으로 부트스트랩 기준 2 정도의 패딩

또한 d-flex justify-content-end는 컴포넌트 오른쪽 정렬을 의미한다. 질문과 답변 내용에는 style="white-space: pre-line;" 스타일을 지정해 글 내용의 줄 바꿈을 제대로 보여 주었다. 이제 웹 브라우저에서 질문 상세 조회 화면을 확인해 보자. 이처럼 부트스트랩을 사용하면 만족스러운 화면을 빠르게 만들 수 있다.

표준 HTML과 템플릿 상속 사용해 보기

혹시 눈치챘는지 모르겠지만 우리가 지금까지 작성한 질문 목록 조회와 질문 상세 조회 템플릿 파일은 표준 HTML 구조가 아니다. 어떤 운영체제나 브라우저를 사용하더라도 웹 페이지가 동일하게 보이고 정상적으로 동작하게 하려면 반드시 웹 표준을 지키는 HTML 문서를 작성해야 한다.

🧪 완성 소스
github.com/pahkey/
flaskbook/tree/2-09

표준 HTML 구조는 어떻게 생겼을까?

표준 HTML 문서의 구조는 다음과 같이 html, head, body 엘리먼트가 있어야 하고 CSS 파일은 head 엘리먼트 안에 있어야 한다. 또한 head 엘리먼트 안에는 meta, title 엘리먼트 등이 포함되어야 한다.

표준 HTML 구조 예   **입력할 코드 아님!**   — ☐ ✕

```
<!doctype html>
<html lang="ko">
<head>
    <!-- Required meta tags -->
    <meta charset="utf-8">
    <meta name="viewport" content="width=device-width, initial-scale=1, shrink-to-
    fit=no">
    <!-- Bootstrap CSS -->
    <link rel="stylesheet" href="{{ url_for('static', filename='bootstrap.min.css')
    }}">
    <!-- pybo CSS -->
    <link rel="stylesheet" href="{{ url_for('static', filename='style.css') }}">
    <title>Hello, pybo!</title>
</head>
<body>
(... 생략 ...)
</body>
</html>
```

템플릿을 표준 HTML 구조로 바꾸기

우리가 앞에서 작성한 템플릿 파일을 표준 HTML 구조로 수정해 보자. 그런데 모든 템플릿 파일을 앞에서 본 표준 HTML 구조로 변경하면 body 엘리먼트 바깥 부분은 모두 같은 내용이 중복될 것이다. 그리고 CSS 파일 이름이 변경되거나 새로운 CSS 파일이 추가되면 head 엘리먼트의 내용을 수정하려고 템플릿 파일을 일일이 찾아다녀야 하는 불편함도 발생한다.

플라스크는 이런 불편함을 해소하기 위한 템플릿 상속(extends) 기능을 제공한다. 여기서는 단순히 템플릿을 표준 HTML 구조로 바꿀 뿐 아니라 템플릿 상속 기능까지 사용할 것이다. 그러면 파일을 하나씩 수정해 보자.

`01단계` 템플릿 파일의 기본 틀 작성하기

우선 템플릿 파일의 기본 틀인 base.html 템플릿을 작성하자. 모든 템플릿에서 공통으로 입력할 내용을 여기에 포함한다고 생각하면 된다.

> **파일 이름** C:/projects/myproject/pybo/templates/base.html

```html
<!doctype html>
<html lang="ko">
<head>
    <!-- Required meta tags -->
    <meta charset="utf-8">
    <meta name="viewport" content="width=device-width, initial-scale=1, shrink-to-fit=no">
    <!-- Bootstrap CSS -->
    <link rel="stylesheet" href="{{ url_for('static', filename='bootstrap.min.css') }}">
    <!-- pybo CSS -->
    <link rel="stylesheet" href="{{ url_for('static', filename='style.css') }}">
    <title>Hello, pybo!</title>
</head>
<body>
<!-- 기본 템플릿에 삽입할 내용 Start -->
{% block content %}
{% endblock %}
<!-- 기본 템플릿에 삽입할 내용 End -->
</body>
</html>
```

body 엘리먼트에 {% block content %}와 {% endblock %} 템플릿 태그가
보일 것이다. 바로 이 부분이 이후 base.html 템플릿 파일을 상속한 파일에
서 구현할 영역이다.

02단계 **질문 목록 조회 템플릿 파일 수정하기**

질문 목록을 나타내는 question_list.html 템플릿 파일을 다음과 같이 수정
하자.

```
파일 이름   C:/projects/myproject/pybo/templates/question/question_list.html

<link rel="stylesheet" href="{{ url_for('static', filename='bootstrap.min.css') }}">   ◁ 삭제 후 코드 입력
{% extends 'base.html' %}
{% block content %}
<div class="container my-3">
    <table class="table">
        (... 생략 ...)
    </table>
</div>
{% endblock %}
```

base.html 템플릿 파일을 상속받고자 {% extends 'base.html' %} 템플릿
태그를 사용했다. 그리고 {% block content %}와 {% endblock %} 사이에
question_list.html에서만 사용할 내용을 작성했다.
이제 question_list.html은 base.html을 상속받았으므로 표준 HTML 구조
를 갖추게 된다.

03단계 **질문 상세 조회 템플릿 파일 수정하기**

질문 상세 조회를 나타내는 question_detail.html 파일도 마찬가지 방법으
로 수정하자.

```
<link rel="stylesheet" href="{{ url_for('static', filename='bootstrap.min.css') }}">
{% extends 'base.html' %}
{% block content %}
<div class="container my-3">
    (... 생략 ...)
    <form action= ... >
        (... 생략 ...)
    </form>
</div>
{% endblock %}
```

{% extends 'base.html' %} 템플릿 태그를 맨 위에 추가하고 기존 내용 위
아래로 {% block content %}와 {% endblock %}를 작성했다.

04단계   기존 스타일 파일 내용 비우기

부트스트랩을 사용하게 되었으므로 style.css 파일의 내용을 비우자. 이 파일
은 이후 부트스트랩으로 표현할 수 없는 스타일을 위해 사용할 것이므로 파일
자체를 삭제하지 말고 내용만 비워 두자.

파일 이름   C:/projects/myproject/pybo/static/style.css

```
/* 내용을 전부 삭제하자. */
```

02-10 폼 모듈로 데이터 검증 더 쉽게 하기

웹 프로그램에서 폼^{form}은 사용자에게 입력 양식을 편리하게 제공하기 위해 사용한다. 여기서는 플라스크의 폼 모듈을 어떻게 사용하는지 알아보자. 폼 모듈을 사용하면 폼으로 전송되는 데이터의 필수 여부, 길이, 형식 등을 더 쉽게 검증할 수 있다.

 완성 소스
github.com/pahkey/
flaskbook/tree/2-10

Do it! 실습 · 플라스크 폼 모듈 사용하기

01단계 · 플라스크 폼 모듈 설치하기

플라스크에서 폼을 사용하려면 Flask-WTF라는 라이브러리를 설치해야한다. 명령 프롬프트에서 다음 명령으로 Flask-WTF를 설치하자.

```
C:\ 명령 프롬프트                                          —  □  ✕

(myproject) c:\projects\myproject> pip install Flask-WTF

Collecting Flask-WTF

  (... 생략 ...)

Installing collected packages: WTForms, Flask-WTF

Successfully installed Flask-WTF-0.14.3 WTForms-2.3.3
```

Flask-WTF를 사용하려면 플라스크 환경 변수 SECRET_KEY가 필요하다. SECRET_KEY는 CSRF^{cross-site request forgery}라는 웹 사이트 취약점 공격을 방지하는 데 사용한다. CSRF는 사용자의 요청을 위조하는 웹 사이트 공격 기법인데 SECRET_KEY를 기반으로 해서 생성되는 CSRF 토큰은 폼으로 전송된 데이터가 실제 웹 페이지에서 작성된 데이터인지를 판단해 주는 감음자 역할을 한다. 플라스크에서 CSRF 토큰을 어떻게 사용하는지는 잠시 후에 알아보자.

먼저 프로젝트 루트에 있는 config.py 설정 파일을 열고 마지막 줄에 SECRET_KEY 환경 변수를 추가하자.

> CSRF 토큰은 쉽게 말해 CSRF를 방어하려고 플라스크에서 생성하는 무작위 문자열이다. CSRF 토큰이라는 명칭 때문에 '공격 기술에 사용하는 요소'라고 오해하지 않길 바란다.

파일 이름	C:/projects/myproject/config.py

```
(... 생략 ...)
SECRET_KEY = "dev"
```

사실 SECRET_KEY = "dev"는 위험한 설정이다. 실제 서비스를 운영할 때에는 "dev"처럼 유추하기 쉬운 문자열을 입력하면 안 된다. 물론 현재는 개발 환경이므로 괜찮다. 서비스 운영 환경에서 SECRET_KEY를 설정하는 방법은 4장에서 알아본다.

질문 등록 기능 만들기

이제 파이보에 질문을 등록하는 기능을 만들어 보자. 참고로 질문 등록 기능은 이번 장 끝까지 진행해야 완벽하게 동작한다.

01단계 질문 등록 버튼 만들기

우선 다음처럼 질문 목록 조회 템플릿을 열고 </table> 태그 아래에 질문 등록 버튼을 생성하자.

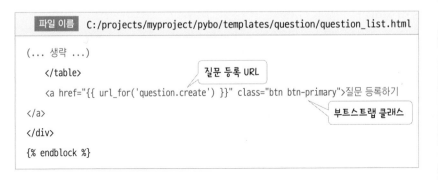

파일 이름	C:/projects/myproject/pybo/templates/question/question_list.html

```
(... 생략 ...)
    </table>
    <a href="{{ url_for('question.create') }}" class="btn btn-primary">질문 등록하기
</a>
</div>
{% endblock %}
```

질문 등록 URL

부트스트랩 클래스

a 엘리먼트에 href 속성으로 질문 등록 URL을 {{ url_for('question.create') }}처럼 추가하고 부트스트랩 클래스 "btn btn-primary"를 설정했다.

02단계　질문 등록 라우트 함수 추가하기

1단계에서 질문 목록 조회 화면에 질문 등록 URL을 추가했으므로 question_views.py 파일에 라우트 함수 create를 추가해야 한다.

> 파일 이름　C:/projects/myproject/pybo/views/question_views.py

```python
from ..forms import QuestionForm
(... 생략 ...)
@bp.route('/create/')
def create():
    form = QuestionForm()
    return render_template('question/question_form.html', form=form)
```

create 함수에서 QuestionForm 클래스의 객체 form을 생성하고 return 문에서 render_template 함수가 템플릿을 렌더링할 때 form 객체를 전달한다. QuestionForm 클래스는 질문 등록을 할 때 사용할 플라스크의 폼으로, 바로 다음 단계에서 작성할 것이다. 이후 form 객체는 템플릿에서 라벨이나 입력 폼 등을 만들 때 사용한다.

03단계　질문 등록 폼 클래스 작성하기

pybo 디렉터리에 forms.py 파일을 새로 만든 다음 질문 등록을 할 때 사용할 QuestionForm 클래스를 작성하자.

> 파일 이름　C:/projects/myproject/pybo/forms.py

```python
from flask_wtf import FlaskForm
from wtforms import StringField, TextAreaField
from wtforms.validators import DataRequired


class QuestionForm(FlaskForm):
    subject = StringField('제목', validators=[DataRequired()])
    content = TextAreaField('내용', validators=[DataRequired()])
```

QuestionForm 클래스는 Flask-WTF 모듈의 **FlaskForm** 클래스를 상속받으며 subject, content 속성을 포함한다. 폼 클래스의 속성과 모델 클래스의 속성은 비슷하다. 글자 수에 제한이 있는 '제목'은 StringField를 사용하고, 글자 수에 제한이 없는 '내용'은 TextAreaField를 사용했다. 이를 플라스크 폼의 속성 또는 필드라고 하는데, 쉽게 말해 브라우저 화면의 `<input type="text">` 또는 `<textarea>`와 같은 입력 창에서 사용자가 작성한 값에 대응하는 자료형이라고 생각하면 된다.

한편 StringField 함수의 첫 번째 인자(제목)는 폼 라벨로 사용되며 템플릿에서 이 값으로 라벨을 출력할 수 있다. 두 번째 인자 validators는 필드값을 검증할 때 사용하는 도구다. 필수 항목인지 점검하는 DataRequired, 이메일인지 점검하는 Email, 길이를 점검하는 Length 등이 있다. 예를 들어 필수값이면서 이메일이어야 한다면 `validators=[DataRequired(), Email()]`과 같이 입력한다.

플라스크에서 사용할 수 있는 다양한 필드는 공식 문서를 참조하자.

플라스크 필드 공식 문서: wtforms.readthedocs.io/en/2.3.x/fields/#basic-fields

플라스크에서 사용할 수 있는 다양한 validators는 공식 문서를 참조하자.

플라스크 validators 공식 문서: wtforms.readthedocs.io/en/2.3.x/validators/#built-in-validators

04단계 ▸ 질문 등록 템플릿 작성하기

이제 질문 등록 폼을 화면에 보여 줄 템플릿을 만들어 보자. pybo/templates/question 디렉터리에 question_form.html 파일을 만들고 다음처럼 코드를 작성하자.

> **파일 이름**   C:/projects/myproject/pybo/templates/question/question_form.html

```
{% extends 'base.html' %}
{% block content %}
<div class="container">
    <h5 class="my-3 border-bottom pb-2">질문등록</h5>
    <form method="post" class="post-form my-3">

        {{ form.subject.label }}
        {{ form.subject() }}

        {{ form.content.label }}
        {{ form.content() }}

        <button type="submit" class="btn btn-primary">저장하기</button>
    </form>
</div>
{% endblock %}
```

05단계 **질문 등록 기능 사용해 보기**

웹 브라우저에서 질문 등록 기능을 확인해 보자. localhost:5000/
question/list에 접속해 보면 질문 목록 조회 화면에 〈질문 등록하기〉 버튼
이 추가되었다.

그림 2-14 〈질문 등록하기〉 버튼이 추가된 질문 목록 조회 화면

여기서 〈질문 등록하기〉 버튼을 누르면 다음처럼 질문 등록 화면이 나타난다.

그림 2-15 질문 등록 화면

form 객체가 자동으로 만들어 준 입력 항목(제목과 내용)이 보인다. 각 항목
에 값을 입력하고 〈저장하기〉 버튼을 눌러 보자. 그러면 'Method Not
Allowed' 오류 화면이 나타난다. 이와 같은 오류 화면이 나타난 이유는 현
재 폼이 POST 방식으로 데이터를 전송하기 때문이다.

그림 2-16 전송 방식 관련 오류 메시지 화면

다음은 4단계에서 작성한 질문 등록을 위한 question_form.html 템플릿의 폼 엘리먼트이다.

```
<form method="post" class="post-form my-3">
```

create 라우트는 create 함수를 의미한다.

코드에서 보듯 form 엘리먼트의 **method** 속성이 **"post"**이므로 폼에 입력한 데이터는 모두 POST 방식으로 전송된다. 그런데 현재 **create** 라우트에는 별도의 **method** 속성을 지정하지 않았으므로 기본 처리 방식인 GET 방식만 처리할 수 있다. 즉, POST 방식으로 데이터를 처리하게 하려면 질문 등록 라우트를 변경해야 한다.

06단계 질문 전송 방식 수정하기
질문 등록 라우트에 GET과 POST 방식을 포함하는 **methods** 속성을 추가하자.

| 파일 이름 | C:/projects/myproject/pybo/views/question_views.py |

```
(... 생략 ...)
@bp.route('/create/', methods=('GET', 'POST'))
def create():
    form = QuestionForm()
    return render_template('question/question_form.html', form=form)
```

그런 다음 질문 등록 화면에서 〈저장하기〉 버튼을 다시 한번 눌러 보자. 그러면 오류 화면은 보이지 않을 것이다. 하지만 여전히 아무런 반응 없이 질문 등록 화면만 보인다. 왜냐하면 **create** 함수에 데이터를 저장하는 코드를 작성하지 않았기 때문이다. 이제 템플릿에서 전송한 폼 데이터를 저장하는 코드를 작성해 보자.

07단계 폼 데이터를 저장하는 코드 작성하기
create 함수에 POST 방식으로 요청된 폼 데이터를 데이터베이스에 저장하는 코드를 추가하자.

```
from datetime import datetime

from flask import Blueprint, render_template, request, url_for

from werkzeug.utils import redirect

from .. import db

from ..models import Question

from ..forms import QuestionForm


(... 생략 ...)


@bp.route('/create/', methods=('GET', 'POST'))

def create():

    form = QuestionForm()

    if request.method == 'POST' and form.validate_on_submit():

        question = Question(subject=form.subject.data, content=form.content.data,

                            create_date=datetime.now())

        db.session.add(question)

        db.session.commit()

        return redirect(url_for('main.index'))

    return render_template('question/question_form.html', form=form)
```

> POST 방식 요청이면 데이터 저장 후 질문 목록 페이지로 이동

> GET 방식 요청이면 질문 등록 페이지 렌더링

> 코드를 보면 폼으로 전송받은 '제목' 데이터는 form.subject.data로 얻고 있다. 나머지 데이터를 얻는 코드도 살펴보고 의미를 파악해 보자.

if 문의 request.method는 create 함수로 요청된 전송 방식을 의미한다. 여기서 POST 방식 요청을 걸러낸다. form.validate_on_submit 함수는 POST 방식으로 전송된 폼 데이터의 정합성을 점검한다. 즉, 폼을 생성할 때 각 필드에 지정한 DataRequired() 같은 점검 항목에 이상이 없는지 확인한다. 마지막으로 데이터 저장이 완료되면 main.index 페이지로 이동하도록 했다.

방금 추가한 코드의 핵심은 데이터 전송 방식이 POST인지 GET인지에 따라서 달리 처리하는 부분이다. 질문 목록에서 〈질문 등록하기〉 버튼을 누르거나 질문 등록 화면에서 〈저장하기〉 버튼을 누르면 똑같이 localhost:5000/question/create/ 페이지를 요청하므로 create 라우트가 이 요청을 받는다. 다만 create 라우트가 if 문에서 request.method == 'POST' 코드로 요청 방식을 구분해서 렌더링한다. 즉, 〈질문 등록하기〉는 GET 방식 요

청이므로 그대로 질문 등록 화면을 보여 주고, ⟨저장하기⟩는 POST 방식 요청이므로 데이터베이스에 폼 데이터를 저장한 다음 질문 목록으로 이동한다.

그런데 여기까지 작성하고 ⟨질문 등록하기⟩ 버튼을 누르면 여전히 화면에 아무런 변화가 없을 것이다. 이 문제는 잠시 후에 해결하기로 하고 먼저 폼에 부트스트랩을 적용해 보자.

08단계 폼에 부트스트랩 적용하기

앞서 화면을 깔끔하게 만들어 주는 부트스트랩을 도입했는데, {{ form.subject() }}와 같은 코드는 HTML이 폼을 자동으로 생성하므로 부트스트랩을 적용할 수 없다. 하지만 템플릿을 조금 수정하면 부트스트랩을 어느 정도 적용할 수 있다. form.subject나 form.content에 부트스트랩 클래스 class="form-control"을 적용해 보자.

> **파일 이름** C:/projects/myproject/pybo/templates/question/question_form.html

```
(... 생략 ...)
        {{ form.subject.label }}
        {{ form.subject(class="form-control") }}

        {{ form.content.label }}
        {{ form.content(class="form-control") }}
(... 생략 ...)
```

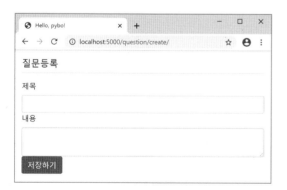

수작업으로 폼 작성하기

앞에서 {{ form.subject() }}처럼 폼을 생성하는 HTML 코드를 자동으로
생성하도록 했다. 이러한 방식은 폼을 빠르게 만드는 데는 도움이 되지만
내가 원하는 디자인을 적용하기도 엘리먼트나 속성을 추가하기도 어렵다.
이러한 단점을 보완하고자 이번에는 HTML을 직접 작성해서 질문 등록 기
능을 완성해 보자.

question_form.html 파일을 열고 form 엘리먼트의 내용을 다음처럼 수정
하자.

> 폼을 자동으로 만드는
> 코드는 디자인과 프로그
> 램 영역이 혼재되므로 디자이
> 너와 개발자의 역할을 분리하
> 기가 모호해지는 단점이 있다.

> **파일 이름** C:/projects/myproject/pybo/templates/question/question_form.html

```
(... 생략 ...)
    <form method="post" class="post-form my-3">
        <div class="form-group">
            <label for="subject">제목</label>
            <input type="text" class="form-control" name="subject" id="subject">
        </div>
        <div class="form-group">
            <label for="content">내용</label>
            <textarea class="form-control" name="content" id="content" rows="5"></
textarea>
        </div>
        <button type="submit" class="btn btn-primary">저장하기</button>
    </form>
</div>
{% endblock %}
```

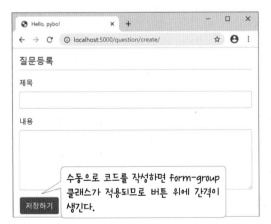

> 수동으로 코드를 작성하면 form-group
> 클래스가 적용되므로 버튼 위에 간격이
> 생긴다.

HTML 코드를 자동으로 생성하는 방식과 수동으로 작성하는 방식을 모두 실습했다. 어떤 방식이 옳은지 정답은 없으므로 프로젝트 성격에 적합한 방식을 골라 사용하면 된다. **다만 이 책에서는 HTML을 직접 작성하는 방식으로 화면을 구성할 것이다.**

 ## 질문 등록 기능 완성하기

앞선 실습에서 데이터를 데이터베이스에 저장하는 기능을 추가했지만, 질문 등록 화면에서 〈저장하기〉를 눌러도 화면에는 아무런 변화가 없었다. 이번 실습에서 그 이유를 알아보고 보완해서 질문 등록 기능을 완성해 보자.

01단계 오류 내용을 표시해 원인 알아내기

질문 등록 화면에서 〈저장하기〉를 눌러도 화면에 아무런 변화가 없으니 무엇이 잘못됐는지 알기 어렵다. 이러한 점을 보완하고자 오류 내용을 표시하도록 질문 등록 템플릿을 다음처럼 수정해 보자.

> **파일 이름** C:/projects/myproject/pybo/templates/question/question_form.html

```
(... 생략 ...)
    <form method="post" class="post-form my-3">
        <!-- 오류표시 Start -->
        {% for field, errors in form.errors.items() %}
        <div class="alert alert-danger" role="alert">
            <strong>{{ form[field].label }}</strong>: {{ ', '.join(errors) }}
        </div>
        {% endfor %}
        <!-- 오류표시 End -->
        <div class="form-group">
(... 생략 ...)
```

> form.errors.items의 field는 subject나 content와 같은 입력 폼의 필드를 의미한다.

만약 create 함수에서 `form.validate_on_submit`이 실패(false 반환)하면 추가한 영역에 오류가 표시될 것이다. 폼의 어떤 필드에서 어떤 오류가 발생하는지 구체적으로 확인하고자 오류를 표시할 영역을 추가했다.

이제 `form.validate_on_submit`이 실패하면 폼에 오류 내용이 자동으로 등록된다. 이 오류 정보는 `form.errors` 속성으로 표시할 수 있다.

오류 내용을 잘 표시하는지 실험해 보자. 질문 등록 화면에서 질문을 등록해 보자. 이때 제목과 내용에 아무 값도 입력하지 않고 〈저장하기〉를 눌러보자.

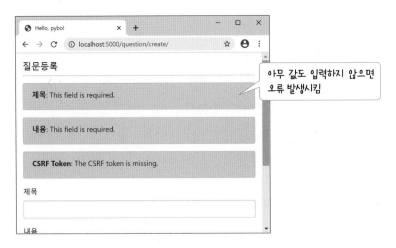

제목과 내용 필드에 발생한 오류 메시지는 값을 입력하라는 뜻으로 쉽게 이해할 수 있다. 그런데 'CSRF Token' 오류는 무엇일까? 앞서 언급했듯 CSRF는 보안 관련 항목으로, form 엘리먼트를 통해 전송된 데이터가 실제 웹 사이트에서 만들어진 데이터인지 검증하는 데 필요한 CSRF 토큰이 빠졌다는 의미다.

02단계 CSRF 토큰 오류 처리하기

form 엘리먼트 바로 밑에 `{{ form.csrf_token }}` 코드를 삽입함으로써 CSRF 토큰 오류에서 탈출해 보자.

> **파일 이름** C:/projects/myproject/pybo/templates/question/question_form.html

```
(... 생략 ...)
    <h5 class="my-3 border-bottom pb-2">질문등록</h5>
    <form method="post" class="post-form my-3">
        {{ form.csrf_token }}
(... 생략 ...)
```

이제 코드를 저장하고 질문 등록 페이지의 각 필드를 채운 후 〈저장하기〉를 눌러 질문을 등록해 보자. 질문 목록 화면으로 이동하고 방금 등록한 질문이 보이면 성공한 것이다.

입력한 값 유지하고 오류 메시지 한글로 바꾸기

이제 질문 등록 기능이 제대로 동작한다. 그런데 질문을 등록할 때 제목은 입력하고 내용은 입력하지 않으면 오류 메시지가 나타나면서 입력한 내용 (제목)이 사라진다. 그래서 다시 입력해야 하는 불편함이 있다. 이 문제를 해결해 보자.

01단계 입력한 값 유지하기
폼을 전송했을 때 오류가 있더라도 이미 입력한 값을 유지하도록 질문 폼 템플릿을 다음처럼 수정한다.

파일 이름 C:/projects/myproject/pybo/templates/question/question_form.html

```
(... 생략 ...)
        <div class="form-group">
            <label for="subject">제목</label>
            <input type="text" class="form-control" name="subject" id="subject"
value="{{ form.subject.data or '' }}">
```

```
            </div>
        <div class="form-group">
            <label for="content">내용</label>
            <textarea class="form-control" name="content" id="content" rows="10">
{{ form.content.data or '' }}</textarea>
        </div>
        <button type="submit" class="btn btn-primary">저장하기</button>
    </form>
(... 생략 ...)
```

subject 필드의 value값으로 {{ form.subject.data or '' }}를 입력하면
이미 전송한 데이터가 다시 설정된다. {{ form.subject.data or '' }}에
서 or ''은 '현재 템플릿이 GET 방식으로 요청되는 경우 기존 입력값이 없
으므로(None으로 출력) 이를 방지하기 위해서' 사용했다. 즉, 이렇게 하면
form.subject.data에 값이 없을 때 None이 아니라 ''이 출력된다. content
필드에도 마찬가지 방법이 적용되었다.

이제 제목에만 값을 입력하고 〈저장하기〉를 눌러 보자. 그러면 내용도 입력
하라는 오류가 표시되지만, 제목에 입력한 값이 사라지지 않는다.

오류 메시지 한글로 바꾸기

이번에는 필수 항목을 입력하지 않았을 때 발생하는 오류 메시지를 우리말로 바꾸자. forms.py 파일을 열어 **DataRequired**에 한글 메시지를 설정하자.

```
파일 이름  C:/projects/myproject/pybo/forms.py

from flask_wtf import FlaskForm
from wtforms import StringField, TextAreaField
from wtforms.validators import DataRequired



class QuestionForm(FlaskForm):
    subject = StringField('제목', validators=[
        DataRequired('제목은 필수 입력 항목입니다.')])
    content = TextAreaField('내용', validators=[
        DataRequired('내용은 필수 입력 항목입니다.')])
```

이제 필수 입력 항목을 빠뜨리고 질문을 등록하면 오류 메시지가 한글로 나타난다.

답변 등록 기능 수정하기

지금까지 폼을 이용하여 질문 등록 기능을 만들어 봤다. 이제 각 질문에 답변을 달 수 있는 기능도 폼을 사용할 수 있도록 만들어 보자. 코드 설명은 대부분 질문 등록 때와 중복되므로 될 수 있으면 생략했다. 빠르게 진행해 보자.

01단계 **답변 등록 폼 추가하기**

답변을 등록할 때도 플라스크 폼을 사용하자. 먼저 답변 등록을 할 때 사용할 AnswerForm을 forms.py 파일에 추가하자. 답변에는 content 필드만 필요하다.

> **파일 이름** C:/projects/myproject/pybo/forms.py

```python
(... 생략 ...)
class AnswerForm(FlaskForm):
    content = TextAreaField('내용', validators=[
        DataRequired('내용은 필수입력 항목입니다.')])
```

02단계 **답변 등록 라우트 함수 수정하기**

그리고 answer_views.py 파일에서 create 함수가 AnswerForm을 사용하도록 변경하자. 원리는 질문 등록할 때와 같다.

> **파일 이름** C:/projects/myproject/pybo/views/answer_views.py

```python
from datetime import datetime

from flask import Blueprint, url_for, request, render_template
from werkzeug.utils import redirect

from .. import db
from ..forms import AnswerForm
from ..models import Question, Answer


bp = Blueprint('answer', __name__, url_prefix='/answer')


@bp.route('/create/<int:question_id>', methods=('POST',))
def create(question_id):
    form = AnswerForm()
```

```
    question = Question.query.get_or_404(question_id)
    if form.validate_on_submit():
        content = request.form['content']
        answer = Answer(content=content, create_date=datetime.now())
        question.answer_set.append(answer)
        db.session.commit()
        return redirect(url_for('question.detail', question_id=question_id))
    return render_template('question/question_detail.html', question=question,
                            form=form)
```

CSRF 코드와 오류 표시 기능 추가하기

이어서 CSRF 토큰과 필수 항목 입력 오류 표시 기능을 추가하자.

파일 이름 C:/projects/myproject/pybo/templates/question/question_detail.html

```html
(... 생략 ...)
    <form action="{{ url_for('answer.create', question_id=question.id) }}"
method="post" class="my-3">
        {{ form.csrf_token }}
        <!-- 오류표시 Start -->
        {% for field, errors in form.errors.items() %}
        <div class="alert alert-danger" role="alert">
            <strong>{{ form[field].label }}</strong>: {{ ', '.join(errors) }}
        </div>
        {% endfor %}
        <!-- 오류표시 End -->
        <div class="form-group">
            <textarea name="content" id="content" class="form-control" rows="10"></
textarea>
        </div>
        <input type="submit" value="답변등록" class="btn btn-primary">
(... 생략 ...)
```

질문 상세 조회 템플릿에 폼이 추가되었으므로 question_views.py 파일 의 **detail** 함수도 폼을 사용해야 한다. 다음을 참고해 코드를 수정하자.

```
파일 이름  C:/projects/myproject/pybo/views/question_views.py

(... 생략 ...)

from ..forms import QuestionForm, AnswerForm

(... 생략 ...)

@bp.route('/detail/<int:question_id>/')
def detail(question_id):
    form = AnswerForm()
    question = Question.query.get_or_404(question_id)
    return render_template('question/question_detail.html', question=question,
                           form=form)
(... 생략 ...)
```

이제 답변 등록 기능을 테스트해 보자. 답변을 등록해 보고 내용 없이도 등록해 보자.

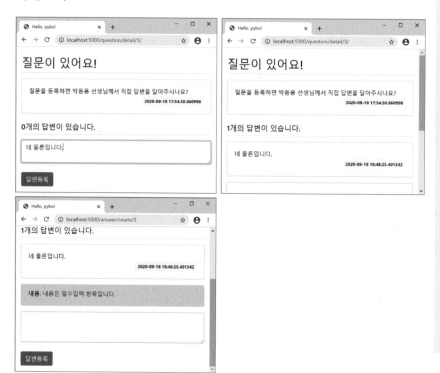

03

파이보 서비스 개발!

파이보의 기초 공사가 마무리되었으니 이제 본격적으로 파이보를 만들 차례이다. 이 장을 마치면 파이보는 꽤 괜찮은 모습으로 거듭날 것이다. 파이보를 조금씩 발전시켜 나가는 즐거운 여정을 시작해 보자.

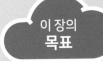
이 장의
목표

✓ 파이보를 상용 게시판 수준으로 본격적으로 개발한다.

✓ 부트스트랩을 적용하여 서비스를 더 아름답게 만든다.

✓ 게시물 등록, 삭제, 수정부터 로그인, 로그아웃, 페이징, 검색까지 게시판을 완벽하게 만든다.

03-1 내비게이션 기능 추가하기

지금까지 만든 파이보의 기능(질문 등록·조회, 답변 등록·조회)을 사용해 봤다면 편의 기능이 없어서 이런저런 불편함을 느꼈을 것이다. 그중에서 메인 페이지로 돌아갈 수 있는 장치가 없다는 것이 가장 불편할 것이다. 여기서는 이런 불편함을 해소할 수 있는 기능을 추가하기 위해 내비게이션 바를 만들어 볼 것이다.

 완성 소스
github.com/pahkey/
flaskbook/tree/3-01

내비게이션 바 추가하기

01단계 로고, 계정생성, 로그인 링크 추가하기

내비게이션 바는 모든 페이지에서 보여야 하므로 base.html 템플릿 파일을 열어 \<body\> 태그 바로 아래에 추가하자. 내비게이션 바에는 메인 페이지로 이동해 주는 'Pybo' 로고(클래스값 navbar-brand)를 가장 왼쪽에 배치하고, 오른쪽에는 '계정생성'과 '로그인' 링크를 추가하자.

> 내비게이션 바는 모든 화면 위쪽에 고정되어 있는 부트스트랩 컴포넌트이다.

> 부트스트랩 내비게이션 바 공식 문서: getbootstrap.com/docs/4.4/components/navbar

파일 이름 C:/projects/myproject/pybo/templates/base.html

```
<!doctype html>
<html lang="ko">
<head>
    (... 생략 ...)
</head>
<body>
<!-- 내비게이션 바 -->
<nav class="navbar navbar-expand-lg navbar-light bg-light border-bottom">
    <a class="navbar-brand" href="{{ url_for('main.index') }}">Pybo</a>
    <button class="navbar-toggler ml-auto" type="button"
data-toggle="collapse" data-target="#navbarNav" aria-controls="navbarNav"
aria-expanded="false" aria-label="Toggle navigation">
        <span class="navbar-toggler-icon"></span>
    </button>
```

```
    <div class="collapse navbar-collapse flex-grow-0" id="navbarNav">
        <ul class="navbar-nav">
            <li class="nav-item">
                <a class="nav-link" href="#">계정생성</a>
            </li>
            <li class="nav-item">
                <a class="nav-link" href="#">로그인</a>
            </li>
        </ul>
    </div>
</nav>
<!-- 기본 템플릿에 삽입할 내용 Start -->
{% block content %}
{% endblock %}
<!-- 기본 템플릿에 삽입할 내용 End -->
</body>
</html>
```

02단계 **질문 목록 조회 화면에서 상단 내비게이션 바 확인하기**

1단계 작업을 마친 뒤 질문 목록 조회 페이지를 요청하면 맨 위에 멋진 내비게이션 바가 보일 것이다. 또한 내비게이션 바의 'Pybo' 로고를 누르면 메인 페이지로 돌아갈 수 있다. 'Pybo' 로고를 눌러서 잘 동작하는지 확인해 보자.

그림 3-1 내비게이션 바에 추가된 로고, 계정생성, 로그인 링크

내비게이션 바는 모든 화면이 상속하는 base.html 파일에 추가된 것이므로 질문 목록 조회, 질문 상세 조회, 질문 등록 화면 모두에 나타날 것이다. 한 번 확인해 보자.

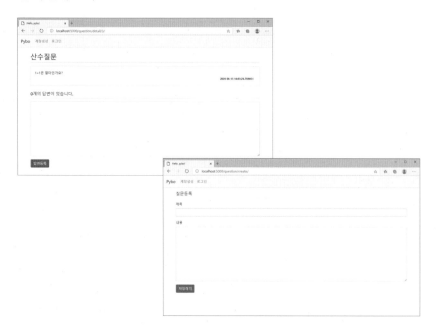

03단계 부트스트랩이 제공하는 햄버거 메뉴 버튼 확인하기

그런데 부트스트랩 내비게이션 바에는 재미있는 기능이 하나 숨어 있다. 아무 페이지나 접속해서(여기서는 질문 목록 조회에 접속했다) 웹 브라우저의 너비를 줄여 보자. 그러면 어느 순간 햄버거 메뉴 버튼이 생긴다. 그리고 '계정생성'과 '로그인' 링크는 사라진다.

혹시 햄버거 메뉴 버튼을 눌렀는데 아무 변화가 없더라도 당황하지 말자. 아직은 제대로 동작하지 않는 것이 정상이다.

그림 3-2 웹 브라우저의 너비가 좁아지면 나타나는 햄버거 메뉴 버튼

이렇게 부트스트랩은 크기가 작은 기기를 고려한 '반응형 웹'까지 적용되어 있다. 그런데 햄버거 메뉴 버튼을 클릭해도 아무런 변화가 없을 것이다. 그 이유는 부트스트랩 자바스크립트 파일(bootstrap.min.js)이 base.html 파일에 포함되지 않았기 때문이다. 또한 부트스트랩 자바스크립트 파일은 제이쿼리를 기반으로 해서 만들어졌다. 결국 햄버거 메뉴 버튼을 제대로 사용하려면 부트스트랩 자바스크립트 파일과 제이쿼리 파일이 필요하다.

04단계 부트스트랩에 필요한 파일 추가하기 - 부트스트랩 자바스크립트 파일

부트스트랩 자바스크립트 파일은 bootstrap-4.4.1-dist.zip 압축 파일에 있다. 이 파일을 찾아 다음과 같은 위치에 복사해 붙여 넣자.

- 부트스트랩 자바스크립트 파일 위치: bootstrap-4.4.1-dist.zip/bootstrap-4.4.1-dist/js/bootstrap.min.js
- 붙여 넣을 위치: C:/projects/myproject/pybo/static/bootstrap.min.js

05단계 부트스트랩에 필요한 파일 추가하기 - 제이쿼리

제이쿼리는 jquery.com/download에 접속하여 'Download the compressed, production jQuery 3.4.1' 링크를 마우스 오른쪽 버튼으로 누른 다음 '다른 이름으로 링크 저장'을 하면 'jquery-3.4.1.min.js' 파일이 다운로드된다. 이 파일을 다음 위치에 붙여 넣자.

- 붙여 넣을 위치: C:/projects/myproject/pybo/static/jquery-3.4.1.min.js

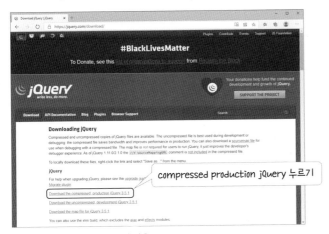

그림 3-3 압축 형식의 제이쿼리 다운로드

그림 3-4 압축 형식의 제이쿼리 다운로드를 위해 〈다른 이름으로 링크 저장〉 이용

06단계 **templates/base.html에 파일 추가하기**

4, 5단계를 마치면 다음과 같은 경로에 각 파일이 위치해야 한다. 파일 위치를 확인하자.

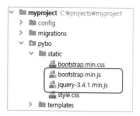

그림 3-5 static 디렉터리에 위치한 부트스트랩과 제이쿼리

파일 위치를 확인하고 base.html 파일을 다음과 같이 수정한 다음 햄버거 메뉴 버튼을 누르면 숨어 있는 링크가 표시된다.

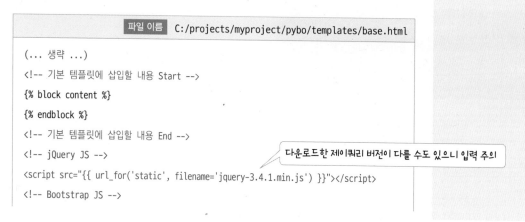

```
(... 생략 ...)
<!-- 기본 템플릿에 삽입할 내용 Start -->
{% block content %}
{% endblock %}
<!-- 기본 템플릿에 삽입할 내용 End -->
<!-- jQuery JS -->
<script src="{{ url_for('static', filename='jquery-3.4.1.min.js') }}"></script>
<!-- Bootstrap JS -->
```

```
<script src="{{ url_for('static', filename='bootstrap.min.js') }}"></script>
</body>
</html>
```

숨어 있는 링크가 나타남

햄버거 메뉴 버튼을 누르면?

혹시 실행이 제대로 되지 않으면 앞에서 다운로드한 제이쿼리 버전이 다르게 입력된 것은 아닌지 확인해 보자.

include 기능으로 내비게이션 바 추가해 보기

이번에는 조금 더 나은 방법으로 내비게이션 바를 템플릿에 추가해 볼 것이다. 플라스크에는 템플릿 특정 위치에 HTML을 삽입해 주는 include라는 기능이 있다. 이번에는 include 기능으로 내비게이션 바를 base.html 파일 템플릿에 추가해 보자.

01단계 templates/navbar.html 생성하고 코드 작성하기

templates 폴더에 navbar.html 파일을 생성하고 코드를 작성하자.

> 파일 이름 C:/projects/myproject/pybo/templates/navbar.html

```
<!-- 내비게이션 바 -->
<nav class="navbar navbar-expand-lg navbar-light bg-light border-bottom">
    <a class="navbar-brand" href="{{ url_for('main.index') }}">Pybo</a>
    <button class="navbar-toggler ml-auto" type="button"
data-toggle="collapse" data-target="#navbarNav" aria-controls="navbarNav"
aria-expanded="false" aria-label="Toggle navigation">
        <span class="navbar-toggler-icon"></span>
    </button>
    <div class="collapse navbar-collapse flex-grow-0" id="navbarNav">
        <ul class="navbar-nav">
            <li class="nav-item">
```

```
            <a class="nav-link" href="#">계정생성</a>
        </li>
        <li class="nav-item">
            <a class="nav-link" href="#">로그인</a>
        </li>
    </ul>
    </div>
</nav>
```

navbar.html 파일의 코드는 base.html 파일에 작성했던 내비게이션 바를
위한 HTML과 같다. 내비게이션 바와 관련된 코드를 분리했다고 생각하면
된다.

02단계 templates/base.html에 include 적용하기

이제 include 기능을 이용해 1단계에서 만든 navbar.html 파일을 base.
html 파일에 삽입해 보자.

파일 이름 C:/projects/myproject/pybo/templates/base.html

```
<!doctype html>
<html lang="ko">
<head>
    (... 생략 ...)
</head>
<body>
{% include "navbar.html" %}        ← nav 엘리먼트 모두 삭제 후 코드 입력
<!-- 기본 템플릿에 삽입할 내용 Start -->
{% block content %}
{% endblock %}
<!-- 기본 템플릿에 삽입할 내용 End -->
<!-- jQuery JS -->
<script src="{{ url_for('static', filename='jquery-3.4.1.min.js') }}"></script>
<!-- Bootstrap JS -->
<script src="{{ url_for('static', filename='bootstrap.min.js') }}"></script>
</body>
</html>
```

이렇게 include 기능은 템플릿의 특정 영역을 중복, 반복해서 사용할 경우에 유용하다. 즉, 중복, 반복하는 템플릿의 특정 영역을 따로 템플릿 파일로 만들고, include 기능으로 그 템플릿을 포함한다. navbar.html 파일은 base.html 파일에서 1번만 사용되지만 따로 파일로 관리해야 이후 유지·보수하는 데 유리하므로 분리했다.

03-2 게시판 페이징 기능 추가하기

지금까지 만든 파이보의 질문 목록 조회는 페이징^{paging} 기능이 없었다. 페이징 기능이 없으면 어떻게 될까? 만약 게시물이 300개 작성되면 질문 목록 조회 화면에 게시물이 300개 그대로 표시될 것이다. 이런 경우 한 화면에 표시할 게시물이 많아져서 스크롤 바를 내려야 하는 등의 불편함이 생기므로 페이징 기능은 필수다. 페이징 기능을 추가하는 방법을 알아보자.

🧪 완성 소스

github.com/pahkey/
flaskbook/tree/3-02

 임시 질문 데이터 300개 생성하기

페이징을 구현하기 전에 페이징을 테스트할 정도로 데이터를 충분히 생성하자. 여기서는 테스트 데이터를 300개 생성한다. 테스트 데이터를 대량으로 만드는 가장 좋은 방법은 플라스크 셸을 이용하는 것이다.

01단계 플라스크 셸 실행하고 필요한 모듈 임포트하기

다음처럼 플라스크 셸을 실행해 보자.

```
C:\_ 명령 프롬프트                                          — □ ×

(myproject) c:\projects\myproject>flask shell
Python 3.8.2 (tags/v3.8.2:7b3ab59, Feb 25 2020, 22:45:29) [MSC v.1916 32 bit (In-
tel)] on win32
App: pybo [development]
Instance: C:\projects\myproject\instance
```

이어서 질문 데이터를 생성할 수 있도록 모듈을 임포트하자.

```
C:\_ 명령 프롬프트                                          — □ ×

>>> from pybo import db
>>> from pybo.models import Question
>>> from datetime import datetime
```

02단계 **for 문으로 테스트 데이터 300개 만들기**

for 문을 이용하여 다음처럼 테스트 데이터를 300개 생성하자.

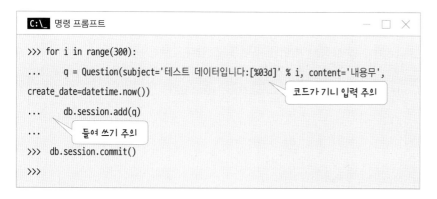

```
>>> for i in range(300):
...     q = Question(subject='테스트 데이터입니다:[%03d]' % i, content='내용무',
create_date=datetime.now())
...     db.session.add(q)
...
>>> db.session.commit()
>>>
```

코드가 기니 입력 주의

들여 쓰기 주의

db.session.commit()은 데이터를 모두 추가한 이후 마지막에 1번만 실행
하면 된다. 플라스크 개발 서버를 실행한 다음 웹 브라우저에서 질문 목록
조회 페이지를 호출하면 등록한 테스트 데이터 300개가 보일 것이다. 그리
고 앞에서 언급했듯이 게시물이 한없이 이어지는 문제가 있음을 금방 알아
챌 것이다. 이게 바로 페이징이 필요한 이유다.

```
(myproject) c:\projects\myproject>flask run
```

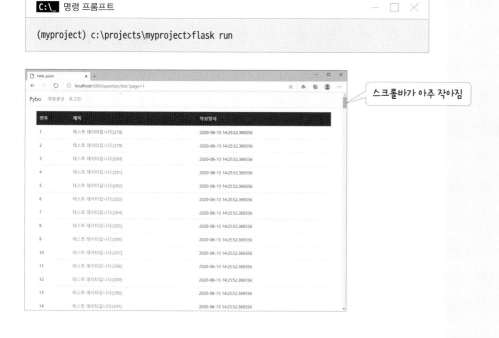

스크롤바가 아주 작아짐

Do it! 실습 — 페이징 기능 구현하기

01단계 views/question_views.py 파일에 페이징 기능 구현하기

views/question_views.py 파일을 열어 _list 함수에 다음처럼 페이징 기능을 적용하자. 페이징은 paginate 함수를 사용하여 쉽게 구현할 수 있다.

```
파일 이름  C:/projects/myproject/pybo/views/question_views.py

(... 생략 ...)
@bp.route('/list/')
def _list():
    page = request.args.get('page', type=int, default=1)  # 페이지
    question_list = Question.query.order_by(Question.create_date.desc())
    question_list = question_list.paginate(page, per_page=10)
    return render_template('question/question_list.html',
                           question_list=question_list)
```

_list 함수에 추가한 내용을 가볍게 살펴보자. page = request.args. get('page', type=int, default=1)는 다음과 같은 GET 방식으로 요청한 URL에서 page값 5를 가져올 때 사용한다.

```
localhost:5000/question/list/?page=5
```

만약 다음과 같이 URL에 page값이 없으면 default=1을 자동으로 적용해 기본값 1이 설정된다. type=int는 page 파라미터가 정수임을 의미한다.

```
                       page값 자동으로 1
localhost:5000/question/list
```

이어서 question_list = question_list.paginate(page, per_page=10) 는 조회한 데이터 question_list에 paginate 함수로 페이징을 적용해 준다. 이 함수의 1번째 인자로 전달된 page는 현재 조회할 페이지의 번호를 의미하고, 2번째 인자 per_page로 전달된 10은 페이지마다 보여 줄 게시물이 10건임을 의미한다. 만약 URL이 ?page=6으로 끝나면 질문 목록 6번째 페이지부터 한 페이지에 10건씩 게시물을 보여 줄 것이다.

> 만약 URL이 ?page=6 으로 끝나면 질문 목록 6번째 페이지부터 한 페이지에 10건씩 게시물을 보여 줄 것이다.

124 Do it! 점프 투 플라스크

paginate 함수는 조회한 데이터를 감싸 Pagination 객체로 반환한다. 위 코드에서 question_list는 paginate 함수를 사용해 Pagination 객체가 되었으므로 다음과 같은 속성을 사용할 수 있다. 즉, `paginate` 함수로 만든 Pagination 객체는 페이징 처리를 아주 쉽게 만들어 준다.

항목	설명(예시)
items	현재 페이지에 해당하는 게시물 리스트([<Question 282>, <Question 283>, ...])
total	게시물 전체 개수(302)
per_page	페이지당 보여 줄 게시물 개수(10)
page	현재 페이지 번호(2)
iter_pages	페이지 범위([1, 2, 3, 4, 5, None, 30, 31])
prev_num / next_num	이전 페이지 번호 / 다음 페이지 번호(현재 페이지가 3인 경우, 2 / 4)
has_prev / has_next	이전 페이지 존재 여부 / 다음 페이지 존재 여부(True / False)

템플릿에 페이징 적용해 보기

이제 Pagination 객체의 속성을 이용하여 템플릿에서 페이징을 어떻게 적용할 수 있는지 알아보자.

`01단계` **question/question_list.html 파일의 질문 목록 출력 코드 수정하기**

먼저 템플릿에서 사용하는 question_list가 Pagination 객체로 변경되었으므로 목록을 출력하는 {% for question in question_list %}를 {% for question in question_list.items %}와 같이 .items를 추가하는 방식으로 수정해야 한다. 이처럼 Pagination 객체를 이용하여 '현재 조회된 질문 목록 데이터'를 가져오려면 items 함수를 호출해야 한다.

```
{% extends 'base.html' %}
{% block content %}
<div class="ontainer my-3">
    <table class="table">
(... 생략 ...)
        {% for question in question_list.items %}
(... 생략 ...)
    </table>
    <a href="{{ url_for('question.create') }}" class="btn btn-primary">질문 등록하기</a>
</div>
{% endblock %}
```

질문 목록 페이지에 접속하면 이제 질문 데이터 300건이 한꺼번에 표시되지 않고 페이징 기능으로 한 페이지에 10건씩 출력되는 것을 확인할 수 있다.

앞에서 설명했지만 만약 /question/list로 기본 페이지 요청을 하면 기본값인 page=1에 의해 첫 번째 페이지가 나타난다.

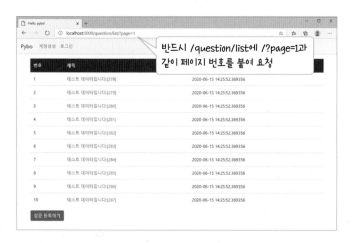

02단계 페이지 이동 기능 추가로 페이징 기능 완성하기

페이지 이동 기능을 추가해 보자. question_list.html 템플릿의 `</table>` 바로 아래에 다음과 같이 코드를 추가하자.

```html
(... 생략 ...)
    </table>
    <!-- 페이징 처리 시작 -->
    <ul class="pagination justify-content-center">
        <!-- 이전 페이지 -->
        {% if question_list.has_prev %}
        <li class="page-item">
            <a class="page-link" href="?page={{ question_list.prev_num }}">이전</a>
        </li>
        {% else %}
        <li class="page-item disabled">
            <a class="page-link" tabindex="-1" aria-disabled="true" href="#">이전</a>
        </li>
        {% endif %}
        {% for page_num in question_list.iter_pages() %}
            {% if page_num %}
                {% if page_num != question_list.page %}
                <li class="page-item">
                    <a class="page-link" href="?page={{ page_num }}">{{ page_num }}</a>
                </li>
                {% else %}
                <li class="page-item active" aria-current="page">
                    <a class="page-link" href="#">{{ page_num }}</a>
                </li>
                {% endif %}
            {% else %}
                <li class="disabled">
                    <a class="page-link" href="#">...</a>
                </li>
            {% endif %}
        {% endfor %}
        <!-- 다음 페이지 -->
        {% if question_list.has_next %}
        <li class="page-item">
```

여기서는 페이징(1, 2, 3, …)을 보기 좋게 표시하기 위해 부트스트랩의 pagination 컴포넌트를 사용했다.

부트스트랩 pagination 컴포넌트 공식 문서: getbootstrap.com/docs/4.4/components/pagination

```
                <a class="page-link" href="?page={{ question_list.next_num }}">다음</a>
        </li>
        {% else %}
        <li class="page-item disabled">
            <a class="page-link" tabindex="-1" aria-disabled="true" href="#">다음</a>
        </li>
        {% endif %}
    </ul>
    <!-- 페이징 처리 끝 -->
    <a href="{{ url_for('question.create') }}" class="btn btn-primary">질문 등록하기</a>
</div>
{% endblock %}
```

만약 이전 페이지가 있다면 '이전' 링크가 활성화되지만, 반대로 이전 페이지가 없으면 '이전' 링크는 비활성화된다. '다음' 링크의 경우도 마찬가지이다. 그리고 `{% for page_num in question_list.iter_pages() %}`와 `{% endfor %}` 템플릿 태그 사이에서는 페이지 리스트를 돌면서 해당 페이지로 이동할 수 있는 링크를 생성했다. 이때 현재 페이지 번호는 부트스트랩의 `active` 클래스를 적용하여 강조 표시도 했다. 코드의 양이 많아서 얼핏 복잡해 보이지만 찬찬히 살펴보면 `if` 문과 `for` 문을 조합한 것이므로 생각보다 어렵지 않으니 천천히 분석해 보기 바란다. 축하한다! 페이징 기능이 완성되었다.

생략 기능까지 완벽한 플라스크의 paginate 함수

위 코드를 보면 `iter_pages` 함수로 페이지가 나열될 때 페이지 번호(`page_num`)가 없는 경우 '…'을 표시한다. 이는 보여 줄 페이지 번호가 지나치게 많은 경우 현재 페이지 위주로 보여 주는 기술이다.

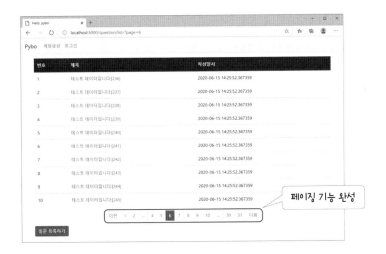

페이징은 사실 구현하기가 무척 어려운 기술이다. 플라스크의 `paginate` 함수가 없었다면 아마 이렇게 쉽게 해내기는 힘들었을 것이다.

질문 제목의 숫자가 왜 뒤섞여 있나요?

앞에서 대량으로 만든 질문 데이터 제목에 대괄호와 함께 0~299 사이의 숫자를 부여했다. 혹시 페이지를 넘기면서 숫자를 확인했다면 '숫자가 마구 섞여 있는 경우'가 있다는 것을 확인했을 것이다. 이런 현상이 나타난 이유는 데이터가 아주 빠른 속도로 저장되어 같은 시간이 입력되었기 때문이다. 현재 질문 목록 조회는 작성일시의 역순으로 정렬되므로 데이터가 생성된 시간이 같다면 뒤죽박죽으로 섞인 것처럼 보일 수 있다. 하지만 게시물이 동시에 등록되는 경우는 아주 드물기 때문에 걱정하지 않아도 된다. 페이징 기능을 테스트하느라 게시물 데이터를 여러 건 저장하느라 발생한 일이니 참고만 하고 넘어가자.

03-3 템플릿 필터 직접 만들어 보기

여기서는 템플릿 필터를 직접 만드는 방법을 알아본다. 템플릿 필터는 이미 03-2에서 전체 답변 개수를 구할 때 경험한 적이 있다. {{ question. answer_set|length }}와 같이 템플릿에서 사용한 객체에 파이프라인 문자 |를 붙여 필터 기능을 수행한다.

Do it! 실습   작성일시에 직접 만든 필터 적용해 보기

01단계   질문 목록 페이지에서 작성일시 확인하기

다음 화면에서 작성일시를 살펴보자. 작성일시의 날짯값은 datetime 객체이다. 현재 질문 목록 페이지의 템플릿에서는 datetime 객체를 문자열로 표시했으므로 '2020-06-15 14:03:26.769051'과 같은 값으로 표시된다. 그러나 대부분의 게시판 서비스에서는 시간을 이런 식으로 표시하지 않는다.

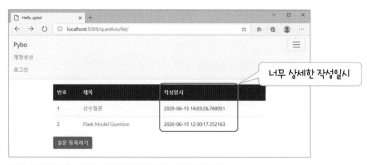

그림 3-6 게시판 서비스에 어울리지 않게 표시된 작성일시

템플릿 필터를 사용하면 이런 출력 문자열을 다듬을 수 있다. 그러면 템플릿 필터를 직접 작성해 보자.

02단계   datetime 객체를 보기 편한 문자열로 만드는 템플릿 필터 만들기

datetime 객체를 보기 편한 문자열로 만들 수 있는 템플릿 필터를 만들어 보자. pybo/filter.py 파일을 새로 만들고 format_datetime 함수를 추가하자.

C:/projects/myproject/pybo/filter.py

```
def format_datetime(value, fmt='%Y년 %m월 %d일 %H:%M'):
    return value.strftime(fmt)
```

format_datetime 함수는 1번째 매개변수 value로 전달받은 datetime 객체를 2번째 매개변수의 날짜 형식으로 변환하는 함수이다. 현재 매개변수 fmt에는 기본값으로 '%Y년 %m월 %d일 %H:%M'을 지정해서 fmt에 아무 값도 넘어오지 않을 경우에는 기본 처리를 할 수 있도록 만들었다.

03단계 pybo/__init__.py 수정하여 필터 적용하기

필터를 템플릿에서 사용하려면 pybo/__init__.py 파일의 create_app 함수를 수정해야 한다.

파일 이름 C:/projects/myproject/pybo/__init__.py

```
(... 생략 ...)
def create_app():
(... 생략 ...)
    # 블루프린트
    from .views import main_views, question_views, answer_views
    app.register_blueprint(main_views.bp)
    app.register_blueprint(question_views.bp)
    app.register_blueprint(answer_views.bp)

    # 필터
    from .filter import format_datetime
    app.jinja_env.filters['datetime'] = format_datetime

    return app
```

format_datetime 함수를 임포트한 다음 app.jinja_env.filters['datetime']와 같이 datetime이라는 이름으로 필터를 등록해 주었다.

필터 사용해 보기

이제 필터를 사용할 차례이다. 먼저 질문 목록 조회 화면에 작성한 필터를
적용해 보자.

파일 이름 C:/projects/myproject/pybo/templates/question/question_list.html

```
{% extends 'base.html' %}
{% block content %}
<div class="container my-3">
    <table class="table">
(... 생략 ...)
        <tr>
            <td>{{ loop.index }}</td>
            <td>
                <a href="{{ url_for('question.detail', question_id=question.id) }}">
{{ question.subject }}</a>
            </td>
            <td>{{ question.create_date|datetime }}</td>
        </tr>
(... 생략 ...)
    </table>
(... 생략 ...)
</div>
{% endblock %}
```

{{ question.create_date|datetime }}과 같이 파이프라인 문자와 함께
datetime 필터를 적용했다. datetime 필터가 적용되었으므로 format_
datetime 필터 함수가 실행된다. 이때 format_datetime의 매개변수 value
에 question.create_date가 전달된다. 질문 목록 조회 페이지로 이동해 보
면 필터가 적용된 작성일시를 확인할 수 있다.

질문 상세 조회 화면에 필터 적용하기

이어서 질문 상세 조회 화면에도 같은 필터를 적용하자.

파일 이름 C:/projects/myproject/pybo/templates/question/question_detail.html

```html
(... 생략 ...)
<div class="container my-3">
    <h2 class="border-bottom py-2">{{ question.subject }}</h2>
    <div class="card my-3">
        <div class="card-body">
            <div class="card-text" style="white-space: pre-line;">{{ question.
content }}</div>
            <div class="d-flex justify-content-end">
                <div class="badge badge-light p-2">
                    {{ question.create_date|datetime }}
                </div>
            </div>
        </div>
    </div>
    <h5 class="border-bottom my-3 py-2">{{ question.answer_set|length }}개의 답변이
있습니다.</h5>
    {% for answer in question.answer_set %}
    <div class="card my-3">
        <div class="card-body">
            <div class="card-text" style="white-space: pre-line;">{{ answer.content
}}</div>
            <div class="d-flex justify-content-end">
                <div class="badge badge-light p-2">
                    {{ answer.create_date|datetime }}
                </div>
            </div>
        </div>
    </div>
    {% endfor %}
(... 생략 ...)
</div>
{% endblock %}
```

질문 생성일시인 `question.create_date`와 답변 생성일시인 `answer.create_date`에 `datetime` 필터를 적용했다. 질문 상세 조회 페이지로 이동해 보면 필터가 적용된 화면을 확인할 수 있다.

여기서는 템플릿 필터를 직접 작성하고, 이 필터를 템플릿에 적용하는 방법을 알아보았다. 물론 플라스크는 이미 만들어진 템플릿 필터가 많으므로 그냥 사용해도 되지만 가끔은 나한테 필요한 필터가 없는 경우도 있다. 그런 경우에는 이 과정에 따라 필터를 직접 만들어 적용하면 된다.

플라스크 빌트인 필터 공식 문서: jinja. pallet sprojects.com/en/2.11.x/ templates/#builtin-filters

빌트인(built-in)이란 라이브러리나 프레임워크에서 미리 만들어 제공하는 함수를 의미한다.

03-4 게시물에 일련번호 추가하기

완성 소스
github.com/pahkey/
flaskbook/tree/3-04

Do it! 실습 항상 1로 시작하는 게시물 번호 문제 해결하기

01단계 게시물 번호 문제 살펴보기

계속해서 파이보 서비스를 개선해 보자. 현재 파이보 질문 목록 조회 화면을 유심히 보면 페이지마다 게시물 번호가 항상 1부터 시작되는 문제가 있다. 페이지를 이리저리 이동해 봐도 게시물 번호는 1부터 시작한다. 이 문제를 해결해 보자.

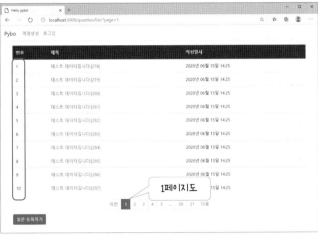

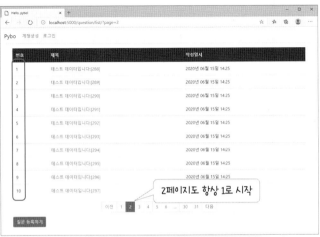

그림 3-7 3-8 페이지마다 게시물 시작 번호가 1로 고정되어 있는 모습

02단계 **게시물 번호 공식 만들기**

만약 질문 게시물이 12개라면 1페이지의 질문 게시물 번호는 12~3으로, 2
페이지의 질문 게시물 번호는 2~1이어야 한다. 질문 게시물의 번호를 역순
으로 정렬하려면 다음과 같은 공식을 적용해야 한다.

번호 = 전체 게시물 개수 - (현재 페이지 - 1) * 페이지당 게시물 개수 - 나열 인덱스	
번호	최종 표시될 게시물 번호
전체 게시물 개수	데이터베이스에 저장된 게시물 전체 개수
현재 페이지	페이징에서 현재 선택한 페이지
페이지당 게시물 개수	페이징에서 현재 선택한 페이지의 게시물 개수
나열 인덱스	for 문 안의 게시물 순서

공식이 조금 복잡하니 질문 게시물이 12개인 상황을 예로 들어 설명해 보
자. 현재 페이지가 1이면 '현재 페이지 – 1'은 0이다. 그래서 번호는 전체 게
시물 개수 12에서 나열 인덱스 0~9를 뺀 12~3이 된다. 현재 페이지가 2이
면 '현재 페이지 – 1'은 1이다. 페이지당 게시물 개수는 10이므로 12에서
10을 뺀 값 2에 나열 인덱스 0~1을 다시 빼므로 번호는 2~1이다.

나열 인덱스는 현재 페
이지에서 표시할 수 있
는 게시물의 인덱스이므로 10
개를 표시하는 페이지에서는
0~9, 2개를 표시하는 페이지
에서는 0~1로 반복된다.

03단계 **게시물 번호 공식을 질문 목록 조회 템플릿에 적용하기**

이제 게시를 번호 공식을 다음처럼 질문 목록 조회 템플릿에 적용해 보자.
다음 코드의 1번째 td 엘리먼트에 이 공식을 그대로 적용했다.

파일 이름 C:/projects/myproject/pybo/templates/question/question_list.html

```
{% extends 'base.html' %}
{% block content %}
<div class="container my-3">
    <table class="table">
        (... 생략 ...)
        <tr>
            <td>{{ question_list.total - ((question_list.page-1) * question_list.
per_page) - loop.index0 }}</td>
            <td>
```

> {{ loop.index }}를 지우고 입력

```
            <a href="{{ url_for('question.detail', question_id=question.id)
            }}">{{ question.subject }}</a>
        </td>
        <td>{{ question.create_date|datetime }}</td>
    </tr>
    (... 생략 ...)
    </table>
    (... 생략 ...)
</div>
{% endblock %}
```

다음 표는 템플릿에 사용한 공식의 상세 정보이다. 코드를 따라 입력하고
이해가 잘 되지 않으면 참고하자.

항목	설명
question_list.total	전체 게시물 개수
question_list.page	현재 페이지
question_list.per_page	페이지당 게시물 개수
loop.index0	나열 인덱스(0부터 시작)

이제 게시물 번호가 우리가 의도한 대로 출력된다. 성공이다! 페이지를 이
리저리 이동하며 게시물 번호를 확인해 보자.

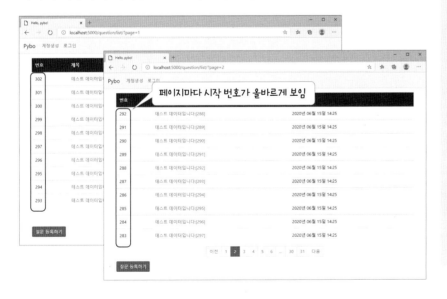

03-5 질문에 달린 답변 개수 표시하기

이제 질문 목록에서 '해당 질문에 달린 답변 개수'를 표시할 수 있도록 기능을 추가해 보자. 코드의 분량은 많지 않지만 '게시판 서비스를 더욱 서비스답게 만들어 주는 기능'이다.

완성 소스
github.com/pahkey/
flaskbook/tree/3-05

질문에 달린 답변의 개수 표시하기

01단계 게시물 제목 오른쪽에 답변 개수 표시하기

답변 개수는 다음처럼 게시물 제목 바로 오른쪽에 표시하자.

파일 이름 C:/projects/myproject/pybo/templates/question/question_list.html

```
{% extends 'base.html' %}
{% block content %}
<div class="container my-3">
    <table class="table">
(... 생략 ...)
        <tr>
            <td>{{ question_list.total - ((question_list.page-1) * question_list.
per_page) - loop.index0 }}</td>
            <td>
                <a href="{{ url_for('question.detail', question_id=question.id) }}">
{{ question.subject }}</a>
                {% if question.answer_set|length > 0 %}
                <span class="text-danger small ml-2">{{ question.answer_set|length
}}</span>
                {% endif %}
            </td>
            <td>{{ question.create_date|datetime }}</td>
        </tr>
(... 생략 ...)
```

답변 코드는 2번째 td 엘리먼트에 적용하자.

```
        </table>
(... 생략 ...)
</div>
{% endblock %}
```

{% if question.answer_set|length > 0 %}로 답변이 있는 경우를 검사하고, {{ question.answer_set|length }}로 답변 개수를 표시했다.
이제 질문 목록 페이지로 이동하면 답변이 있는 질문은 제목 오른쪽에 빨간색 숫자가 표시될 것이다.

03-6 회원가입 기능 추가하기

이번에는 파이보에 회원가입 기능을 구현해 보자. **회원가입 기능을 만들어 보았다면 웹 프로그래밍은 거의 마스터했다고 할 수 있다. 그만큼 회원가입 기능은 웹 사이트에서 핵심 중의 핵심이라 할 수 있다.** 지금까지는 질문, 답변 관련 모델만 사용했다면 이제 회원 정보를 위한 모델이 필요하다. 회원 정보 모델에는 최소한 다음과 같은 필드가 필요하다.

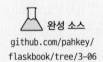

완성 소스
github.com/pahkey/
flaskbook/tree/3-06

필드	설명
username	사용자 이름(ID)
password	비밀번호
email	이메일

회원 정보를 위한 모델 만들기

01단계 pybo/models.py 파일에 User 모델 작성하기

pybo/models.py 파일을 열어 앞에서 정의한 필드를 바탕으로 User 모델을 작성하자.

파일 이름 C:/projects/myproject/pybo/models.py

```
(... 생략 ...)
class User(db.Model):
    id = db.Column(db.Integer, primary_key=True)
    username = db.Column(db.String(150), unique=True, nullable=False)
    password = db.Column(db.String(200), nullable=False)
    email = db.Column(db.String(120), unique=True, nullable=False)
```

id는 자동으로 증가하는 User 모델의 기본 키이다. username, password, email에는 null값을 허용하지 않도록 nullable=False 옵션을 지정했다. 또

username, email에는 unique=True 옵션을 지정했다. unique=True 옵션은 '같은 값을 저장할 수 없다'를 뜻한다. 이렇게 해야 username과 email이 중복되어 저장되지 않는다.

02단계 flask db migrate, flask db upgrade로 수정된 모델을 데이터베이스에 반영하기

User 모델을 새로 작성했으니 flask db migrate 명령으로 리비전 파일을 생성하자.

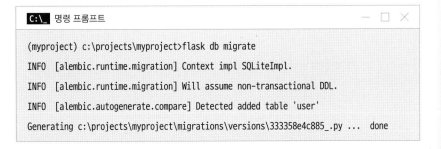

```
C:\_  명령 프롬프트                                          ─ □ ×

(myproject) c:\projects\myproject>flask db migrate
INFO  [alembic.runtime.migration] Context impl SQLiteImpl.
INFO  [alembic.runtime.migration] Will assume non-transactional DDL.
INFO  [alembic.autogenerate.compare] Detected added table 'user'
Generating c:\projects\myproject\migrations\versions\333358e4c885_.py ...  done
```

이어서 flask db upgrade 명령으로 생성된 리비전 파일(333358e4c885_.py)로 데이터베이스를 변경하자. 명령이 아무 문제 없이 잘 수행되는지 반드시 확인하자.

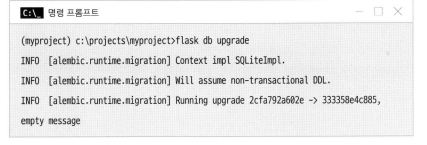

```
C:\_  명령 프롬프트                                          ─ □ ×

(myproject) c:\projects\myproject>flask db upgrade
INFO  [alembic.runtime.migration] Context impl SQLiteImpl.
INFO  [alembic.runtime.migration] Will assume non-transactional DDL.
INFO  [alembic.runtime.migration] Running upgrade 2cfa792a602e -> 333358e4c885,
empty message
```

 ## 회원가입 폼 만들기

01단계 pybo/forms.py 수정하여 회원가입 폼 만들기

회원가입을 위한 폼을 작성하자. 다음처럼 FlaskForm을 상속받아 User CreateForm 클래스를 만들자.

```python
from flask_wtf import FlaskForm
from wtforms import StringField, TextAreaField, PasswordField
from wtforms.fields.html5 import EmailField
from wtforms.validators import DataRequired, Length, EqualTo, Email

(... 생략 ...)
class UserCreateForm(FlaskForm):
    username = StringField('사용자이름', validators=[
        DataRequired(), Length(min=3, max=25)])
    password1 = PasswordField('비밀번호', validators=[
        DataRequired(), EqualTo('password2', '비밀번호가 일치하지 않습니다')])
    password2 = PasswordField('비밀번호확인', validators=[DataRequired()])
    email = EmailField('이메일', [DataRequired(), Email()])
```

username은 필수 항목이면서 길이를 제한해야 하므로 validators 옵션에
필수 항목으로 DataRequired()와 길이 조건 Length(min=3, max=25)를 추
가했고, '비밀번호', '비밀번호확인' 필드 password1, password2를
PasswordField로 추가했다. 두 값은 일치해야 하므로 password1의
validators 옵션에 EqualTo 검증을 추가했다. email 필드에는 필수 검증과
더불어 이메일 형식인지 검사해 주는 Email() 검증 조건을 추가했다.
PasswordField로 만든 필드 password1, password2는 이후 폼을 이용해 템
플릿 코드를 자동으로 생성할 때 <input type="password">가 된다. 같은
맥락에서 EmailField으로 만든 email 필드는 템플릿 코드를 자동으로 생성
할 때 <input type="email">가 된다.

계정을 만들 때는 입력한 비밀번호를 확인할 수 있 도록 필드가 2개 필요하다.

password1, password2 필드는 모두 필 숫값이므로 DataRequired() 를 추가했다.

02단계   email-validator 설치하기

앞에서 email 필드에 설정한 이메일 검증을 사용하려면 email-validator
가 필요하므로 반드시 설치하고 넘어가자.

```
C:\_ 명령 프롬프트                                                    —  □  ✕

(myproject) c:\projects\myproject>pip install email_validator
Collecting email_validator
   Using cached email_validator-1.1.1-py2.py3-none-any.whl (17 kB)
Collecting dnspython>=1.15.0
   Using cached dnspython-1.16.0-py2.py3-none-any.whl (188 kB)
Collecting idna>=2.0.0
   Using cached idna-2.9-py2.py3-none-any.whl (58 kB)
Installing collected packages: dnspython, idna, email-validator
Successfully installed dnspython-1.16.0 email-validator-1.1.1 idna-2.9
```

회원가입 화면 만들기

이제 회원가입용 화면을 만들어 보자. 먼저 회원가입 뷰(auth_views.py)
부터 만들어 보자. 회원가입 뷰는 메인 뷰(main_views.py), 질문 뷰
(question_views.py), 답변 뷰(answer_views.py)의 어디에도 해당하지
않으므로 새로운 파일로 만들어야 한다.

01단계 views/auth_views.py에 회원가입 뷰 만들기

views/auth_views.py 파일을 새로 만들어 다음처럼 코드를 입력하자.

파일 이름 C:/projects/myproject/pybo/views/auth_views.py

```python
from flask import Blueprint, url_for, render_template, flash, request
from werkzeug.security import generate_password_hash
from werkzeug.utils import redirect

from pybo import db
from pybo.forms import UserCreateForm
from pybo.models import User

bp = Blueprint('auth', __name__, url_prefix='/auth')


@bp.route('/signup/', methods=('GET', 'POST'))
def signup():
```

```
        form = UserCreateForm()
        if request.method == 'POST' and form.validate_on_submit():
            user = User.query.filter_by(username=form.username.data).first()
            if not user:
                user = User(username=form.username.data,
                            password=generate_password_hash(form.password1.data),
                            email=form.email.data)
                db.session.add(user)
                db.session.commit()
                return redirect(url_for('main.index'))
            else:
                flash('이미 존재하는 사용자입니다.')
        return render_template('auth/signup.html', form=form)
```

우선 /auth/라는 URL 접두어로 시작하는 URL이 호출되면 auth_views. py 파일의 함수들이 호출될 수 있도록 블루프린트 **auth**를 추가했다. 그런 다음 회원가입을 위한 /signup/ URL과 연결된 signup 함수를 생성했다. signup 함수는 POST 방식 요청에는 계정 등록을, GET 방식 요청에는 계정 등록을 하는 템플릿을 렌더링하도록 구현했다.

코드를 자세히 보면 계정 등록을 할 때 username으로 데이터를 조회해서 '이미 등록된 사용자'인지를 확인한다. 만약 이미 등록된 사용자라면 flash('이미 존재하는 사용자입니다.')로 오류를 발생시킨다. 그리고 계정 등록을 할 때 비밀번호는 입력받은 값 그대로 저장하지 않고 generate_password_hash 함수로 암호화하여 저장한다.

---

signup 함수는 질문 등록 함수와 같은 방법으로 생성했으므로 자세한 설명을 생략했다.

flash는 필드 자체 오류가 아닌 프로그램 논리 오류를 발생시키는 함수이다.

flash로 발생시킨 오류를 템플릿에 표시하는 방법도 곧 알아볼 것이다.

generate_password_hash 함수로 암호화한 데이터는 복호화할 수 없다. 그래서 로그인할 때 입력받은 비밀번호는 바로 저장된 비밀번호가 아니라 암호화하여 저장된 비밀번호와 비교해야 한다.

02단계 **pybo/__init__.py 파일에 블루프린트 등록하기**

새로 만든 블루프린트 **auth**를 사용하려면 pybo/__init__.py 파일에 auth 블루프린트를 등록해야 한다.

```
(... 생략 ...)
def create_app():
(... 생략 ...)
    # 블루프린트
    from .views import main_views, question_views, answer_views, auth_views
    app.register_blueprint(main_views.bp)
    app.register_blueprint(question_views.bp)
    app.register_blueprint(answer_views.bp)
    app.register_blueprint(auth_views.bp)
(... 생략 ...)
    return app
```

03단계 **회원가입 생성 템플릿 templates/auth/signup.html 작성하기**

이어서 회원가입 템플릿을 작성하자. signup.html 파일은 templates 디렉터리 아래에 auth 디렉터리를 추가한 다음 그곳에 저장하자.

파일 이름 C:/projects/myproject/pybo/templates/auth/signup.html

```
{% extends "base.html" %}
{% block content %}
<div class="container my-3">
    <form method="post" class="post-form">
        {{ form.csrf_token }}
        {% include "form_errors.html" %}
        <div class="form-group">
            <label for="username">사용자 이름</label>
            <input type="text" class="form-control" name="username" id="username"
                    value="{{ form.username.data or '' }}">
        </div>
        <div class="form-group">
            <label for="password1">비밀번호</label>
            <input type="password" class="form-control" name="password1" id="password1"
            value="{{ form.password1.data or '' }}">
        </div>
```

```
        <div class="form-group">
            <label for="password2">비밀번호 확인</label>
            <input type="password" class="form-control" name="password2" id="pass
            word2" value="{{ form.password2.data or '' }}">
        </div>
        <div class="form-group">
            <label for="email">이메일</label>
            <input type="text" class="form-control" name="email" id="email"
value="{{ form.email.data or '' }}">
        </div>
        <button type="submit" class="btn btn-primary">생성하기</button>
    </form>
</div>
{% endblock %}
```

회원가입을 위한 '사용자 이름', '비밀번호', '비밀번호 확인', '이메일'에 해
당되는 input 엘리먼트를 추가했다. 〈생성하기〉 버튼을 누르면 폼 데이터
가 POST 방식으로 **/auth/signup/** URL에 전송되도록 만들었다. 그리고 회
원가입을 할 때 발생하는 오류를 표시하도록 `{% include "form_errors.`
`html" %}`를 사용했다. 필드 오류와 논리 오류를 처리할 수 있도록 form_
errors.html 템플릿 파일을 포함했다.

04단계 **templates/form_errors.html 작성하기**

form_errors.html 템플릿 파일은 다음과 같이 '필드에서 발생한 오류를 표
시하는 부분'과 'flash를 거치면서 발생한 오류를 표시하는 부분'으로 구성
된다. 필드 오류는 폼 validators 검증에 실패한 경우 표시되고, flash 오류
는 `flash('이미 존재하는 사용자입니다.')`와 같은 로직으로 표시된다.

```html
<!-- 필드 오류 -->
{% for field, errors in form.errors.items() %}
<div class="alert alert-danger" role="alert">
    <strong>{{ form[field].label }}</strong>: {{ ', '.join(errors) }}
</div>
{% endfor %}
<!-- flash 오류 -->
{% for message in get_flashed_messages() %}
<div class="alert alert-danger" role="alert">
    {{ message }}
</div>
{% endfor %}
```

05단계 내비게이션 바에 회원가입 링크 추가하기

이제 회원가입 화면으로 이동할 수 있는 링크를 내비게이션 바에 추가하자.

```html
<!-- 내비게이션 바 -->
<nav class="navbar navbar-expand-lg navbar-light bg-light border-bottom">
    (... 생략 ...)
    <div class="collapse navbar-collapse flex-grow-0" id="navbarNav">
        <ul class="navbar-nav">
            <li class="nav-item">
                <a class="nav-link" href="{{ url_for('auth.signup') }}">계정생성</a>
            </li>
            <li class="nav-item">
                <a class="nav-link" href="#">로그인</a>
            </li>
        </ul>
    </div>
</nav>
```

이제 내비게이션 바의 '계정생성' 링크를 누르면 다음과 같은 회원가입 화면이 나온다.

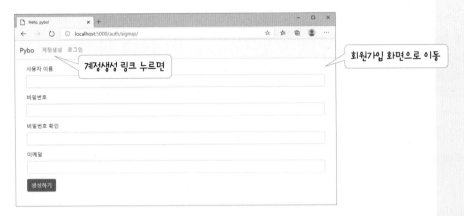

입력값 중에서 비밀번호, 비밀번호 확인을 다르게 입력하고 〈생성하기〉를 누르면 validator 오류가 발생하여 화면에 다음과 같은 오류 메시지를 표시해 줄 것이다.

이처럼 우리가 만든 회원가입 기능에는 필숫값 검증, 이메일 규칙 검증 등이 적용되어 있다. 올바른 입력값으로 회원가입을 완료하면 메인 페이지로 리다이렉트될 것이다.

06단계 회원가입 데이터 확인해 보기

플라스크 셸에서 바로 앞 단계를 거쳐 만든 계정 정보를 확인해 보자.

```
(myproject) c:\projects\myproject>flask shell
>>> from pybo.models import User
>>> User.query.all()
[<User 1>]
>>> User.query.first().username
'pahkey'
```

여기서는 간단히 username만 확인해 보았다. 축하한다. 이제 파이보에 회원
가입 기능이 추가되었다.

03-7 | 로그인과 로그아웃 구현하기

파이보는 여러 사람이 사용하는 게시판 서비스다. 그러므로 질문한 사람, 답변한 사람을 구별하는 로그인, 로그아웃은 필수 기능이다.

완성 소스
github.com/pahkey/
flaskbook/tree/3-07

Do it!
실습

로그인 구현하기

01단계 | 로그인 폼 만들기

이제 폼 만들기는 익숙해졌을 테니 로그인할 수 있는 폼을 만들어 보자.

파일 이름 | C:/projects/myproject/pybo/forms.py

```
(... 생략 ...)
class UserLoginForm(FlaskForm):
    username = StringField('사용자이름', validators=[
        DataRequired(), Length(min=3, max=25)])
    password = PasswordField('비밀번호', validators=[DataRequired()])
```

`FlaskForm` 클래스를 상속받아 `UserLoginForm`을 만들었다. `username`, `password` 필드를 추가하고 각각 필수 입력 항목으로 지정해 주었다. 또한 `username`의 길이는 3~25자로 제한했다.

02단계 | 로그인 라우트 함수 만들기 - 로그인 검증 과정 구현하기

로그인을 수행할 라우트 함수를 다음처럼 작성하자.

파일 이름 | C:/projects/myproject/pybo/views/auth_views.py

```
from flask import Blueprint, url_for, render_template, flash, request, session
from werkzeug.security import generate_password_hash, check_password_hash
from werkzeug.utils import redirect

from pybo import db
```

```
from pybo.forms import UserCreateForm, UserLoginForm
(... 생략 ...)
@bp.route('/login/', methods=('GET', 'POST'))
def login():
    form = UserLoginForm()
    if request.method == 'POST' and form.validate_on_submit():
        error = None
        user = User.query.filter_by(username=form.username.data).first()
        if not user:
            error = "존재하지 않는 사용자입니다."
        elif not check_password_hash(user.password, form.password.data):
            error = "비밀번호가 올바르지 않습니다."
        if error is None:
            session.clear()
            session['user_id'] = user.id
            return redirect(url_for('main.index'))
        flash(error)
    return render_template('auth/login.html', form=form)
```

라우트 URL인 **/login/**에 매핑되는 **login** 함수를 생성했다. **login** 함수는 **signup** 함수와 비슷한 패턴이다. POST 방식 요청에는 로그인을 수행하고, GET 방식 요청에는 로그인 템플릿을 렌더링한다.

POST 방식 요청으로 로그인 작업을 수행하는 과정을 알아보자. 우선 폼 입력으로 받은 **username**으로 데이터베이스에 해당 사용자가 있는지를 검사한다. 만약 사용자가 없으면 '존재하지 않는 사용자입니다.'라는 오류를 발생시킨다. 사용자가 존재한다면 폼 입력으로 받은 **password**와 **check_password_hash** 함수를 사용하여 데이터베이스의 비밀번호와 일치하는지를 비교한다.

사용자도 존재하고 비밀번호도 올바르다면 플라스크 세션(session)에 키와 키값을 저장한다. 키에는 **'user_id'**라는 문자열을 저장하고 키값은 데이터베이스에서 조회된 사용자의 id값을 저장한다.

데이터베이스에 저장된 비밀번호는 암호화되었으므로 입력된 비밀번호와 바로 비교할 수 없다. 입력된 비밀번호는 반드시 check_password_hash 함수로 똑같이 암호화하여 비교해야 한다.

세션 개념을 잠시 살펴보자. 세션은 **request**와 마찬가지로 플라스크가 자동으로 생성하여 제공하는 변수이다. 쉽게 말해 세션은 플라스크 서버를 구동하는 동안에는 영구히 참조할 수 있는 값이다. **session** 변수에 **user**의 **id** 값을 저장했으므로 다양한 URL 요청에 이 세션값을 사용할 수 있다. 예를 들어 현재 웹 브라우저를 요청한 주체가 로그인한 사용자인지 아닌지를 판별할 수 있다.

웹 브라우저와 서버의 실행 방식과 쿠키 그리고 세션 이해하기

웹 프로그램은 [웹 브라우저 요청 → 서버 응답] 순서로 실행되며, 서버 응답이 완료되면 웹 브라우저와 서버 사이의 연결은 끊어진다. 그렇다면 서버는 수많은 웹 브라우저에서 요청한 것 중에서 같은 브라우저에서 요청한 것인지 아닌지를 어떻게 구별할까?

그 해답은 쿠키(Cookie)에 있다. 쿠키는 웹 브라우저를 구별하는 값이다. 웹 브라우저가 요청하면 서버는 쿠키를 생성하여 전송하는 방식으로 응답한다. 그러면 웹 브라우저는 서버에서 받은 쿠키를 저장한다. 이후 서버에 다시 요청할 때는 이 쿠키를 전송한다. 그러면 서버는 웹 브라우저가 보낸 쿠키를 보고 이전에 보냈던 쿠키와 비교한다. 이런 방식으로 같은 웹 브라우저에서 요청한 것인지 아닌지를 구분할 수 있다. 이때 세션은 바로 쿠키 1개당 생성되는 서버의 메모리 공간이라고 할 수 있다.

03단계 로그인 템플릿 만들기

이어서 auth 폴더에 로그인 템플릿 login.html 파일을 만들자. 로그인 폼에서 생성한 필드 2개(**username, password**)를 input 엘리먼트로 만들자.

파일 이름 `C:/projects/myproject/pybo/templates/auth/login.html`

```
{% extends "base.html" %}
{% block content %}
<div class="container my-3">
    <form method="post" class="post-form">
        {{ form.csrf_token }}
        {% include "form_errors.html" %}
        <div class="form-group">
            <label for="username">사용자 이름</label>
            <input type="text" class="form-control" name="username" id="username"
value="{{ form.username.data or '' }}">
```

> 💬 **request**는 요청, 응답 이라는 과정에서만 사용할 수 있는 값인 반면, 세션은 플라스크 서버를 구동하는 동안에는 영구히 사용할 수 있는 값이므로 사용자 id를 저장하거나 활용하는 데 적합하다.

> 💬 단, 세션은 시간제한이 있어서 일정 시간 접속하지 않으면 자동으로 삭제된다.

```
        </div>
        <div class="form-group">
            <label for="password">비밀번호</label>
            <input type="password" class="form-control" name="password" id="password"
value="{{ form.password.data or '' }}">
        </div>
        <button type="submit" class="btn btn-primary">로그인</button>
    </form>
</div>
{% endblock %}
```

템플릿에서 〈로그인〉 버튼을 누르면 form 엘리먼트가 현재 웹 브라우저의 주
소 창에 표시된 URL인 **/auth/login/**을 통해 POST 방식으로 요청될 것이다.

04단계 내비게이션 바에 로그인 링크 추가하기

이제 로그인할 수 있는 모든 준비를 마쳤으므로 내비게이션 바에 로그인
URL을 추가하자.

파일 이름 C:/projects/myproject/pybo/templates/navbar.html

```
<!-- 내비게이션 바 -->
<nav class="navbar navbar-expand-lg navbar-light bg-light border-bottom">
    (... 생략 ...)
    <div class="collapse navbar-collapse flex-grow-0" id="navbarNav">
        <ul class="navbar-nav">
            <li class="nav-item">
                <a class="nav-link" href="{{ url_for('auth.signup') }}">계정생성</a>
            </li>
            <li class="nav-item">
                <a class="nav-link" href="{{ url_for('auth.login') }}">로그인</a>
            </li>
        </ul>
    </div>
</nav>
```

내비게이션 바의 '로그인' 링크를 누르면 /auth/login으로 이동하며, 다음
과 같은 로그인 화면이 나타난다.

만약 데이터베이스에 없는 username 또는 password를 입력하면 다음처럼
오류 메시지가 나타난다.

username과 password를 제대로 입력하면 로그인을 수행한 다음 메인 화면
으로 이동한다. 하지만 로그인한 후에도 내비게이션 바에는 여전히 '로그
인' 링크가 남아 있다. 이 링크는 '로그아웃' 링크로 바뀌어야 한다.

사용자의 로그인 여부는 'session에 저장된 값을 조사'하면 알 수 있다. 단
순히 session에 저장된 user_id값 여부로 로그인을 확인할 수도 있지만 여
기서는 좀 더 널리 사용할 수 있는 방법을 선택하자.

반대로 로그아웃 상태
에서는 '로그인' 링크
로 바뀌어야 한다.

05단계 **로그인한 사용자 정보를 조회하는 load_logged_in_user 함
수 구현하기**

우선 로그인한 사용자 정보를 조회하여 사용할 수 있도록 auth_views.py
파일에 load_logged_in_user 함수를 다음처럼 구현해 보자.

C:/projects/myproject/pybo/views/auth_views.py

```python
from flask import Blueprint, url_for, render_template, flash, request, session, g
from werkzeug.security import generate_password_hash, check_password_hash
from werkzeug.utils import redirect

(... 생략 ...)
@bp.before_app_request
def load_logged_in_user():
    user_id = session.get('user_id')
    if user_id is None:
        g.user = None
    else:
        g.user = User.query.get(user_id)
```

여기서는 @bp.before_app_request 애너테이션을 사용했다. 이 애너테이션이 적용된 함수는 라우트 함수보다 먼저 실행된다. 즉, 앞으로 load_logged_in_user 함수는 모든 라우트 함수보다 먼저 실행될 것이다. load_logged_in_user 함수에서 사용한 g는 플라스크가 제공하는 컨텍스트 변수이다. 이 변수는 request 변수와 마찬가지로 [요청 → 응답] 과정에서 유효하다. 코드에서 보듯 session 변수에 user_id값이 있으면 데이터베이스에서 이를 조회하여 g.user에 저장한다.

이렇게 하면 이후 사용자 로그인 검사를 할 때 session을 조사할 필요가 없다. g.user에 값이 있는지만 알아내면 된다. g.user에는 User 객체가 저장되어 있으므로 여러 가지 사용자 정보(username, email 등)를 추가로 얻어내는 이점이 있다.

> @bp.before_app_request 애너테이션은 플라스크에서 기본으로 제공한다.

> g.user에는 User 객체가 저장된다.

06단계 내비게이션 바 수정하기

이제 내비게이션 바를 다음과 같이 수정하자. {% if g.user %} 코드를 추가하여 사용자의 로그인 유무를 판별할 것이다.

```html
<!-- 내비게이션 바 -->
<nav class="navbar navbar-expand-lg navbar-light bg-light border-bottom">
    <a class="navbar-brand" href="{{ url_for('main.index') }}">Pybo</a>
    <button class="navbar-toggler ml-auto" type="button" data-toggle="collapse"
    data-target="#navbarNav" aria-controls="navbarNav" aria-expanded="false" aria-
    label="Toggle navigation">
        <span class="navbar-toggler-icon"></span>
    </button>
    <div class="collapse navbar-collapse flex-grow-0" id="navbarNav">
        {% if g.user %}
        <ul class="navbar-nav">
            <li class="nav-item">
                <a class="nav-link" href="#">{{ g.user.username }} (로그아웃)</a>
            </li>
        </ul>
        {% else %}
        <ul class="navbar-nav">
            <li class="nav-item">
                <a class="nav-link" href="{{ url_for('auth.signup') }}">계정생성</a>
            </li>
            <li class="nav-item">
                <a class="nav-link" href="{{ url_for('auth.login') }}">로그인</a>
            </li>
        </ul>
        {% endif %}
    </div>
</nav>
```

누락하지 않도록 주의

'로그아웃' 링크는 곧 구현할 것이므로 여기서는 우선 href 속성값을 '#'로 해두자.

g.user는 6단계에서 구현한 load_logged_in_user 함수로 생성한 사용자 정보값이다. 로그인되어 있다면 g.user가 만들어진 상태이므로 username의 값과 '로그아웃' 링크를 보여 줄 것이다. 로그인되어 있지 않다면 '로그인'과 '계정생성' 링크를 보여 줄 것이다.

로그아웃 구현하기

01단계 **views/auth_views.py 파일에 로그아웃 함수 구현하기**

auth_views.py 파일을 열어 /logout/ 라우트 URL에 매핑되는 logout 함
수를 작성하자.

| 파일 이름 | C:/projects/myproject/pybo/views/auth_views.py |

```
(... 생략 ...)
@bp.route('/logout/')
def logout():
    session.clear()
    return redirect(url_for('main.index'))
```

logout 함수에는 세션의 모든 값을 삭제할 수 있도록 session.clear()를
추가했다. 따라서 session에 저장된 user_id는 삭제될 것이며, 앞서 작성한
load_logged_in_user 함수에서 session의 값을 읽을 수 없으므로 g.user
가 None이 될 것이다.

02단계 **내비게이션 바 수정하기**

'로그아웃' 링크가 활성화될 수 있도록 href 속성값을 수정하자. 수정을 완
료한 후 로그인, 로그아웃 기능이 잘 실행되는지 확인해 보자.

```
<!-- 내비게이션 바 -->
<nav class="navbar navbar-expand-lg navbar-light bg-light border-bottom">
    (... 생략 ...)
    <div class="collapse navbar-collapse flex-grow-0" id="navbarNav">
        {% if g.user %}
        <ul class="navbar-nav">
            <li class="nav-item">
                <a class="nav-link" href="{{ url_for('auth.logout') }}">{{ g.user.
username }} (로그아웃)</a>
            </li>
        </ul>
        {% else %}
        (... 생략 ...)
    </div>
</nav>
```

로그아웃을 누르면 네
비게이션 바에는 다시
계정생성, 로그인 링크가 나타
날 것이다.

03-8 | 모델 수정하여 파이보 기능 다듬기

회원가입, 로그인, 로그아웃 기능이 완성되어 질문, 답변을 '누가' 작성했는지 알 수 있게 되었다. 이제 기능을 조금씩 다듬어서 파이보를 완벽하게 만들어 보자. 여기서는 Question, Answer 모델을 수정하여 '글쓴이'에 해당하는 user 필드를 추가할 것이다.

완성 소스
github.com/pahkey/
flaskbook/tree/3-08

SQLite 설정 수정하기

SQLite 데이터베이스는 ORM을 사용할 때 몇 가지 문제점이 있다. 이것은 SQLite 데이터베이스에만 해당하고 PostgreSQL이나 MySQL 등의 다른 데이터베이스에는 상관없는 내용이다. 앞으로 배울 내용을 원활하게 진행하기 위해 SQLite가 발생시킬 수 있는 오류를 먼저 해결하고 넘어가자.

01단계 pybo/__init__.py 파일 수정하기

데이터베이스 객체를 생성하는 pybo/__init__.py 파일을 열어 설정을 다음과 같이 수정하자. 자세한 내용은 잘 몰라도 되니 수정할 내용을 잘 보고 따라 입력하자.

파일 이름 `C:/projects/myproject/pybo/__init__.py`

```
from flask import Flask
from flask_migrate import Migrate
from flask_sqlalchemy import SQLAlchemy
from sqlalchemy import MetaData

import config

naming_convention = {
    "ix": "ix_%(column_0_label)s",
    "uq": "uq_%(table_name)s_%(column_0_name)s",
```

```
        "ck": "ck_%(table_name)s_%(column_0_name)s",
        "fk": "fk_%(table_name)s_%(column_0_name)s_%(referred_table_name)s",
        "pk": "pk_%(table_name)s"
}
db = SQLAlchemy(metadata=MetaData(naming_convention=naming_convention))     ─  기존 코드 수정
migrate = Migrate()


def create_app():
    app = Flask(__name__)
    app.config.from_object(config)

    # ORM
    db.init_app(app)
    if app.config['SQLALCHEMY_DATABASE_URI'].startswith("sqlite"):
        migrate.init_app(app, db, render_as_batch=True)
    else:                        기존의 코드를 else 문에 포함시킴
        migrate.init_app(app, db)
    from . import models
    (... 생략 ...)
```

02단계 flask db migrate, flask db upgrade 명령으로 데이터베이스 변경하기

1단계를 진행하면 몇몇 데이터베이스의 제약 조건 이름이 변경되므로
flask db migrate 명령과 flask db upgrade 명령으로 데이터베이스를 변
경해 줘야 한다.

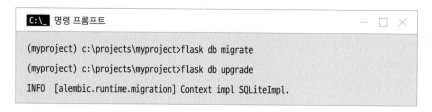

```
C:\  명령 프롬프트                                          ─  □  ✕

(myproject) c:\projects\myproject>flask db migrate
(myproject) c:\projects\myproject>flask db upgrade
INFO  [alembic.runtime.migration] Context impl SQLiteImpl.
```

pybo/__init__.py 파일은 왜 수정했나요?

SQLite 데이터베이스에서 사용하는 인덱스 등의 제약 조건 이름은 `MetaData` 클래스를 사용하여 규칙을 정의해야 한다. 만약 이름을 정의하지 않으면 SQLite 데이터베이스는 다음과 같은 제약 조건에 이름이 없다는 오류를 발생시킨다.

```
ValueError: Constraint must have a name
```

또 SQLite 데이터베이스는 `migrate.init_app(app, db, render_as_batch=True)`에서 지정한 것처럼 `render_as_batch` 속성을 True로 지정해야 한다. 만약 이 속성이 False라면 다음과 같은 '제약 조건의 변경을 지원하지 않는다'는 오류를 발생시킨다.

```
ERROR [root] Error: No support for ALTER of constraints in SQLite dialect-
Please refer to the batch mode feature which allows for SQLite migrations
using a copy-and-move strategy.
```

pybo/__init__.py 파일에서 수정한 내용은 SQLite 데이터베이스를 플라스크 ORM에서 정상으로 사용하기 위한 것이라고 이해하면 된다.

Question 모델에 필드 추가하기

01단계 **Question 모델에 user_id, user 필드 추가하기**

Question 모델에 '작성자' 필드를 추가하자. 다음과 같이 Question 모델에 user_id, user 필드를 순서대로 추가하면 된다.

```
(... 생략 ...)
class Question(db.Model):
    id = db.Column(db.Integer, primary_key=True)

    subject = db.Column(db.String(200), nullable=False)

    content = db.Column(db.Text(), nullable=False)

    create_date = db.Column(db.DateTime(), nullable=False)

    user_id = db.Column(db.Integer, db.ForeignKey(
        'user.id', ondelete='CASCADE'), nullable=False)

    user = db.relationship('User', backref=db.backref('question_set'))
(... 생략 ...)
```

user_id 필드는 User 모델 데이터의 id값을 Question 모델에 포함시키기 위한 것이다. user 필드는 Question 모델에서 User 모델을 참조하기 위한 필드이다. 이를 위해 db.relationship 함수로 필드를 추가했다. db.relationship 함수의 backref 매개변수는 User 모델 데이터를 통해 Question 모델 데이터를 참조하려고 설정한 것이다.

user_id 필드에서 사용된 db.ForeignKey를 자세히 살펴보자. 1번째 인수 user_id는 User 모델의 id값을 의미한다. 알다시피 db.ForeignKey는 다른 모델과 연결하는 것을 의미하므로 2번째 인수 ondelete='CASCADE'는 이 질문과 연결되어 있는 User 모델 데이터가 데이터베이스 명령으로 삭제되면 Question 모델 데이터도 함께 삭제될 수 있게 해주는 설정이다.

question.user.username처럼 Question 모델 객체 question을 통해 User 모델 데이터를 참조할 수 있다.

질문을 여러 개 작성했을 때 나중에 자신이 작성한 질문을 user.question_set으로 참조할 수 있다.

db.ForeignKey 함수는 앞에서 설명한 적이 있지만 지금까지 정신없이 따라왔다면 개념이 가물가물할 것이다. 그래서 db.ForeignKey 함수를 여기서 다시 한번 자세히 설명했다.

02단계 flask db migrate 명령으로 리비전 파일 생성하기

모델을 수정했으므로 flask db migrate 명령을 실행해서 리비전 파일을 생성하자.

C:\ 명령 프롬프트   — ☐ ✕

```
(myproject) c:\projects\myproject>flask db migrate
INFO  [alembic.runtime.migration] Context impl SQLiteImpl.
INFO  [alembic.runtime.migration] Will assume non-transactional DDL.
INFO  [alembic.autogenerate.compare] Detected added column 'question.user_id'
```

```
INFO  [alembic.autogenerate.compare] Detected added foreign key (user_id)(id) on
table question
Generating c:\projects\myproject\migrations\versions\4c3f98cdbcab_.py ...  done
```

03단계 flask db upgrade 명령으로 리비전 파일 적용하기
이어서 flask db upgrade 명령을 수행하자.

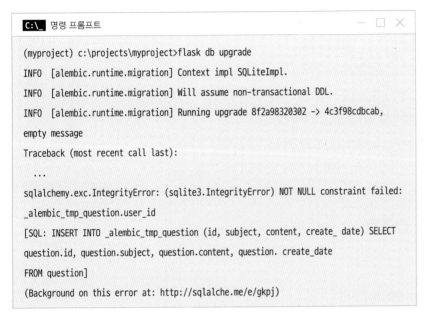

```
(myproject) c:\projects\myproject>flask db upgrade
INFO  [alembic.runtime.migration] Context impl SQLiteImpl.
INFO  [alembic.runtime.migration] Will assume non-transactional DDL.
INFO  [alembic.runtime.migration] Running upgrade 8f2a98320302 -> 4c3f98cdbcab,
empty message
Traceback (most recent call last):
  ...
sqlalchemy.exc.IntegrityError: (sqlite3.IntegrityError) NOT NULL constraint failed:
_alembic_tmp_question.user_id
[SQL: INSERT INTO _alembic_tmp_question (id, subject, content, create_ date) SELECT
question.id, question.subject, question.content, question. create_date
FROM question]
(Background on this error at: http://sqlalche.me/e/gkpj)
```

그런데 오류가 발생했다. 그 이유는 'user_id 필드가 Null을 허용하지 않기 때문'이다. 실제로 모델에서 user_id 필드를 만들 때 nullable 설정을 False로 지정했다. 앞서 실습을 진행하며 데이터베이스에 Question 모델 데이터를 여러 건 저장했던 것이 기억나는가? 그 데이터에는 user_id 필드의 값이 없다. 그런데 변경된 모델은 이를 허용하지 않으므로 오류가 발생한 것이다.

flask db upgrade 명령 오류 해결하기

이 문제를 해결하려면 다음과 같은 과정을 거쳐야 한다. 이런 과정은 어떤 모델에 데이터가 있는데 nullable 설정이 False인 필드를 추가할 때 어쩔 수 없이 거쳐야 한다. 이 순서대로 따라 해보자.

순서 1. user_id의 nullable 설정을 False 대신 True로 바꾸기

순서 2. user_id를 임의의 값으로 설정하기(여기서는 1로 설정)

순서 3. flask db migrate 명령, flask db upgrade 명령 다시 실행하기

순서 4. user_id의 nullable 설정을 다시 False로 변경하기

순서 5. flask db migrate 명령, flask db upgrade 명령 다시 실행하기

01단계 nullable값을 False에서 True로 변경하기

우선 user_id 필드의 nullable=False를 nullable=True로 변경하자. 그리고 user_id 필드의 기본값을 1로 설정하기 위해 server_default='1'을 입력 하자.

파일 이름 C:/projects/myproject/pybo/models.py

```
(... 생략 ...)
class Question(db.Model):
    id = db.Column(db.Integer, primary_key=True)
    subject = db.Column(db.String(200), nullable=False)
    content = db.Column(db.Text(), nullable=False)
    create_date = db.Column(db.DateTime(), nullable=False)
    user_id = db.Column(db.Integer, db.ForeignKey(
        'user.id', ondelete='CASCADE'), nullable=True, server_default='1')
    user = db.relationship('User', backref=db.backref('question_set'))
(... 생략 ...)
```

> nullable을 True로 바꾸고 server_default 추가

여기서 server_default에 지정한 '1'은 최초로 생성한 User 모델 데이터의 id를 의미한다. 이미 저장된 데이터의 user_id값을 설정하기 위해서 server_default='1'이라는 속성을 추가했다.

점프 투 플라스크!

필드의 기본값은 2가지 방법으로 설정합니다

필드의 기본값은 default와 server_default를 사용해서 설정할 수 있다. 그런데 server_default와 default에는 어떤 차이가 있을까? server_default를 사용하면 flask db upgrade 명령을 수행할 때 필드를 갖고 있지 않던 기존 데이터에도 기본값이 저장된다. 하지만 default는 새로 생성되는 데이터에만 기본값을 생성해 준다. 따라서 현재처럼 '없던 필드를 만들어야 하는 상황'에서는 default 대신 server_default를 사용해야 한다.

02단계 flask db migrate 명령으로 리비전 오류 확인하기 - migrate 가 정상으로 처리되지 않은 오류

이제 다시 flask db migrate 명령을 수행해 보자.

```
C:\_ 명령 프롬프트                                           —  □  ✕

(myproject) c:\projects\myproject>flask db migrate
INFO  [alembic.runtime.migration] Context impl SQLiteImpl.
INFO  [alembic.runtime.migration] Will assume non-transactional DDL.
ERROR [root] Error: Target database is not up to date.
```

그러면 다시 오류가 발생한다. 왜냐하면 이전의 migrate 명령은 제대로 수행되었지만 upgrade를 실패하여 정상으로 종료되지 않았기 때문이다. 이 문제를 해결해 보자.

03단계 flask db heads 명령으로 migrate 작업의 최종 리비전 보기

우선 flask db heads 명령으로 현재 migrate 작업을 진행하는 최종 리비전을 확인해 보자.

```
C:\_ 명령 프롬프트                                           —  □  ✕

(myproject) c:\projects\myproject>flask db heads
4c3f98cdbcab (head)
```

04단계 flask db current 명령으로 migrate 작업의 현재 리비전 보기

그런 다음 flask db current 명령으로 현재 시점의 리비전을 확인해 보자.

```
C:\  명령 프롬프트                                          ─ □ ✕

(myproject) c:\projects\myproject>flask db current
INFO  [alembic.runtime.migration] Context impl SQLiteImpl.
INFO  [alembic.runtime.migration] Will assume non-transactional DDL.
8f2a98320302
```

결과를 보면 알겠지만 "현재 시점의 리비전"과 "최종 리비전"이 같지 않다.
2개의 리비전이 다른 이유는 migrate 이후 upgrade를 실패했기 때문이다.
이 때문에 migrate 명령을 수행할 수 없는 것이다. 이 둘이 일치해야
migrate 작업을 진행할 수 있다.

05단계 현재 리비전을 최종 리비전으로 변경하기

앞에서 설명했듯 migrate 작업을 계속 진행하려면 flask db stamp heads
명령을 사용하여 현재의 리비전을 최종 리비전으로 변경해야 한다.

```
C:\  명령 프롬프트                                          ─ □ ✕

(myproject) c:\projects\myproject>flask db stamp heads
INFO  [alembic.runtime.migration] Context impl SQLiteImpl.
INFO  [alembic.runtime.migration] Will assume non-transactional DDL.
INFO  [alembic.runtime.migration] Running stamp_revision 8f2a98320302 -> 4c3f98cdbcab
```

리비전을 변경한 뒤 다시 flask db current 명령을 수행하자.

```
C:\  명령 프롬프트                                          ─ □ ✕

(myproject) c:\projects\myproject>flask db current
INFO  [alembic.runtime.migration] Context impl SQLiteImpl.
INFO  [alembic.runtime.migration] Will assume non-transactional DDL.
4c3f98cdbcab (head)
```

'8f2a98320302',
'4c3f98cdbcab'와
같은 값은 무작위로 생성된다.
책과 다른 값으로 보일 수 있으
므로 당황하지 말자.

최종 리비전(head)과 현재 리비전(current)이 같은 값으로 변경되었다는 것을 알 수 있다.

06단계 flask db migrate, flask db upgrade 명령 다시 수행하기

다시 `flask db migrate` 명령과 `flask db upgrade` 명령을 수행하자.

```
(myproject) c:\projects\myproject>flask db migrate
INFO  [alembic.runtime.migration] Context impl SQLiteImpl.
INFO  [alembic.runtime.migration] Will assume non-transactional DDL.
INFO  [alembic.autogenerate.compare] Detected added column 'question.user_id'
INFO  [alembic.autogenerate.compare] Detected added foreign key (user_id)(id) on
table question
Generating c:\projects\myproject\migrations\versions\d4b2f566b87c_.py ...  done

(myproject) c:\projects\myproject>flask db upgrade
INFO  [alembic.runtime.migration] Context impl SQLiteImpl.
INFO  [alembic.runtime.migration] Will assume non-transactional DDL.
INFO  [alembic.runtime.migration] Running upgrade 4c3f98cdbcab -> d4b2f566b87c,
empty message
```

오류 없이 잘 수행된다. 이제 데이터베이스에는 Question 모델 데이터 모두 user_id 필드에 '1'이 저장된다.

07단계 Question 모델 다시 수정하고 flask db migrate, flask db upgrade 명령 수행하기

이제 비로소 Question 모델의 user_id 필드를 nullable=True에서 nullable=False로 설정을 변경하자. 이제 server_default는 필요하지 않으므로 제거하자.

```
(... 생략 ...)
class Question(db.Model):
    id = db.Column(db.Integer, primary_key=True)
    subject = db.Column(db.String(200), nullable=False)
    content = db.Column(db.Text(), nullable=False)
    create_date = db.Column(db.DateTime(), nullable=False)
    user_id = db.Column(db.Integer, db.ForeignKey(
        'user.id', ondelete='CASCADE'), nullable=False)
    user = db.relationship('User', backref=db.backref('question_set'))
(... 생략 ...)
```

> server_default 삭제 후 nullable을 False로 수정

코드를 수정한 뒤 flask db migrate, flask db upgrade 명령을 수행하자.

```
(myproject) c:\projects\myproject>flask db migrate
INFO  [alembic.runtime.migration] Context impl SQLiteImpl.
INFO  [alembic.runtime.migration] Will assume non-transactional DDL.
INFO  [alembic.autogenerate.compare] Detected NOT NULL on column 'question.user_id'
Generating c:\projects\myproject\migrations\versions\ce4336d5bbb6_.py ...  done

(myproject) c:\projects\myproject>flask db upgrade
INFO  [alembic.runtime.migration] Context impl SQLiteImpl.
INFO  [alembic.runtime.migration] Will assume non-transactional DDL.
INFO  [alembic.runtime.migration] Running upgrade d4b2f566b87c -> ce4336d5bbb6,
empty message
```

지금까지 이미 데이터베이스에 저장된 데이터와 이와 관련된 모델이 변경되었을 때 처리하는 방법을 알아보았다. 여기서는 모델 필드에 nullable=False를 설정하는 방법을 알아보았다. migrate 명령을 사용하다 보면 뭔가 꼬이는 현상이 종종 발생한다. 이럴 때는 현재 데이터베이스의 변경 내역을 세심히 살펴보아야 한다.

Answer 모델에 필드 추가하기

01단계 user_id 필드에 nullable=True 설정하기

Answer 모델도 같은 방법으로 user_id 필드를 추가하자. 이제 Not Null을 적용하는 방법을 알고 있으므로 nullable=True를 설정한 후 나머지 작업을 진행하자.

> **파일 이름** C:/projects/myproject/pybo/models.py

```
(... 생략 ...)
class Answer(db.Model):
    id = db.Column(db.Integer, primary_key=True)
    question_id = db.Column(db.Integer, db.ForeignKey('question.id', ondelete='CAS
    CADE'))
    question = db.relationship('Question', backref=db.backref('answer_set'))
    content = db.Column(db.Text(), nullable=False)
    create_date = db.Column(db.DateTime(), nullable=False)
    user_id = db.Column(db.Integer, db.ForeignKey(
        'user.id', ondelete='CASCADE'), nullable=True, server_default='1')
    user = db.relationship('User', backref=db.backref('answer_set'))
(... 생략 ...)
```

user_id 필드에 nullable=True를 설정했다. 실습하면서 nullable=False 지정은 고생길이라는 것을 훤히 알았을 것이므로 nullable=True, server_default='1'이라고 설정하여 기본값을 저장한 다음에 진행하자. user 필드도 생성했다. user 필드의 backref 설정은 'answer_set'이다.

02단계 migrate, upgrade 명령 수행하기

다음처럼 migrate 명령과 upgrade 명령을 수행하자.

```
┌─────────────────────────────────────────────────────────────────────┐
│ C:\_  명령 프롬프트                                            ─  □  ✕  │
├─────────────────────────────────────────────────────────────────────┤
│ (myproject) c:\projects\myproject>flask db migrate                    │
│ INFO  [alembic.runtime.migration] Context impl SQLiteImpl.            │
│ INFO  [alembic.runtime.migration] Will assume non-transactional DDL.  │
│ INFO  [alembic.autogenerate.compare] Detected added column 'answer.user_id' │
│ INFO  [alembic.autogenerate.compare] Detected added foreign key (user_id)(id) on │
│ table answer                                                          │
│ Generating c:\projects\myproject\migrations\versions\f1503ea99f7c_.py ...  done │
│                                                                       │
│ (myproject) c:\projects\myproject>flask db upgrade                    │
│ INFO  [alembic.runtime.migration] Context impl SQLiteImpl.            │
│ INFO  [alembic.runtime.migration] Will assume non-transactional DDL.  │
│ INFO  [alembic.runtime.migration] Running upgrade ce4336d5bbb6 -> f1503ea99f7c, │
│ empty message                                                         │
└─────────────────────────────────────────────────────────────────────┘
```

03단계 Answer 모델 다시 수정하고 migrate, upgrade 명령 수행하기

Answer 모델에서 server_default는 제거하고 nullable=False로 변경하자.

> **파일 이름** C:/projects/myproject/pybo/models.py

```python
(... 생략 ...)
class Answer(db.Model):
    id = db.Column(db.Integer, primary_key=True)
    question_id = db.Column(db.Integer, db.ForeignKey('question.id', ondelete='CAS-
CADE'))
    question = db.relationship('Question', backref=db.backref('answer_set'))
    content = db.Column(db.Text(), nullable=False)
    create_date = db.Column(db.DateTime(), nullable=False)
    user_id = db.Column(db.Integer, db.ForeignKey(
        'user.id', ondelete='CASCADE'), nullable=False)
    user = db.relationship('User', backref=db.backref('answer_set'))
(... 생략 ...)
```

> server_default 삭제 후 nullable은 False로 수정

이어서 migrate, upgrade 명령을 순서대로 수행하자.

```
C:\  명령 프롬프트                                               — □ ✕

(myproject) c:\projects\myproject>flask db migrate
INFO  [alembic.runtime.migration] Context impl SQLiteImpl.
INFO  [alembic.runtime.migration] Will assume non-transactional DDL.
INFO  [alembic.autogenerate.compare] Detected NOT NULL on column 'answer.user_id'
Generating c:\projects\myproject\migrations\versions\0fbf53a8e0af_.py ...  done

(myproject) c:\projects\myproject>flask db upgrade
INFO  [alembic.runtime.migration] Context impl SQLiteImpl.
INFO  [alembic.runtime.migration] Will assume non-transactional DDL.
INFO  [alembic.runtime.migration] Running upgrade f1503ea99f7c -> 0fbf53a8e0af,
empty message
```

질문, 답변 등록 시 user 필드 추가하기

Question, Answer 모델에 user 필드를 추가했으므로 질문, 답변 등록 기능
에도 user 필드를 반영해야 한다.

01단계 답변 등록 뷰 수정하기

먼저 답변 등록을 위한 뷰에서 Answer 모델 객체 answer를 생성할 때
user=g.user를 추가하자.

파일 이름 C:/projects/myproject/pybo/views/answer_views.py

```python
from datetime import datetime
from flask import Blueprint, url_for, request, render_template, g   ← 쉼표에 주의하여 입력하자
from werkzeug.utils import redirect
(... 생략 ...)

@bp.route('/create/<int:question_id>', methods=('POST',))
def create(question_id):
    form = AnswerForm()
```

```
        question = Question.query.get_or_404(question_id)
    if form.validate_on_submit():
        content = request.form['content']
        answer = Answer(content=content, create_date=datetime.now(), user=g.user)
        question.answer_set.append(answer)
        db.session.commit()
        return redirect(url_for('question.detail', question_id=question_id))
    return render_template('question / question_detail.html',
                            question = question, form = form)
```

g.user는 auth_views.py 파일의 @bp.before_app_request 애너테이션으로 만든 로그인한 사용자 정보이다.

02단계 질문 등록 뷰 수정하기

질문을 등록하는 부분도 마찬가지 방법으로 다음처럼 수정하자.

파일 이름 C:/projects/myproject/pybo/views/question_views.py

```
from datetime import datetime
from flask import Blueprint, render_template, request, url_for, g
from werkzeug.utils import redirect
(... 생략 ...)


@bp.route('/create/', methods=('GET', 'POST'))
def create():
    form = QuestionForm()
    if request.method == 'POST' and form.validate_on_submit():
        question = Question(subject=form.subject.data, content=form.content.data,
                            create_date=datetime.now(), user=g.user)
        db.session.add(question)
        db.session.commit()
        return redirect(url_for('main.index'))
    return render_template('question/question_form.html', form=form)
```

> 쉼표에 주의하여 입력하자

질문을 등록한 사용자는 현재 로그인한 계정이므로 Question 모델 객체를
생성할 때 user=g.user를 사용했다. 이제 로그인한 후에 질문과 답변을 등
록해 보자. 문제 없이 잘 등록된다.

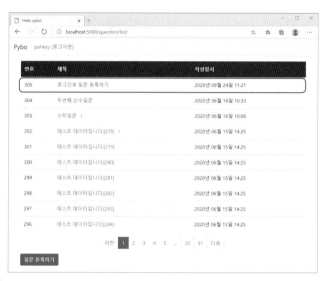

로그인 상태가 필요한 함수 추가하기

01단계 로그아웃 상태에서 질문, 답변 등록해 보기 - 오류 발생

로그아웃 상태에서 질문 또는 답변을 등록하면 다음과 같은 오류가 발생할
것이다. 로그아웃 상태에서 직접 오류를 발생시켜 보자.

```
sqlalchemy.exc.IntegrityError
sqlalchemy.exc.IntegrityError: (sqlite3.IntegrityError) NOT NULL constraint failed:
question.user_id
[SQL: INSERT INTO question (subject, content, create_date, user_id) VALUES (?, ?, ?,
?)]
...
```

> 웹 브라우저에서 확인

오류가 발생한 이유는 로그아웃했으므로 g.user의 값이 None이기 때문이
다. 이 문제를 해결하려면 로그아웃 상태에서 질문 또는 답변을 등록할 때
사용자를 로그인 페이지로 리다이렉트해야 한다. 그렇게 하려면 모든 질문,
답변 등록 함수의 시작 부분에 리다이렉트를 처리하기 위한 코드를 추가해

야 한다. 그리고 눈치챘겠지만 이 방식은 같은 코드가 중복되므로 무척 비효율적이다. 다행히도 이런 경우에는 '파이썬 데코레이터'를 사용하면 문제를 손쉽게 해결할 수 있다.

02단계 데코레이터 함수 생성해 보기

auth_views.py 파일에 `login_required`라는 이름의 데코레이터 함수를 생성하자.

파일 이름 C:/projects/myproject/pybo/views/auth_views.py

```python
import functools
(... 생략 ...)
def login_required(view):
    @functools.wraps(view)
    def wrapped_view(**kwargs):
        if g.user is None:
            return redirect(url_for('auth.login'))
        return view(**kwargs)
    return wrapped_view
```

코드에서 보듯 데코레이터 함수는 기존 함수를 감싸는 방법으로 간단히 만들 수 있다. 이제 다른 함수에 `@login_required` 애너테이션을 지정하면 `login_required` 데코레이터 함수가 먼저 실행된다. `login_required` 함수는 g.user가 있는지를 조사하여 없으면 로그인 URL로 리다이렉트 하고 g.user가 있으면 원래 함수를 그대로 실행할 것이다.

> 데코레이터 함수는 위키독스에서 자세히 공부해 보자.

> 클로저와 데코레이터 위키독스 공식 문서: wikidocs.net/83687

03단계 @login_required 애너테이션 적용해 보기

로그인이 필요한 함수에 `@login_required` 애너테이션을 적용해 보자. 우선 질문 등록 함수 create에 애너테이션을 등록하자.

파일 이름 C:/projects/myproject/pybo/views/question_views.py

```python
(... 생략 ...)
from pybo.views.auth_views import login_required
(... 생략 ...)
```

```
@bp.route('/create/', methods=('GET', 'POST'))
@login_required
def create():
    (... 생략 ...)
```

이어서 답변을 등록하는 함수 **create**에 애너테이션을 등록하자.

| 파일 이름 | C:/projects/myproject/pybo/views/answer_views.py |

```
(... 생략 ...)
from .auth_views import login_required
(... 생략 ...)


@bp.route('/create/<int:question_id>', methods=('POST',))
@login_required
def create(question_id):
    (... 생략 ...)
```

이제는 로그아웃 상태에서 질문, 답변 등록을 시도하면 로그인 화면으로 리다이렉트된다.

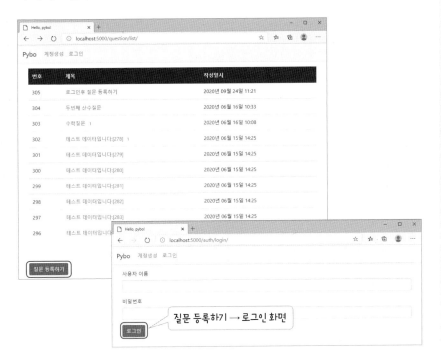

답변 등록하기 → 로그인 화면

로그아웃 상태에서 답변 등록 불가능하게 만들기

마지막으로 '로그아웃 상태에서 답변 등록을 할 수 있는 것처럼' 되어 있는
문제를 해결하자. 지금은 로그아웃 상태에서도 답변 글을 작성할 수는 있
다. 물론 앞에서 답변을 등록할 때 로그인 화면으로 이동하도록 만들어 놓
기는 했지만 처음부터 글 작성을 할 수 없게 만드는 것이 더 자연스럽다.

01단계 답변 작성 템플릿 수정하기

답변 작성 템플릿에서 textarea 엘리먼트가 로그인 상태가 아닌 경우
disabled를 지정하여 입력 자체를 하지 못하도록 다음과 같이 설정하자.

파일 이름 C:/projects/myproject/pybo/templates/question/question_detail.html

```
{% extends 'base.html' %}
{% block content %}
<div class="container my-3">
    (... 생략 ...)
    <form action="{{ url_for('answer.create', question_id=question.id) }}"
```

```
method="post" class="my-3">
        (... 생략 ...)
        <div class="form-group">
            <textarea {% if not g.user %}disabled{% endif %} name= "content"
            id="content" class="form-control" rows="10"></textarea>
        </div>
        <input type="submit" value="답변등록" class="btn btn-primary">
    </form>
</div>
{% endblock %}
```

이제 **disabled** 설정으로 textarea 엘리먼트가 비활성화될 것이다.

03-9 | 글쓴이 표시 기능 추가하기

앞서 Question 모델과 Answer 모델에 user 필드를 추가했다. 게시판의 게시물에는 '글쓴이'를 표시하는 것이 일반적이다. 질문 목록 조회, 질문 상세 조회 화면에 user 필드를 이용하여 글쓴이를 표시해 보자.

🧪 완성 소스
github.com/pahkey/
flaskbook/tree/3-09

질문 목록 조회 화면에 글쓴이 표시하기

01단계 질문 목록 조회 템플릿에 글쓴이 추가하기

글쓴이를 표시하기 위해 테이블에 글쓴이 항목을 추가하자.

😊 th 엘리먼트를 수정하면 된다.

> **파일 이름** C:/projects/myproject/pybo/templates/question/question_list.html

```
(... 생략 ...)
<tr class="text-center thead-dark">
    <th>번호</th>
    <th style="width:50%">제목</th>
    <th>글쓴이</th>
    <th>작성일시</th>
</tr>
(... 생략 ...)
```

`<th>글쓴이</th>`를 추가했다. 그리고 th 엘리먼트를 가운데 정렬하도록 tr 엘리먼트에 text-center 클래스를 추가하고 제목의 너비가 전체에서 50%를 차지하도록 style="width:50%"도 지정해 주었다. 이어서 for 문에도 글쓴이를 적용하자.

> **파일 이름** C:/projects/myproject/pybo/templates/question/question_list.html

```
(... 생략 ...)
{% for question in question_list.items %}
<tr class="text-center">
```

```
      <td>{{ question_list.total - ((question_list.page-1) * question_list.per_page)
- loop.index0 }}</td>
      <td class="text-left">
          <a href="{{ url_for('question.detail', question_id=question.id) }}">{{
question.subject }}</a>
          {% if question.answer_set|length > 0 %}
          <span class="text-danger small ml-2">{{ question.answer_set|length }}</span>
          {% endif %}
      </td>
      <td>{{ question.user.username }}</td>  <!-- 글쓴이 추가 -->
      <td>{{ question.create_date|datetime }}</td>
  </tr>
  {% endfor %}
  (... 생략 ...)
```

<td>{{ question.user.username }}</td>를 삽입하여 질문의 글쓴이를 표
시했다. 그리고 테이블 내용을 가운데 정렬하도록 tr 엘리먼트에 text-
center 클래스를 추가하고, 제목을 왼쪽 정렬하도록 text-left 클래스를 추
가했다. 질문 목록 조회 화면에 글쓴이가 추가되었다.

 질문 상세 조회 화면에 글쓴이 표시하기

01단계 **질문 상세 조회 템플릿에 글쓴이 표시하기**
질문 상세 조회 화면에도 질문 작성일시 바로 위에 글쓴이를 추가하자.

파일 이름   C:/projects/myproject/pybo/templates/question/question_detail.html

```
(... 생략 ...)
<div class="card-body">
    <div class="card-text" style="white-space: pre-line;">{{ question.content }}</div>
    <div class="d-flex justify-content-end">
        <div class="badge badge-light p-2 text-left">
            <div class="mb-2">{{ question.user.username }}</div>
            <div>{{ question.create_date | datetime }}</div>
        </div>
    </div>
</div>
(... 생략 ...)
```

> question 확인 후 아래에 표시된 코드 작성

글쓴이와 작성일시를 함께 보여 주도록 부트스트랩을 이용하여 여백과 정렬 등의 디자인도 살짝 변경했다.

02단계 답변에 글쓴이 표시 기능 추가하기

답변에도 글쓴이를 추가하자. 1단계와 마찬가지로 작성일시 바로 위에 글쓴이를 표시하면 된다.

파일 이름   C:/projects/myproject/pybo/templates/question/question_detail.html

```
(... 생략 ...)
<div class="card-body">
    <div class="card-text" style="white-space: pre-line;">{{ answer.content }}</
div>
    <div class="d-flex justify-content-end">
        <div class="badge badge-light p-2 text-left">
            <div class="mb-2">{{ answer.user.username }}</div>
            <div>{{ answer.create_date | datetime }}</div>
        </div>
    </div>
</div>
(... 생략 ...)
```

> answer 확인 후 아래에 표시된 코드 작성

질문 상세 조회 화면의 질문과 답변에 글쓴이가 추가되었다.

이번에는 작성한 게시물을 수정 & 삭제할 수 있는 기능을 추가할 것이다. 실습을 진행하다 보면 '비슷한 기능을 반복해서 구현한다는 느낌'을 받아 조금 지루할 수 있다. 하지만 게시물 수정 & 삭제 기능은 게시물 작성만큼 중요하다. 플라스크 개발 패턴을 연습할 수 있는 좋은 기회이므로 실습을 이해하며 따라가 보자.

완성 소스
github.com/pahkey/
flaskbook/tree/3-10

 모델 수정하기

`01단계` **Question, Answer 모델에 modify_date 필드 추가하기**

질문, 답변을 언제 수정했는지 확인할 수 있도록 Question 모델과 Answer 모델에 modify_date 필드를 추가하자.

> **파일 이름** C:/projects/myproject/pybo/models.py

```python
from pybo import db


class Question(db.Model):
    (... 생략 ...)
    modify_date = db.Column(db.DateTime(), nullable=True)


class Answer(db.Model):
    (... 생략 ...)
    modify_date = db.Column(db.DateTime(), nullable=True)


(... 생략 ...)
```

modify_date 필드에는 nullable=True를 지정하여 null을 허용하도록 했다. 수정일시는 수정이 발생할 경우에만 생성하므로 당연한 설정이다.

02단계 migrate, upgrade 명령 수행하기

모델이 변경되었으므로 migrate, upgrade 명령을 수행하자.

```
C:\  명령 프롬프트                                                    —  □  ×

(myproject) c:\projects\myproject>flask db migrate
INFO  [alembic.runtime.migration] Context impl SQLiteImpl.
INFO  [alembic.runtime.migration] Will assume non-transactional DDL.
INFO  [alembic.autogenerate.compare] Detected added column 'answer.modify_date'
INFO  [alembic.autogenerate.compare] Detected added column 'question. modify_date'
Generating c:\projects\myproject\migrations\versions\f4949234d626_.py ...  done

(myproject) c:\projects\myproject>flask db upgrade
INFO  [alembic.runtime.migration] Context impl SQLiteImpl.
INFO  [alembic.runtime.migration] Will assume non-transactional DDL.
INFO  [alembic.runtime.migration] Running upgrade 0fbf53a8e0af -> f4949234d626,
empty message
```

질문 수정 기능 추가하기

01단계 질문 수정 버튼 추가하기

질문 상세 조회 화면에 질문 수정 버튼을 추가하자.

> **파일 이름** C:/projects/myproject/pybo/templates/question/question_detail.html

```
(... 생략 ...)
<div class="card my-3">
    <div class="card-body">
        <div class="card-text" style="white-space: pre-line;">{{ question.content
}}</div>
        <div class="d-flex justify-content-end">
            <div class="badge badge-light p-2 text-left">
                <div class="mb-2">{{ question.user.username }}</div>
                <div>{{ question.create_date | datetime }}</div>
            </div>
        </div>
        {% if g.user == question.user %}
        <div class="my-3">
```

```
                <a href="{{ url_for('question.modify', question_id=question.id) }}"
                    class="btn btn-sm btn-outline-secondary">수정</a>
            </div>
            {% endif %}
        </div>
    </div>
    (... 생략 ...)
```

질문 수정 버튼은 로그인한 사용자와 글쓴이가 같은 경우에만 보여야 하므로 {% if g.user == question.user %}와 같이 추가했다.

> 로그인한 사용자와 글쓴이가 다르면 수정 버튼은 보이지 않는다.

02단계 질문 수정 라우트 함수 modify 만들기

질문 상세 조회 템플릿에 url_for('question.modify', question_id=question.id) URL이 추가되었으니 다음과 같은 modify 함수를 작성해야 한다.

> 파일 이름 C:/projects/myproject/pybo/views/question_views.py

```python
(... 생략 ...)
from flask import Blueprint, render_template, request, url_for, g, flash
(... 생략 ...)


@bp.route('/modify/<int:question_id>', methods=('GET', 'POST'))
@login_required
def modify(question_id):
    question = Question.query.get_or_404(question_id)
    if g.user != question.user:
        flash('수정권한이 없습니다')
        return redirect(url_for('question.detail', question_id=question_id))
    if request.method == 'POST':
        form = QuestionForm()
        if form.validate_on_submit():
            form.populate_obj(question)
            question.modify_date = datetime.now()  # 수정일시 저장
            db.session.commit()
            return redirect(url_for('question.detail', question_id=question_id))
```

> flash 함수는 강제로 오류를 발생시키는 함수로, 로직에 오류가 있을 경우 사용한다.

184   **Do it!** 점프 투 플라스크

```
                    ┌─ if request.method == 'POST':에 대응하는 else 문
else:
    form = QuestionForm(obj=question)
return render_template('question/question_form.html', form=form)
```

질문 수정은 로그인이 필요하므로 @login_required 애너테이션을 추가했다. 만약 로그인한 사용자와 질문의 작성자가 다르면 수정할 수 없도록 flash 오류를 발생시키는 코드도 추가했다.

modify 함수가 GET 방식으로 요청되는 경우는 〈질문수정〉 버튼을 눌렀을 때이다(question/question_form.html 템플릿 렌더링). 이때 이미 수정할 질문에 해당하는 '제목', '내용' 등의 데이터가 보여야 한다. 데이터베이스에서 조회한 데이터를 템플릿에 적용하는 가장 간단한 방법은 QuestionForm(obj=question)과 같이 조회한 데이터를 obj 매개변수에 전달하여 폼을 생성하는 것이다. 이렇게 하면 QuestionForm의 subject, content 필드에 question 객체의 subject, content의 값이 적용된다.

modify 함수가 POST 방식으로 요청되는 경우는 질문 수정 화면에서 데이터를 수정한 다음 〈저장하기〉 버튼을 눌렀을 경우이다. 그러면 form.validate_on_submit 함수에서 QuestionForm을 검증하는데, 아무 이상이 없으면 변경된 데이터를 저장한다. 데이터 변경을 위해 입력한 form.populate_obj(question)는 form 변수에 들어 있는 데이터(화면에 입력되어 있는 데이터)를 question 객체에 적용해 준다. 이어서 question 객체의 modify_date를 현재일시로 저장한다.

로그인한 후 질문을 수정해 보자. 이때 로그인한 사용자와 글쓴이가 같아야한다. 그렇지 않으면 〈수정〉 버튼이 보이지 않는다.

> 새 계정을 만들어 〈수정〉 버튼이 정말로 안 보이는지 테스트해 보자.

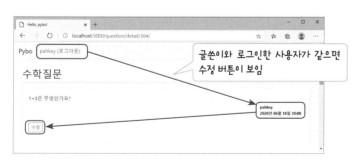

글쓴이와 로그인한 사용자가 같으면 수정 버튼이 보임

질문 삭제 기능 추가하기

01단계   질문 삭제 버튼 추가하기

이제 질문을 삭제하는 기능을 추가해 보자. 〈수정〉 버튼 바로 옆에 〈삭제〉
버튼을 추가하자.

> 〈삭제〉 버튼을 눌렀을
> 때 자바스크립트를 호출
> 하도록 class 속성으로 delete
> 를 추가했다.

파일 이름 C:/projects/myproject/pybo/templates/question/question_detail.html

```
(... 생략 ...)
{% if g.user == question.user %}
<div class="my-3">
    <a href="{{ url_for('question.modify', question_id=question.id) }}"
        class="btn btn-sm btn-outline-secondary">수정</a>
    <a href="#" class=" delete btn btn-sm btn-outline-secondary"
data-uri="{{ url_for('question.delete', question_id=question.id) }}">삭제</a>
</div>
{% endif %}
(... 생략 ...)
```

〈삭제〉 버튼은 〈수정〉 버튼과는 달리 href 속성값을 "#"로 설정했다. 그리
고 jQuery에서 $(this).data('uri')로 삭제를 실행하는 URL을 얻으려고
data-uri 속성도 추가했다.

02단계   질문 삭제 버튼에 jQuery 사용하기

삭제 기능에서 〈삭제〉 버튼을 구현할 때 '정말로 삭제하시겠습니까?'와 같
은 확인 창을 보여 주어야 한다. 이를 구현하려면 다음과 같은 코드가 필요
하다. 잠시 jQuery 코드를 적용해야 하는 단계이므로 손을 떼고 책을 읽어
보자.

```
<script type='text/javascript'>
$(document).ready(function(){
    $(".delete").on('click', function() { # 클래스값이 delete인 엘리먼트가 눌리면?
        if(confirm("정말로 삭제하시겠습니까?")) {  # 확인 창이 열림
            location.href = $(this).data('uri'); # data-uri 속성값으로 URL 호출
        }
    });
});
```

$(document).ready
함수는 화면이 나타난 이
후 자동으로 호출되는 jQuery
함수이다.

이 코드에서는 jQuery를 사용했다. jQuery가 생소할 수도 있다. 하지만 주
석을 참고하면 코드를 이해하는 데 어렵지 않을 것이다. 정리하자면 〈삭제〉
버튼을 누르면 확인 창이 나타나고, 확인 창에서 〈확인〉 버튼을 누르면 앞서
입력했던 data-uri 속성값으로 URL 호출이 실행된다. 〈취소〉 버튼을 누르
면 아무 일도 발생하지 않는다.

03단계 jQuery 실행을 위해 templates/base.html 파일 수정하기

jQuery는 jQuery 자바스크립트 파일을 불러온 다음 사용할 수 있다. 알다
시피 base.html 파일에 jQuery 로드 관련 코드가 추가되어 있다. 다만 템플
릿에서 jQuery를 사용할 수 있도록 base.html 파일을 약간 수정해야 한다.

파일 이름 C:/projects/myproject/pybo/templates/base.html

```
(... 생략 ...)
<!-- jQuery JS -->
<script src="{{ url_for('static', filename='jquery-3.4.1.min.js') }}"></script>
<!-- Bootstrap JS -->
<script src="{{ url_for('static', filename='bootstrap.min.js') }}"></script>
<!-- 자바스크립트 Start -->
{% block script %}         ◁── 코드 추가
{% endblock %}
<!-- 자바스크립트 End -->
</body>
</html>
```

`<script src="{{ url_for('static', filename='jquery-3.4.1.min.js')`
`}}"></script>` 이후에 `{% block script %}{% endblock %}`을 추가했다.
이렇게 하면 base.html 파일을 상속받는 템플릿이 이 블록을 구현하여
jQuery를 사용한 코드를 작성할 수 있다.

04단계 질문 템플릿에 삭제 알림 창 기능 추가하기

이제 question_detail.html 파일 아래에 `{% block script %}{% endblock %}` 블록을 추가하고 질문을 삭제할 수 있도록 코드를 추가하자.

> 파일 이름   C:/projects/myproject/pybo/templates/question/question_detail.html

```
(... 생략 ...)
{% endblock %}
{% block script %}          맨 아래에 추가
<script type='text/javascript'>
$(document).ready(function(){
    $(".delete").on('click', function() {
        if(confirm("정말로 삭제하시겠습니까?")) {
            location.href = $(this).data('uri');
        }
    });
});
</script>
{% endblock %}
```

05단계 질문 삭제 라우트 함수 delete 추가하기

앞서 질문 상세 템플릿에 작성한 **data-uri** 속성에 url_for('question.
delete', question_id=question.id) URL이 추가되었으므로 질문을 삭제
할 수 있도록 라우트 함수 **delete**를 추가해야 한다.

C:/projects/myproject/pybo/views/question_views.py

```
(... 생략 ...)
@bp.route('/delete/<int:question_id>')
@login_required
def delete(question_id):
    question = Question.query.get_or_404(question_id)
    if g.user != question.user:
        flash('삭제권한이 없습니다')
        return redirect(url_for('question.detail', question_id=question_id))
    db.session.delete(question)
    db.session.commit()
    return redirect(url_for('question._list'))
```

delete 함수 역시 로그인이 필요하므로 @login_required 애너테이션을 적용하고, 로그인한 사용자와 글쓴이가 같은 경우에만 질문을 삭제할 수 있도록 만들었다. 이제 질문 작성 사용자와 로그인 사용자가 같으면 질문 상세 조회 화면에 〈삭제〉 버튼이 나타날 것이다. 버튼을 눌러 기능을 확인해 보자.

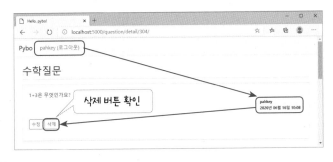

답변 수정 & 삭제 기능 추가하기

이번에는 답변 수정 & 삭제 기능을 추가하자. 질문 수정 & 삭제 기능과 거의 비슷한 구성으로 실습을 진행한다. 다만 답변 수정은 답변 등록 템플릿이 따로 없으므로 답변 수정에 사용할 템플릿이 추가로 필요하다.

답변 등록은 질문 상세 조회 화면 아래쪽에 텍스트 입력 창을 추가하여 만든 것이므로 질문 상세 조회 템플릿을 답변 수정용으로 사용하는 데는 적합하지 않다.

답변 수정 & 삭제 기능은 질문 수정 & 삭제 기능과 크게 차이 나지 않으므로 간단히 설명하고 넘어가겠다.

01단계 **답변 수정 버튼 추가하기**

답변 목록이 출력되는 부분에 답변 수정 버튼을 추가하자.

파일 이름 C:/projects/myproject/pybo/templates/question/question_detail.html

```
(... 생략 ...)
{% for answer in question.answer_set %}
<div class="card my-3">
    <div class="card-body">
        <div class="card-text" style="white-space: pre-line;">{{ answer.content
}}</div>
        <div class="d-flex justify-content-end">
            <div class="badge badge-light p-2 text-left">
                <div class="mb-2">{{ answer.user.username }}</div>
                <div>{{ answer.create_date|datetime }}</div>
            </div>
        </div>
        {% if g.user == answer.user %}
        <div class="my-3">
            <a href="{{ url_for('answer.modify', answer_id=answer.id) }}"
class="btn btn-sm btn-outline-secondary">수정</a>
        </div>
        {% endif %}
    </div>
</div>
{% endfor %}
(... 생략 ...)
```

02단계 **답변 수정 라우트 함수 modify 만들기**

url_for('answer.modify', answer_id=answer.id) URL이 추가되었으므로 answer_views.py 파일에 modify 함수를 추가하자.

```python
(... 생략 ...)
from flask import Blueprint, url_for, request, render_template, g, flash

(... 생략 ...)
@bp.route('/modify/<int:answer_id>', methods=('GET', 'POST'))
@login_required
def modify(answer_id):
    answer = Answer.query.get_or_404(answer_id)
    if g.user != answer.user:
        flash('수정권한이 없습니다')
        return redirect(url_for('question.detail', question_id=answer.question.id))
    if request.method == "POST":
        form = AnswerForm()
        if form.validate_on_submit():
            form.populate_obj(answer)
            answer.modify_date = datetime.now()  # 수정일시 저장
            db.session.commit()
            return redirect(url_for('question.detail',
                                    question_id=answer.question.id))
    else:
        form = AnswerForm(obj=answer)
    return render_template('answer/answer_form.html', answer=answer, form=form)
```

03단계 답변 수정 폼 작성하기

답변 수정에 사용할 answer_form.html 파일은 다음처럼 작성해야 한다.

```
{% extends 'base.html' %}
{% block content %}
<div class="container my-3">
    <form method="post" class="post-form">
        {{ form.csrf_token }}
        {% include "form_errors.html" %}
```

templates 디렉터리 안에 answer 디렉터리 생성 후 answer_form.html 파일 생성

```
        <div class="form-group">
            <label for="content">답변내용</label>
            <textarea class="form-control" name="content" id="content"
rows="10">{{ form.content.data or '' }}</textarea>
        </div>
        <button type="submit" class="btn btn-primary">저장하기</button>
    </form>
</div>
{% endblock %}
```

질문과 마찬가지로 답변도 등록한 사용자와 로그인한 사용자가 같아야 〈수정〉 버튼이 나타난다. 답변을 작성한 뒤 〈수정〉 버튼을 누르면 답변 수정이 완료된다.

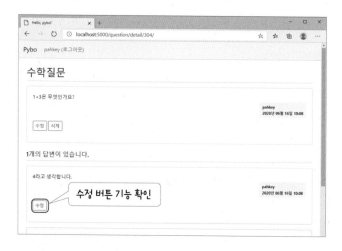

04단계 질문 상세 조회 템플릿에 답변 삭제 버튼 추가하기

질문 상세 조회 템플릿에서 〈수정〉 버튼 바로 아래에 〈삭제〉 버튼을 다음처럼 추가하자.

파일 이름 C:/projects/myproject/pybo/templates/question/question_detail.html

```
(... 생략 ...)
{% for answer in question.answer_set %}
<div class="card my-3">
    <div class="card-body">
```

```
        (... 생략 ...)
        {% if g.user == answer.user %}
        <div class="my-3">
            <a href="{{ url_for('answer.modify', answer_id=answer.id) }}"
class="btn btn-sm btn-outline-secondary">수정</a>
            <a href="#" class="delete btn btn-sm btn-outline-secondary"
data-uri="{{ url_for('answer.delete', answer_id=answer.id) }}">삭제</a>
        </div>
        {% endif %}
    </div>
</div>
{% endfor %}
(... 생략 ...)
```

질문의 〈삭제〉 버튼과 마찬가지로 클래스값이 delete이므로 data-uri 속성
에 설정된 URL이 실행된다.

05단계 **답변 삭제 함수 만들기**

url_for('answer.delete', answer_id=answer.id) URL이 추가되었으므
로 answer_views.py 파일에 delete 함수를 작성하자.

파일 이름 C:/projects/myproject/pybo/views/answer_views.py

```
(... 생략 ...)
@bp.route('/delete/<int:answer_id>')
@login_required
def delete(answer_id):
    answer = Answer.query.get_or_404(answer_id)
    question_id = answer.question.id
    if g.user != answer.user:
        flash('삭제권한이 없습니다')
    else:
        db.session.delete(answer)
        db.session.commit()
    return redirect(url_for('question.detail', question_id=question_id))
```

delete 함수 역시 로그인이 필요하므로 @login_required 애너테이션을 추
가했다. 이제 상세 조회 화면에서 답변을 작성한 사용자와 로그인한 사용자
가 같으면 〈삭제〉 버튼이 나타날 것이다.

수정일시 표시하기

마지막으로 질문 상세 조회 화면에서 수정일시를 확인할 수 있도록 템플릿
을 수정해 보자.

01단계 작성일시 왼쪽에 수정일시 추가하기

질문과 답변에는 이미 작성일시를 표시하고 있다. 작성일시 바로 왼쪽에 수
정일시를 추가하자.

파일 이름	C:/projects/myproject/pybo/templates/question/question_detail.html

```
(... 생략 ...)
<div class="container my-3">
    <h2 class="border-bottom py-2">{{ question.subject }}</h2>
    <div class="card my-3">
        <div class="card-body">
            <div class="card-text" style="white-space: pre-line;">{{ question.
content }}</div>
            <div class="d-flex justify-content-end">
                {% if question.modify_date %}
```

```html
                    <div class="badge badge-light p-2 text-left mx-3">
                        <div class="mb-2">modified at</div>
                        <div>{{ question.modify_date|datetime }}</div>
                    </div>
                    {% endif %}
                    <div class="badge badge-light p-2 text-left">
                        <div class="mb-2">{{ question.user.username }}</div>
                        <div>{{ question.create_date |datetime }}</div>
                    </div>
                </div>
                (... 생략 ...)
            </div>
        </div>
        <h5 class="border-bottom my-3 py-2">{{ question.answer_set|length }}개의 답변이
있습니다.</h5>
        {% for answer in question.answer_set %}
        <div class="card my-3">
            <div class="card-body">
                <div class="card-text" style="white-space: pre-line;">{{ answer.content
}}</div>
                <div class="d-flex justify-content-end">
                    {% if answer.modify_date %}
                    <div class="badge badge-light p-2 text-left mx-3">
                        <div class="mb-2">modified at</div>
                        <div>{{ answer.modify_date|datetime }}</div>
                    </div>
                    {% endif %}
                    (... 생략 ...)
                </div>
                (... 생략 ...)
            </div>
        </div>
        {% endfor %}
(... 생략 ...)
```

이제 질문이나 답변을 수정하면 다음처럼 수정일시가 표시될 것이다.

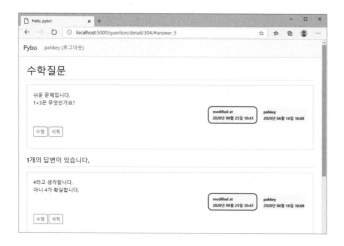

03-11 댓글 기능 추가하기

이제 질문과 답변에 댓글 기능을 추가해 보자. 댓글 기능을 추가하다 보면 파이보가 완벽한 게시판 서비스에 가까워지는 느낌이 더 확실해질 것이다.

완성 소스
github.com/pahkey/
flaskbook/tree/3-11

 댓글에 사용할 모델 만들기

01단계 Comment 모델 만들기

댓글에 사용할 Comment 모델을 작성하자. 필드가 꽤 많으므로 누락되지 않도록 주의하며 입력하자.

> 질문 또는 답변을 데이 터베이스에서 삭제하면 연관된 댓글도 삭제될 수 있도 록 ondelete='CASCADE' 옵션도 설정했다.

파일 이름 C:/projects/myproject/pybo/models.py

```python
(... 생략 ...)
class Comment(db.Model):
    id = db.Column(db.Integer, primary_key=True)
    user_id = db.Column(db.Integer, db.ForeignKey(
        'user.id', ondelete='CASCADE'), nullable=False)
    user = db.relationship('User', backref=db.backref('comment_set'))
    content = db.Column(db.Text(), nullable=False)
    create_date = db.Column(db.DateTime(), nullable=False)
    modify_date = db.Column(db.DateTime())
    question_id = db.Column(db.Integer, db.ForeignKey(
        'question.id', ondelete='CASCADE'), nullable=True)
    question = db.relationship('Question', backref=db.backref('comment_set'))
    answer_id = db.Column(db.Integer, db.ForeignKey(
        'answer.id', ondelete='CASCADE'), nullable=True)
    answer = db.relationship('Answer', backref=db.backref('comment_set'))
```

Comment 모델의 필드 구성은 다음과 같다.

필드	설명
id	댓글 고유번호
user_id	댓글 작성자(User 모델과 관계를 가짐)
content	댓글 내용
create_date	댓글 작성일시
modify_date	댓글 수정일시
question_id	댓글의 질문(Question 모델과 관계를 가짐)
answer_id	댓글의 답변(Answer 모델과 관계를 가짐)

질문에 댓글을 작성하면 question_id 필드에 값이 저장되고, 답변에 댓글이 작성되면 answer_id 필드에 값이 저장된다. 다시 말해 Comment 모델의 데이터에는 question_id 필드 또는 answer_id 필드 중 하나에만 값이 저장되므로 두 필드는 모두 nullable=True여야 한다.

02단계 migrate, upgrade 명령 수행하기

Comment 모델이 추가되었으므로 migrate, upgrade 명령을 수행하자.

```
C:\_ 명령 프롬프트                                         –  □  ✕

(myproject) c:\projects\myproject>flask db migrate
INFO  [alembic.runtime.migration] Context impl SQLiteImpl.
INFO  [alembic.runtime.migration] Will assume non-transactional DDL.
INFO  [alembic.autogenerate.compare] Detected added table 'comment'
Generating c:\projects\myproject\migrations\versions\7b16c6a315a3_.py ...  done

(myproject) c:\projects\myproject>flask db upgrade
INFO  [alembic.runtime.migration] Context impl SQLiteImpl.
INFO  [alembic.runtime.migration] Will assume non-transactional DDL.
INFO  [alembic.runtime.migration] Running upgrade f4949234d626 -> 7b16c6a315a3,
empty message
```

질문 댓글 기능 추가하기

질문 댓글 기능을 추가해 보자. 이제 플라스크에 새 기능을 추가하는 패턴에 익숙해졌을 것이다. 실습을 조금 빠르게 진행해 보자.

01단계 **질문 상세 조회 템플릿에 댓글 목록과 댓글 입력 링크 추가하기**

질문 상세 조회 템플릿에 댓글 목록과 댓글 입력 링크를 추가하자.

> div class="comment
> py-2 text-muted"에
> 서 comment는 styles.css
> 의 글씨를 작게 표시해 주기 위
> 한 설정이다.

파일 이름	C:/projects/myproject/pybo/templates/question/question_detail.html

```html
(... 생략 ...)
<div class="container my-3">
    <h2 class="border-bottom py-2">{{ question.subject }}</h2>
    <div class="card my-3">
        <div class="card-body">
            (... 생략 ...)
            {% endif %}
            <!-- 질문 댓글 Start -->
            {% if question.comment_set|length > 0 %}
            <div class="mt-3">
            {% for comment in question.comment_set %}
                <div class="comment py-2 text-muted">
                    <span style="white-space: pre-line;">{{ comment.content }}</span>
                    <span>
                        - {{ comment.user.username }}, {{ comment.create_date|datetime }}
                        {% if comment.modify_date %}
                        (수정:{{ comment.modify_date|datetime }})
                        {% endif %}
                    </span>
                    {% if g.user == comment.user %}
                    <a href="{{ url_for('comment.modify_question', comment_id=comment.id) }}" class="small">수정</a>,
                    <a href="#" class="small delete" data-uri="{{ url_for('comment.delete_question', comment_id=comment.id) }}">삭제</a>
                    {% endif %}
```

> 1번째 <div class="card-body"> 안
> 에서 맨 마지막 위치에 작성

```
                </div>
            {% endfor %}
            </div>
            {% endif %}
            <div>
                <a href="{{ url_for('comment.create_question',
question_id=question.id) }}" class="small"><small>댓글 추가 ..</small></a>
            </div>
            <!-- 질문 댓글 End -->
        </div>
    </div>
(... 생략 ...)
```

질문에 등록된 댓글을 보여 주도록 {% for comment in question.comment_
set %}부터 {% endfor %} 사이에 댓글 내용과 작성자, 작성일시, 수정일시
를 입력했다. 또 댓글 작성자와 로그인한 사용자가 같으면 '수정', '삭제' 링
크가 보이도록 했다. for 문 바깥쪽에는 댓글을 작성할 수 있는 '댓글 추가..'
링크도 추가했다.

수정일시는 수정을 한 경우에 나타난다.

'코드를 자세히 보면 for 문으로 표시되는 댓글(div 엘리먼트)에 클래스값
으로 comment를 지정했다. comment 클래스는 댓글을 작게 보여 주는 클래스
로 CSS를 별도로 작성해야 한다.

02단계 comment 클래스의 CSS 작성하기

지금까지 빈 파일로 남아 있던 style.css를 사용할 차례이다. 댓글마다 상단
에 점선을 추가하고, 글꼴 크기를 0.7em으로 설정하도록 CSS를 작성하자.

| 파일 이름 | C:/projects/myproject/pybo/static/style.css |

```css
.comment {
    border-top:dotted 1px #ddd;
    font-size:0.7em;
}
```

03단계 질문 댓글 폼 작성하기

댓글을 등록할 때 사용할 CommentForm 클래스를 forms.py 파일에 추가하자.

파일 이름 `C:/projects/myproject/pybo/forms.py`

```
(... 생략 ...)
class CommentForm(FlaskForm):
    content = TextAreaField('내용', validators=[DataRequired()])
```

댓글은 content 필드 하나면 충분하다.

04단계 질문 댓글 등록 함수 만들기

comment_views.py 파일을 새로 만든 다음, 질문 상세 조회 템플릿에서 '댓글추가..' 링크에 해당하는 create_question 함수를 작성하자.

파일 이름 `C:/projects/myproject/pybo/views/comment_views.py`

```python
from datetime import datetime

from flask import Blueprint, url_for, request, render_template, g
from werkzeug.utils import redirect

from pybo import db
from pybo.forms import CommentForm
from pybo.models import Question, Comment
from pybo.views.auth_views import login_required

bp = Blueprint('comment', __name__, url_prefix='/comment')


@bp.route('/create/question/<int:question_id>', methods=('GET', 'POST'))
@login_required
def create_question(question_id):
    form = CommentForm()
    question = Question.query.get_or_404(question_id)
    if request.method == 'POST' and form.validate_on_submit():
        comment = Comment(user=g.user, content=form.content.data,
                          create_date=datetime.now(), question=question)
```

```
            db.session.add(comment)
            db.session.commit()
            return redirect(url_for('question.detail', question_id=question_id))
    return render_template('comment/comment_form.html', form=form)
```

질문, 답변에서 작성했던 함수의 작성 방법과 유사하므로 자세한 설명은 생
략한다. 한 가지 주의할 점은, 질문에 달린 댓글이므로 Comment 모델 객체를
생성할 때 question 필드에 값을 설정한 점이다.

> 😊 만약 답변에 달린 댓글
> 이라면 answer 필드에
> 값을 설정해야 한다.

05단계 블루프린트 추가하기

comment_views.py 파일에 블루프린트 bp = Blueprint('comment', __
name__, url_prefix='/comment')를 추가했으므로 pybo/__init__.py 파
일에 블루프린트를 등록해야 한다.

> **파일 이름** C:/projects/myproject/pybo/__init__.py

```
(... 생략 ...)


def create_app():
    (... 생략 ...)


    # 블루프린트
    from .views import main_views, question_views, answer_views, auth_views, \
        comment_views
    app.register_blueprint(main_views.bp)
    app.register_blueprint(question_views.bp)
    app.register_blueprint(answer_views.bp)
    app.register_blueprint(auth_views.bp)
    app.register_blueprint(comment_views.bp)
    (... 생략 ...)
```

질문 댓글 템플릿 작성하기

댓글을 등록할 수 있도록 comment_form.html 템플릿을 작성하자.

파일 이름 C:/projects/myproject/pybo/templates/comment/comment_form.html

> comment 디렉터리 생성

```html
{% extends 'base.html' %}
{% block content %}
<div class="container my-3">
    <h5 class="border-bottom pb-2">댓글등록하기</h5>
    <form method="post" class="post-form my-3">
        {{ form.csrf_token }}
        {% include "form_errors.html" %}
        <div class="form-group">
            <label for="content">댓글내용</label>
            <textarea class="form-control"name="content" id="content"
rows="3">{{ form.content.data or '' }}</textarea>
        </div>
        <button type="submit" class="btn btn-primary">저장하기</button>
    </form>
</div>
{% endblock %}
```

질문 댓글 수정 함수 만들기

이어서 댓글을 수정할 수 있도록 url_for('comment.modify_question', comment_id=comment.id) URL에 매핑되는 modify_question 함수를 작성하자.

파일 이름 C:/projects/myproject/pybo/views/comment_views.py

```python
(... 생략 ...)
from flask import Blueprint, url_for, request, render_template, g, flash
(... 생략 ...)


@bp.route('/modify/question/<int:comment_id>', methods=('GET', 'POST'))
@login_required
def modify_question(comment_id):
    comment = Comment.query.get_or_404(comment_id)
```

```
        if g.user != comment.user:
            flash('수정권한이 없습니다')
            return redirect(url_for('question.detail',
                                    question_id=comment.question.id))
    if request.method == 'POST':
        form = CommentForm()
        if form.validate_on_submit():
            form.populate_obj(comment)
            comment.modify_date = datetime.now()  # 수정일시 저장
            db.session.commit()
            return redirect(url_for('question.detail',
                                    question_id=comment.question.id))
    else:
        form = CommentForm(obj=comment)
    return render_template('comment/comment_form.html', form=form)
```

댓글 등록 함수와 구성은 크게 다르지 않다. GET 방식으로 요청할 경우 기존 댓글을 조회하여 반환한다. POST 방식으로 요청할 경우 폼에서 받은 내용으로 댓글을 업데이트한다. 물론 댓글 수정이므로 `modify_date` 필드의 값도 업데이트한다.

08단계 질문 댓글 삭제 함수 만들기

댓글을 삭제하는 `url_for('comment.delete_question', comment_id=comment.id)` URL에 매핑되는 `delete_question` 함수를 작성하자.

| 파일 이름 | C:/projects/myproject/pybo/views/comment_views.py |

```
(... 생략 ...)
@bp.route('/delete/question/<int:comment_id>')
@login_required
def delete_question(comment_id):
    comment = Comment.query.get_or_404(comment_id)
    question_id = comment.question.id
    if g.user != comment.user:
        flash('삭제권한이 없습니다')
        return redirect(url_for('question.detail', question_id=question_id))
```

```
        db.session.delete(comment)
        db.session.commit()
        return redirect(url_for('question.detail', question_id=question_id))
```

댓글을 삭제한 다음에는 다시 질문 상세 조회 화면으로 돌아갈 수 있도록 리다이렉트했다. 이제 질문 상세 조회 화면에 '댓글추가..' 링크가 나타날 것이다. 링크를 눌러 댓글을 추가해 보자. 수정, 삭제도 정상으로 동작하는지 확인해 보자.

답변 댓글 기능 추가하기

답변 댓글 기능을 추가하는 과정은 질문 댓글 기능을 추가하는 과정과 크게 차이가 나지 않는다. 실습을 빠르게 진행하자.

01단계 질문 상세 조회 템플릿에 답변 목록과 답변 댓글 입력 링크 추가하기

질문 상세 조회 템플릿을 다음과 같이 수정하자.

| 파일 이름 | C:/projects/myproject/pybo/templates/question/question_detail.html |

```
(... 생략 ...)
    {% for answer in question.answer_set %}
    <div class="card my-3">
        <div class="card-body">
            (... 생략 ...)
            {% endif %}
            <!-- 답변 댓글 Start -->
```

2번째 〈div class="card-body"〉 안에서 맨 마지막 위치에 작성

```
            {% if answer.comment_set|length > 0 %}
            <div class="mt-3">
            {% for comment in answer.comment_set %}
                <div class="comment py-2 text-muted">
                    <span style="white-space: pre-line;">{{ comment.content }}</
span>
                    <span>
                        - {{ comment.user.username }}, {{ comment.create_date|date
time }}
                        {% if comment.modify_date %}
                        (수정:{{ comment.modify_date|datetime }})
                        {% endif %}
                    </span>
                    {% if g.user == comment.user %}
                    <a href="{{ url_for('comment.modify_answer', comment_id=comment.id)
}}" class="small">수정</a>,
                    <a href="#" class="small delete"
data-uri="{{ url_for('comment.delete_answer', comment_id=comment.id) }}">삭제</a>
                    {% endif %}
                </div>
            {% endfor %}
            </div>
            {% endif %}
            <div>
                <a href="{{ url_for('comment.create_answer', answer_id=answer.id)
}}" class="small"><small>댓글 추가 ..</small></a>
            </div>
            <!-- 답변 댓글 End -->
        </div>
    </div>
    {% endfor %}
(... 생략 ...)
```

코드는 질문 댓글 기능 추가하기 실습할 때 사용한 것과 비슷하다. 다만 question.comment_set 대신 answer.comment_set를 사용한 점은 다르다.

답변 댓글 추가, 수정, 삭제 시 호출되는 URL 함수명도 살짝 다르다.

02단계 답변 댓글 등록, 수정, 삭제 함수 추가하기

답변 댓글에 사용한 등록, 수정, 삭제 함수(create_answer, modify_answer, delete_answer)는 질문 댓글에 사용한 것과 크게 차이 나지 않으므로 한번에 알아보기로 하자.

파일 이름 C:/projects/myproject/pybo/views/comment_views.py

```
(... 생략 ...)
from pybo.models import Question, Comment, Answer
(... 생략 ...)
@bp.route('/create/answer/<int:answer_id>', methods=('GET', 'POST'))
@login_required
def create_answer(answer_id):
    form = CommentForm()
    answer = Answer.query.get_or_404(answer_id)
    if request.method == 'POST' and form.validate_on_submit():
        comment = Comment(user=g.user, content=form.content.data,
                        create_date=datetime.now(), answer=answer)
        db.session.add(comment)
        db.session.commit()
        return redirect(url_for('question.detail', question_id=answer.question.id))
    return render_template('comment/comment_form.html', form=form)


@bp.route('/modify/answer/<int:comment_id>', methods=('GET', 'POST'))
@login_required
def modify_answer(comment_id):
    comment = Comment.query.get_or_404(comment_id)
    if g.user != comment.user:
        flash('수정권한이 없습니다')
        return redirect(url_for('question.detail', question_id=comment.answer.id))
    if request.method == 'POST':
        form = CommentForm()
        if form.validate_on_submit():
            form.populate_obj(comment)
```

```
                comment.modify_date = datetime.now()  # 수정일시 저장
                db.session.commit()
                return redirect(url_for('question.detail',
                                        question_id=comment.answer.question.id))
        else:
            form = CommentForm(obj=comment)
        return render_template('comment/comment_form.html', form=form)



@bp.route('/delete/answer/<int:comment_id>')
@login_required
def delete_answer(comment_id):
    comment = Comment.query.get_or_404(comment_id)
    question_id = comment.answer.question.id
    if g.user != comment.user:
        flash('삭제권한이 없습니다')
        return redirect(url_for('question.detail', question_id=question_id))
    db.session.delete(comment)
    db.session.commit()
    return redirect(url_for('question.detail', question_id=question_id))
```

질문 댓글 함수들과 거의 차이가 없다. 다만 답변 댓글은 question_id 필드
의 값을 알기 위해 comment.answer.question.id와 같이 answer를 사용해
서 question에 접근하고 있다. 이제 질문 상세 조회 화면의 답변 부분에도
'댓글추가..' 링크가 나타날 것이다. 링크를 눌러 댓글을 추가해 보자. 수정,
삭제도 정상으로 동작하는지 확인해 보자.

03-12 추천 기능 추가하기

커뮤니티 성격의 게시판 서비스라면 '추천(좋아요)' 기능은 필수다. 여기서는 추천 기능을 만들어 본다.

완성 소스
github.com/pahkey/
flaskbook/tree/3-12

Question, Answer 모델 변경하기 - 다대다 관계

'추천'은 질문이나 답변에 적용해야 하는 요소이다. 그러려면 Question, Answer 모델에 '추천인'이라는 필드를 추가해야 한다. 게시판 서비스를 사용해 봤다면 글 1개에 여러 명이 추천할 수 있고, 반대로 1명이 여러 개의 글을 추천할 수 있다는 것을 쉽게 알 수 있다. 그리고 이런 경우에는 모델의 다대다^{ManyToMany} 관계를 사용해야 한다.

01단계 테이블 객체 question_voter 생성하기

SQLAlchemy에 다대다 관계를 적용하도록 계정과 질문이 한 쌍을 이루는 테이블 객체 question_voter를 생성하자.

파일 이름 **C:/projects/myproject/pybo/models.py**

```
from pybo import db

question_voter = db.Table(
    'question_voter',
    db.Column('user_id', db.Integer, db.ForeignKey(
        'user.id', ondelete='CASCADE'), primary_key=True),
    db.Column('question_id', db.Integer, db.ForeignKey(
        'question.id', ondelete='CASCADE'), primary_key=True)
)
(... 생략 ...)
```

여기서 테이블 객체란 다대다 관계를 정의하려고 db.Table 클래스로 정의
되는 객체를 말한다. question_voter는 user_id와 question_id 모두 기본
키이므로 다대다 관계가 성립되는 테이블이다.

이 코드는 다음과 같이 구성된 question_voter 테이블을 만든다. 이후 진행
하는 실습을 이해할 수 있도록 테이블 구성을 반드시 읽어 보자. 테이블 구
성에서 1개의 계정(user_id가 1인 계정을 보라)에 질문이 여러 개일 수 있
다는 것과, 반대로 1개의 질문(question_id가 1인 질문을 보라)에 계정이
여러 개일 수 있다는 구조를 이해해야 한다.

user_id	question_id
1	1
1	2
1	3
2	1
2	2
2	3

당연하지만 다음처럼 중복 데이터는 가질 수 없다. 여러 데이터를 가질 수
있다는 것일 뿐지 중복 데이터를 가질 수 있다고 오해하면 안 된다. 만약 중
복 데이터를 저장하려고 시도하면 데이터베이스에서 오류가 발생한다.

user_id	question_id
1	1
1	1

02단계 Question 모델에 voter 필드 추가하기

Question 모델에는 다음처럼 voter 필드를 추가하자.

파일 이름 C:/projects/myproject/pybo/models.py

```
(... 생략 ...)

class Question(db.Model):
    id = db.Column(db.Integer, primary_key=True)
    subject = db.Column(db.String(200), nullable=False)
```

```
content = db.Column(db.Text(), nullable=False)

create_date = db.Column(db.DateTime(), nullable=False)

user_id = db.Column(db.Integer, db.ForeignKey(
    'user.id', ondelete='CASCADE'), nullable=False)

user = db.relationship('User', backref=db.backref('question_set'))

modify_date = db.Column(db.DateTime(), nullable=True)

voter = db.relationship('User', secondary=question_voter,
                        backref=db.backref('question_voter_set'))
```

voter 필드는 user 필드와 똑같이 User 모델의 relationship으로 만든다.
다만 secondary 설정을 했다는 차이점이 있다. secondary 설정은 'voter가
다대다 관계며, question_voter 테이블을 참조한다'는 사실을 알려 준다.
또 backref를 question_voter_set로 설정했다. 이 설정은 만약 어떤 계정
이 a_user라는 객체로 참조되면 a_user.question_voter_set으로 해당 계
정이 추천한 질문 리스트를 구할 수 있게 만들어 준다.

한 가지 주의할 점은 relationship의 backref 설정에 사용하는 이름은 중
복되면 안 된다는 점이다. 예를 들어 Question 모델에는 이미 user 필드의
backref 설정에 question_set이라는 이름을 사용했으므로 voter 필드의
backref 설정에는 question_set를 사용할 수 없다.

03단계 테이블 객체 answer_voter 생성 후 Answer 모델 수정하기

마찬가지 방법으로 테이블 객체 answer_voter를 추가한 다음 Answer 모델
에 voter 필드를 추가하자.

파일 이름 C:/projects/myproject/pybo/models.py

```
(... 생략 ...)

answer_voter = db.Table(
    'answer_voter',
    db.Column('user_id', db.Integer, db.ForeignKey(
        'user.id', ondelete='CASCADE'), primary_key=True),
    db.Column('answer_id', db.Integer, db.ForeignKey(
        'answer.id', ondelete='CASCADE'), primary_key=True)
)
```

```
(... 생략 ...)

class Answer(db.Model):
    id = db.Column(db.Integer, primary_key=True)
    question_id = db.Column(db.Integer, db.ForeignKey(
        'question.id', ondelete='CASCADE'))
    question = db.relationship('Question', backref=db.backref('answer_set'))
    content = db.Column(db.Text(), nullable=False)
    create_date = db.Column(db.DateTime(), nullable=False)
    user_id = db.Column(db.Integer, db.ForeignKey(
        'user.id', ondelete='CASCADE'), nullable=False)
    user = db.relationship('User', backref=db.backref('answer_set'))
    modify_date = db.Column(db.DateTime(), nullable=True)
    voter = db.relationship('User', secondary=answer_voter,
                            backref=db.backref('answer_voter_set'))
(... 생략 ...)
```

04단계 migrate, upgrade 명령 수행하기

모델이 변경되었으므로 migrate, upgrade 명령을 수행하자.

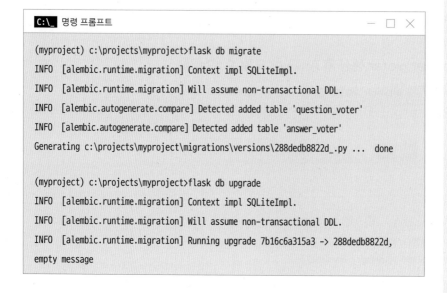

```
(myproject) c:\projects\myproject>flask db migrate
INFO  [alembic.runtime.migration] Context impl SQLiteImpl.
INFO  [alembic.runtime.migration] Will assume non-transactional DDL.
INFO  [alembic.autogenerate.compare] Detected added table 'question_voter'
INFO  [alembic.autogenerate.compare] Detected added table 'answer_voter'
Generating c:\projects\myproject\migrations\versions\288dedb8822d_.py ...  done

(myproject) c:\projects\myproject>flask db upgrade
INFO  [alembic.runtime.migration] Context impl SQLiteImpl.
INFO  [alembic.runtime.migration] Will assume non-transactional DDL.
INFO  [alembic.runtime.migration] Running upgrade 7b16c6a315a3 -> 288dedb8822d,
empty message
```

질문 추천 기능 만들기

모델 변경을 완료했으니 이제 질문 추천 기능을 만들어 보자. 질문 추천을 할 수 있는 위치는 어디일까? 그렇다. 질문 상세 조회 화면이다. 질문 상세 조회 템플릿을 수정하자.

01단계 질문 추천 버튼 만들기

지금부터 질문 상세 조회 템플릿의 구조를 꽤 많이 변경할 것이다. 클래스 값 row, col-1, col-11을 이용하여 추천 영역의 너비는 전체 너비의 1/12로, 질문 영역의 너비는 전체 너비의 11/12로 만들자. 추천 영역에는 질문 추천 개수, 〈추천〉 버튼을 추가한다. 질문 영역은 기존 내용을 그대로 복사하면 된다. 만약 HTML 작성을 처음 한다면 이 과정이 어려울 수 있다. 코드를 잘 보고 따라 입력하자.

> row, col-1, col-11의 자세한 내용은 부트스트랩의 Grid System 공식 문서를 참고하자.
>
> 부트스트랩 Grid System 공식 문서: getbootstrap.com/docs/4.4/layout/grid
>
> 소스가 복잡하므로 github.com/pahkey/flaskbook/tree/3-12를 참고하기 바란다.

파일 이름	C:/projects/myproject/pybo/templates/question/question_detail.html

```
{% extends 'base.html' %}
{% block content %}
<div class="container my-3">
    <h2 class="border-bottom py-2">{{ question.subject }}</h2>
    <div class="row my-3">
        <div class="col-1"> <!-- 추천영역 -->
            <div class="bg-light text-center p-3 border font-weight-bolder mb-1">{{
question.voter|length }}</div>
            <a href="#" data-uri="{{ url_for('vote.question', question_id=question.
id) }}" class="recommend btn btn-sm btn-secondary btn-block my-1">추천</a>
        </div>
        <div class="col-11"> <!-- 질문영역 -->
            <!-- 기존내용 -->
            <div class="card">
                <div class="card-body">
                    (... 생략 ...)
                </div>
            </div>
        </div>
    </div>
```

> 〈div class="col-11"〉과 〈/div〉 사이에 기존 〈div class="card my-3"〉을 집어 넣고 〈div class="card my-3"〉에서 my-3 삭제

```
                                    ┌─ 누락 주의
        </div>
        <h5 class="border-bottom my-3 py-2">{{ question.answer_set|length }}개의 답변이
있습니다.</h5>
        {% for answer in question.answer_set %}
(... 생략 ...)
```

02단계 추천 버튼 확인 창 만들기

〈추천〉 버튼을 눌렀을 때 '정말로 추천하시겠습니까?'라는 확인 창이 나타
나야 하므로 다음 코드를 추가하자.

> **파일 이름** C:/projects/myproject/pybo/templates/question/question_detail.html

```
(... 생략 ...)
{% block script %}
<script type="text/javascript'>
$(document).ready(function(){
    (... 생략 ...)
    $(".recommend").on('click', function() {    ┌─ $(document) 안에 작성
        if(confirm("정말로 추천하시겠습니까?")) {
            location.href = $(this).data('uri');
        }
    });
});
</script>
{% endblock %}
```

〈추천〉 버튼에 class="recommend"가 적용되어 있으므로 해당 엘리먼트를
찾아주는 jQuery 코드 $(".recommend")를 이용했다. 또한 확인 창에서 〈확
인〉을 누르면 data-uri 속성에 정의한 URL이 호출되도록 했다.

03단계 질문 추천 함수 만들기

추천 등록을 할 때 url_for('vote.question', question_id=question.id)
URL을(1단계에서 HTML에 작성) 2단계 코드에서 호출할 수 있도록 만들
었다. 그러니 이 URL에 해당하는 라우트 함수를 추가해야 한다. vote_

views.py 파일을 새로 만든 다음 question 함수를 작성하자. 본인 추천을 방지하는 코드가 추가되어 있으므로 자세히 보며 코드를 작성하자.

파일 이름 C: /projects/myproject/pybo/views/vote_views.py

```python
from flask import Blueprint, url_for, flash, g
from werkzeug.utils import redirect

from pybo import db
from pybo.models import Question
from pybo.views.auth_views import login_required

bp = Blueprint('vote', __name__, url_prefix='/vote')


@bp.route('/question/<int:question_id>/')
@login_required
def question(question_id):
    _question = Question.query.get_or_404(question_id)
    if g.user == _question.user:
        flash('본인이 작성한 글은 추천할수 없습니다')
    else:
        _question.voter.append(g.user)
        db.session.commit()
    return redirect(url_for('question.detail', question_id=question_id))
```

Question 모델의 vorter는 여러 사람을 추가할 수 있는 다대다 관계이므로 _question.voter.append(g.user)와 같이 append 함수로 추천인을 추가해야 한다.

> 같은 사용자가 같은 질문을 여러 번 추천해도 추천 횟수는 증가하지 않는다.

04단계 블루프린트 추가하기

vote_views.py 파일이 생성되었으므로 pybo/__init__.py 파일에 vote_views의 블루프린트 객체 bp를 등록할 수 있도록 해당 내용을 추가하자.

파일 이름 C:/projects/myproject/pybo/__init__.py

```
(... 생략 ...)

def create_app():
    (... 생략 ...)

    # 블루프린트
    from .views import main_views, question_views, answer_views, auth_views, \
        comment_views, vote_views
    app.register_blueprint(main_views.bp)
    app.register_blueprint(question_views.bp)
    app.register_blueprint(answer_views.bp)
    app.register_blueprint(auth_views.bp)
    app.register_blueprint(comment_views.bp)
    app.register_blueprint(vote_views.bp)

    # 필터
    from .filter import format_datetime
    app.jinja_env.filters['datetime'] = format_datetime

    return app
```

05단계 자신의 글 추천 시 오류 표시 기능 추가하기

그리고 '본인이 작성한 글은 추천할 수 없습니다'라는 오류를 표시할 있도록 질문 상세 조회 화면 위쪽에 오류 영역을 추가하자.

파일 이름 C:/projects/myproject/pybo/templates/question/question_detail.html

```
{% extends 'base.html' %}
{% block content %}
<div class="container my-3">
    {% for message in get_flashed_messages() %}
    <div class="alert alert-danger" role="alert">
        {{ message }}
    </div>
    {% endfor %}
    <h2 class="border-bottom py-2">{{ question.subject }}</h2>
(... 생략 ...)
```

질문 상세 조회 화면 위쪽에 라우트 함수에서 flash 함수로 생성된 오류를 표시할 수 있는 영역을 추가해 주었다. 이제 질문 상세 화면의 질문 왼쪽을 보면 〈추천〉 버튼이 생성되었을 것이다.

〈추천〉 버튼을 눌러 추천 기능이 잘 동작하는지 확인하자. 만약 자신이 작성한 질문을 추천하면 5단계에서 등록한 오류가 표시될 것이다.

새 계정 생성 후 추천 기능을 완벽하게 확인해 보자.

답변 추천 기능 만들기

답변 추천 기능은 질문 추천 기능과 같으므로 빠르게 만들 수 있다.

01단계 답변 추천 버튼 만들기

답변의 추천 개수를 표시하고, 〈답변 추천〉 버튼을 질문 상세 조회 화면에 추가하자.

```
파일 이름   C:/projects/myproject/pybo/templates/question/question_detail.html

(... 생략 ...)
<h5 class="border-bottom my-3 py-2">{{ question.answer_set¦length }}개의 답변이 있습
니다.</h5>
{% for answer in question.answer_set %}
<div class="row my-3">
    <div class="col-1">  <!-- 추천영역 -->
        <div class="bg-light text-center p-3 border font-weight-bolder mb-1">{{
answer.voter¦length }}</div>
        <a href="#" data-uri="{{ url_for('vote.answer', answer_id=answer.id) }}"
class="recommend btn btn-sm btn-secondary btn-block my-1">추천</a>
    </div>
    <div class="col-11">  <!-- 답변영역 -->
        <!-- 기존내용 -->
        <div class="card">
            <div class="card-body">
                (... 생략 ...)
            </div>
        </div>
    </div>
</div>
{% endfor %}
(... 생략 ...)
```

> <div class="col-11">과 </div> 사이에 기존 <div class="card my-3">을 집어 넣고 <div class="card my-3">에서 my-3 삭제

02단계 **답변 추천 함수 만들기**

url_for('vote.answer', answer_id=answer.id) URL을 추가했으므로 vote_views.py 파일에 answer 함수를 추가하자. 질문 추천과 같은 방식으로 입력하면 된다.

```
파일 이름   C:/projects/myproject/pybo/views/vote_views.py

(... 생략 ...)
from pybo.models import Question, Answer
(... 생략 ...)
@bp.route('/answer/<int:answer_id>/')
@login_required
```

```
def answer(answer_id):
    _answer = Answer.query.get_or_404(answer_id)
    if g.user == _answer.user:
        flash('본인이 작성한 글은 추천할수 없습니다')
    else:
        _answer.voter.append(g.user)
        db.session.commit()
    return redirect(url_for('question.detail', question_id=_answer.question.id))
```

1~2단계를 완료했다면 다음처럼 답변에 〈추천〉 버튼이 생기고 답변을 추천할 수 있다. 〈추천〉 버튼을 눌러 답변 추천 기능을 사용해 보자.

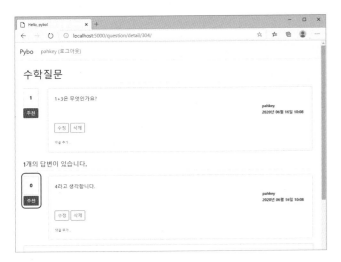

 ## 질문 목록 화면에서 추천 개수 표시하기

01단계 질문 목록에 추천 개수 표시하기

질문 목록에서 추천 개수를 표시하면 서비스를 잘하는 친절한 게시판으로 보인다. 질문 목록 화면에 질문 추천 개수를 추가해 보자.

파일 이름   C:/projects/myproject/pybo/templates/question/question_list.html

```
(... 생략 ...)
<table class="table">
    <thead>
    <tr class="text-center thead-dark">
        <th>번호</th>
        <th>추천</th>
        <th style="width:50%">제목</th>
        <th>글쓴이</th>
        <th>작성일시</th>
    </tr>
    </thead>
    <tbody>
    {% if question_list %}
    {% for question in question_list.items %}
    <tr class="text-center">
        <td>{{ question_list.total - ((question_list.page-1) * question_list.
per_page) - loop.index0 }}</td>
        <td>
            {% if question.voter|length > 0 %}
            <span class="badge badge-warning px-2 py-1">{{ question.voter|length
}}</span>
            {% endif %}
        </td>
        (... 생략 ...)
    </tr>
    {% endfor %}
    {% else %}
    (... 생략 ...)
    {% endif %}
    </tbody>
</table>
(... 생략 ...)
```

목록 테이블에서 번호 열 바로 다음에 추천 열을 추가했다. 이때 추천 열은
추천 개수가 있어야 보이도록 부트스트랩의 badge 클래스를 이용하여 표시

해 주었다. 이제 질문 목록 화면에 추천 개수가 표시될 것이다. 질문 목록을 추천한 후 개수가 나타나는지 확인해 보자.

03-13 스크롤 초기화 문제점 해결하기

파이보 서비스가 점점 완성되어 간다. 여기서는 파이보에 더 많은 기능을
추가하기 전에 '스크롤 초기화' 문제점을 해결해 본다.

어떤 문제가 있을까?

지금까지 서비스를 사용해 봤다면 답글 작성 또는 수정한 후 스크롤이 항상
페이지 상단으로 이동하는 문제를 경험했을 것이다. 코드 오류는 아니지만
서비스답지 못한 현상이다. 하지만 일반 사용자라면 답변을 작성한 다음에
는 자신이 작성한 답변 위치에 스크롤이 있어야 자연스럽다고 느낀다. 이
문제를 해결해 보자. 여기서는 가장 쉽게 해결하는 방법을 소개한다.

앵커 엘리먼트로 스크롤 문제 해결하는 원리 알아보기

HTML에는 URL을 호출하면 원하는 위치로 스크롤을 이동시키는 앵커 엘
리먼트(a)가 있다. 예를 들어 HTML 중간에 `<a name="flask"></a>`와 같이
앵커 엘리먼트를 위치시키고, 해당 HTML을 호출하는 URL 뒤에 #flask를
붙여 주면 바로 해당 앵커 엘리먼트 위치로 스크롤이 이동한다. 이 원리로
'스크롤 초기화' 문제를 해결할 것이다. 그러면 답변 등록, 답변 수정, 댓글
등록, 댓글 수정 기능 순으로 앵커 엘리먼트를 적용해 보자.

답변 등록, 답변 수정 시 앵커 기능 추가하기

01단계 **질문 상세 조회 화면에 앵커 엘리먼트 추가하기**

질문 상세 조회 화면에 답변 등록, 답변 수정을 할 때 이동해야 할 앵커 엘리
먼트를 추가하자.

🧪 **완성 소스**
github.com/pahkey/
flaskbook/tree/3-13

> Ajax와 같은 비동기 요
> 청을 사용하여 이 문제
> 를 해결할 수도 있다.

```
(... 생략 ...)
<h5 class="border-bottom my-3 py-2">{{ question.answer_set|length }}개의 답변이 있습
니다.</h5>
{% for answer in question.answer_set %}
<a name="answer_{{ answer.id }}"></a>
(... 생략 ...)
```

답변이 반복되어 표시되는 for 문 바로 다음에 `<a name="answer_{{ answer.id }}"></a>`와 같이 앵커 엘리먼트를 추가했다. 앵커 엘리먼트의 name 속성은 유일해야 하므로 `answer_{{ answer.id }}`와 같이 답변 id를 사용했다.

02단계 앵커 엘리먼트로 이동할 수 있도록 redirect 수정하기

이제 답변을 등록하거나 수정할 때 1단계에서 지정한 앵커 엘리먼트로 이동하도록 코드를 수정하자. 다음은 답변 등록 또는 답변 수정을 한 뒤 사용했던 기존 코드의 일부이다.

```
return redirect(url_for('question.detail', question_id=question_id))
```

여기에 앵커 엘리먼트를 포함하면 다음과 같다.

```
return redirect('{}#answer_{}'.format(
    url_for('question.detail', question_id=question_id), answer.id))
```

리다이렉트 URL 뒤에 #answer_2와 같이 앵커를 format 함수를 사용해서 추가했다. 이 방식으로 answer_views.py 파일의 create, modify 함수를 수정한다.

```python
(... 생략 ...)
@bp.route('/create/<int:question_id>', methods=('POST',))
@login_required
def create(question_id):
    (... 생략 ...)
    if form.validate_on_submit():
        (... 생략 ...)
        return redirect('{}#answer_{}'.format(          ← return 문 수정
            url_for('question.detail', question_id=question_id), answer.id))
    (... 생략 ...)


@bp.route('/modify/<int:answer_id>', methods=('GET', 'POST'))
@login_required
def modify(answer_id):
    (... 생략 ...)
    if request.method == "POST":
        (... 생략 ...)
        if form.validate_on_submit():
            (... 생략 ...)
            return redirect('{}#answer_{}'.format(url_for(    ← return 문 수정
                'question.detail', question_id=answer.question.id), answer.id))
(... 생략 ...)
```

이때 **modify** 함수에서는 redirect 함수를 2군데 사용했다. 오류가 발생하면 실행하는 **redirect** 함수는 앵커 엘리먼트로 이동할 필요가 없으므로 수정하지 않았다. 수정한 후 답변을 등록할 때 스크롤이 지정한 앵커 엘리먼트로 이동하는지 확인해 보자.

답변 수정을 할 때에도 똑같이 동작하는지 확인해 보자.

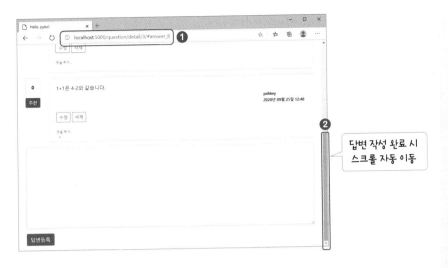

화면에 **①**로 표시한 부분을 보면 답변을 작성할 때 URL에 #answer_8이 추가되었고, **②**로 표시한 부분을 보면 스크롤이 해당 위치로 이동했음을 알 수 있다.

댓글에 앵커 기능 추가하기

01단계 댓글 앵커 엘리먼트 추가하기

댓글에도 앵커 기능을 추가하자. 구현 방식은 답변 앵커와 똑같다. 우선 댓글이 반복되는 구간에 댓글 앵커 엘리먼트를 추가하자.

파일 이름 C:\projects\myproject\pybo\templates\question\question_detail.html

```
(... 생략 ...)
<!-- 질문 댓글 Start -->
{% if question.comment_set|length > 0 %}
<div class="mt-3">
{% for comment in question.comment_set %}
    <a name="comment_{{ comment.id }}"></a>

(... 생략 ...)

<!-- 답변 댓글 Start -->
{% if answer.comment_set|length > 0 %}
<div class="mt-3">
{% for comment in answer.comment_set %}
    <a name="comment_{{ comment.id }}"></a>
(... 생략 ...)
```

질문, 답변 댓글에 모두 앵커 엘리먼트 <a name="comment_{{ comment.id }}"></a>를 추가했다.

02단계 redirect 함수 수정하기

그리고 다음처럼 comment_views.py 파일을 수정하자.

```
파일 이름  C:\projects\myproject\pybo\views\comment_views.py
```

```python
(... 생략 ...)

@bp.route('/create/question/<int:question_id>', methods=('GET', 'POST'))
@login_required
def create_question(question_id):
    (... 생략 ...)
    if request.method == 'POST' and form.validate_on_submit():
        (... 생략 ...)
        return redirect('{}#comment_{}'.format(
            url_for('question.detail', question_id=question_id), comment.id))
    (... 생략 ...)


@bp.route('/modify/question/<int:comment_id>', methods=('GET', 'POST'))
@login_required
def modify_question(comment_id):
    (... 생략 ...)
    if request.method == 'POST':
        (... 생략 ...)
        if form.validate_on_submit():
            (... 생략 ...)
            return redirect('{}#comment_{}'.format(url_for(
                'question.detail', question_id=comment.question.id), comment.id))
    else:
        (... 생략 ...)


@bp.route('/create/answer/<int:answer_id>', methods=('GET', 'POST'))
@login_required
def create_answer(answer_id):
```

```
(... 생략 ...)
    if request.method == 'POST' and form.validate_on_submit():
        (... 생략 ...)
        return redirect('{}#comment_{}'.format(url_for(
            'question.detail', question_id=answer.question.id), comment.id))
    (... 생략 ...)


@bp.route('/modify/answer/<int:comment_id>', methods=('GET', 'POST'))
@login_required
def modify_answer(comment_id):
    (... 생략 ...)
    if request.method == 'POST':
        (... 생략 ...)
        if form.validate_on_submit():
            (... 생략 ...)
            return redirect('{}# comment_{}'.format(url_for(
                'question.detail', question_id=comment.answer.question.id),
                comment.id))
    else:
        (... 생략 ...)
```

질문 또는 답변 댓글을 등록하거나 수정을 완료하면 해당 앵커 엘리먼트로 이동하도록 리다이렉트 URL을 수정했다. 댓글 삭제일 경우에는 화면을 자동으로 이동시킬 필요가 없으므로 앵커 엘리먼트를 추가하지 않았다. 이제 댓글을 작성한 다음 화면이 해당 앵커 엘리먼트로 이동하는지 확인하자.

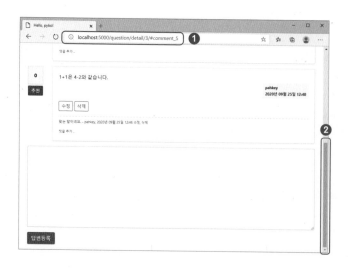

❶로 표시한 부분을 보면 댓글을 작성할 때 URL에 #comment_5가 추가되고,
❷로 표시한 부분을 보면 웹 브라우저의 스크롤바가 해당 위치로 이동하는
것을 확인할 수 있다.

03-14 마크다운 기능 적용하기

파이보는 게시판 서비스이므로 질문 또는 답변을 작성할 때 일반 텍스트 형식으로 글을 작성하면 매력이 떨어진다. 예를 들어 글자를 진하게 표시(볼드)하거나 링크를 추가하고 싶을 수도 있다. 이런 경우 사용하면 좋은 도구가 바로 '마크다운'이다. 마크다운을 이용하면 간단한 문법으로 문서에 여러 형태로 표시할 수 있다. 여기서는 마크다운 문법을 간단히 설명하고, 파이보에 마크다운 기능을 적용하는 방법까지 알아보겠다.

완성 소스

github.com/pahkey/
flaskbook/tree/3-14

마크다운이 뭐죠? 문법 알아보기!

마크다운 문법은 아주 간단하다. 여기서는 마크다운의 주요 문법을 간단히 알아보려고 한다. 참고로 마크다운 문법이 원하는 형태로 표시되려면 그 문법을 해석하고 그려 줄 수 있는 해석기를 제공해야 한다. 지금은 단순히 마크다운 문법만 설명하고 파이보에서는 해석기까지 설치하여 실제 표시되는 과정까지 실습해 보자.

마크다운 문법은 프로그래밍 문법이 아니라 아주 간단한 텍스트 입력 규칙이다. 실습하면서 알아보자.

마크다운은 개인 블로그, 깃허브 등 많은 사이트에서 사용하는 글쓰기 도구이다. 배워 두면 크게 쓸모가 있다.

01단계 마크다운 문법 - 순서 없는 목록과 순서 있는 목록 표시하기

만약 마크다운으로 작성한 글에 목록을 표시하고 싶다면 다음과 같이 *을 입력하고 1칸 띄고 글을 완성하면 된다.

```
* 파이썬
* 플라스크
* 알고리즘
```

이 마크다운 문서를 해석기가 변환하여 HTML로 만들어 주면 실제 화면에서는 다음과 같이 보인다.

- 파이썬
- 플라스크
- 알고리즘

그림 3-9 목록화된 결과

어떤 경우에는 순서가 있는 목록을 표시해야 할 수도 있다. 그런 경우 다음 문법을 사용하면 된다. **이때 입력값을 1. 1. 1.로 똑같이 해도 자동으로 순서를 적용하여 렌더링해 준다.**

```
1. 하나
1. 둘
1. 셋
```

결과는 다음과 같다. 이후부터는 문법 바로 아래에 HTML로 만든 결과 이미지를 붙여 놓겠다.

```
1. 하나
2. 둘
3. 셋
```

그림 3-10 순서가 있는 목록화된 결과

02단계 마크다운 문법 - 강조(볼드) 표시하기

작성한 글자를 강조 표시하려면 강조할 텍스트 양쪽에 *를 넣어 감싼다.

```
플라스크는 **파이썬**으로 만든 웹 프레임워크이다.
```

결과는 다음과 같다.

```
플라스크는 **파이썬**으로 만들어진 웹 프레임워크이다.
```

그림 3-11 강조 표시를 한 결과

03단계 마크다운 문법 - 링크 표시하기

링크는 대괄호, 소괄호를 이어 쓰면 생성할 수 있다. 대괄호에는 표시할 링크의 이름을 입력하고, 소괄호에는 실제 링크를 입력해야 한다.

```
파이썬 홈페이지는 [http://www.python.org](http://www.python.org)입니다.
```

결과는 다음과 같다.

```
파이썬 홈페이지는 http://www.python.org입니다.
```

그림 3-12 링크를 적용한 결과

04단계   마크다운 문법 - 코드 표시하기

코드는 백쿼트 ` 3개를 연이어 붙여 위아래로 감싸면 생성할 수 있다.

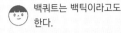 백쿼트는 백틱이라고도 한다.

```
```
def add(a, b):
    return a+b
```
```

결과는 다음과 같다.

```
def add(a, b):
    return a+b
```

그림 3-13 코드를 표시한 결과

05단계   마크다운 문법 - 인용 표시하기

인용(blockquote)을 표시하려면 다음처럼 >를 문장 맨 앞에 입력하고 1칸 띄어쓰기를 한 다음 인용구를 입력한다.

> 마크다운은 Github에서 사용하는 글쓰기 도구이다.

결과는 다음과 같다.

마크다운은 Github에서 사용하는 글쓰기 도구이다.

그림 3-14 인용을 표시한 결과

앞에서 언급했듯 여기서는 가장 자주 사용하는 마크다운 문법만 알아보았다. 마크다운 문법을 자세히 알고 싶다면 오른쪽 팁의 문서를 참고하자.

마크다운 문법 공식 문서: www.markdown-guide.org/getting-started

01단계 Flask-Markdown 설치하기

파이보에 마크다운 기능을 추가하려면 `pip install Flask-Markdown` 명령을 실행하여 Flask-Markdown을 설치해야 한다.

```
C:\_ 명령 프롬프트                                          —  □  ✕

(myproject) c:\projects\myproject>pip install Flask-Markdown
Collecting Flask-Markdown
  Using cached Flask-Markdown-0.3.tar.gz (165 kB)
Collecting markdown
  Using cached Markdown-3.2.2-py3-none-any.whl (88 kB)
Using legacy setup.py install for Flask-Markdown, since package 'wheel' is not
installed.
Installing collected packages: markdown, Flask-Markdown
    Running setup.py install for Flask-Markdown ... done
Successfully installed Flask-Markdown-0.3 markdown-3.2.2
```

02단계 마크다운 기능 등록하기

마크다운을 사용하려면 __init__.py 파일에서 **app**에 등록해야 한다.

```
파일 이름  C:\projects\myproject\pybo\__init__.py

(... 생략 ...)
from flaskext.markdown import Markdown
(... 생략 ...)


def create_app():
    (... 생략 ...)
    # markdown
    Markdown(app, extensions=['nl2br', 'fenced_code'])


    return app
```

마크다운에는 몇 가지 확장 기능이 있는데 여기서는 마크다운 문법을 편하게 사용할 수 있도록 만들어 주는 nl2br와 fenced_code를 사용했다. nl2br는 줄바꿈 문자를 `<br>`로 바꿔 준다. 만약 이 확장 기능을 사용하지 않으면 원래 마크다운 문법인 줄 끝에 스페이스를 2개 연속으로 입력해야 줄바꿈을 할 수 있다. fenced_code는 코드 표시 기능을 위해 추가했다. 마크다운의 더 많은 확장 기능이 궁금하다면 오른쪽 팁의 문서를 참고하자.

마크다운 확장 기능 문서: python-markdown.github.io/extensions

03단계 질문 내용에 마크다운 적용해 보기

이제 Flask-Markdown이 동작하도록 템플릿을 수정해 보자. 질문이 표시되는 HTML 부분만 약간 수정하면 된다.

| 파일 이름 | C:\projects\myproject\pybo\templates\question\question_detail.html |

```
(... 생략 ...)
<div class="card-text">{{ question.content|markdown }}</div>
(... 생략 ...)
```

기존의 style="white-space: pre-line;"은 삭제하고 {{ question.content|markdown }}과 같이 markdown 필터를 적용하는 방식으로 코드를 수정했다.

04단계 답변 내용에 마크다운 적용해 보기

답변 내용에 마크다운을 적용하자.

| 파일 이름 | C:\projects\myproject\pybo\templates\question\question_detail.html |

```
(... 생략 ...)
<div class="card-text">{{ answer.content|markdown }}</div>
(... 생략 ...)
```

05단계 질문, 답변이 마크다운으로 표시되는지 확인해 보기

이제 질문 또는 답변을 마크다운 문법으로 작성하면 웹 브라우저에서 어떻게 보이는지 확인해 보자. 다음 내용을 파이보에 입력한다.

마크다운 문법으로 작성해 봅니다.

* 리스트1

* 리스트2

* 리스트3

파이썬 홈페이지는 http://www.python.org 입니다.

03-15 검색, 정렬 기능 추가하기

여기서는 파이보에 검색 기능과 정렬 기능을 추가할 것이다. 파이보는 질문, 답변 데이터가 계속 쌓이는 게시판 서비스이므로 검색 기능은 필수다. 검색 대상은 '제목', '질문 내용', '답변 내용', '질문 작성자', '답변 작성자'로 정하겠다. 예를 들어 '파이썬'이라고 검색하면 '파이썬'이라는 문자열이 '제목', '질문 내용', '답변 내용', '질문 작성자', '답변 작성자'에 있는지 검사하고, 검사 결과를 화면에 보여 준다.

검색 기능을 완성한 다음에는 최신순, 추천순, 인기순과 같은 정렬 기능도 만들어 볼 것이다. 우선 검색 기능을 위해 잠시 데이터베이스 지식을 공부할 필요가 있다. 여기서는 그중에서 조인, 아우터조인, 서브쿼리를 공부하려고 한다. 참고로 검색과 정렬은 이 책에서 다루는 가장 어려운 개념이다. 차분한 마음으로 따라오기 바란다.

완성 소스
github.com/pahkey/
flaskbook/tree/3-15

조인이 뭐죠?

조인은 같은 데이터로 연결된 두 모델을 함께 조회할 때 사용한다. 작성자 이름이 '홍길동'인 질문을 검색하는 상황을 예로 들어 조인을 구체적으로 설명하려고 한다. 보통 다음과 같은 절차가 떠오를 것이다.

절차 1. User 모델에서 username이 '홍길동'인 데이터의 id 조사하기
절차 2. 절차 1에서 조사한 id와 Question 모델의 user_id가 같은 데이터인지 조사하기

절차대로 코드를 작성하면 다음과 같다.

```
user = User.query.filter(User.username=='홍길동').first()
Question.query.filter(Question.user_id==user.id)
```

하지만 조인을 사용하면 다음과 같이 간편하게 검색할 수 있다.

```
Question.query.join(User).filter(User.username=='홍길동')
```

이 코드는 Question 모델과 User 모델을 join 함수로 조인한 것이다. 조인은 일종의 교집합 역할을 한다. 그래서 조인을 하면 이후 filter 함수로 User. username이 '홍길동'인 Question 모델 데이터를 얻을 수 있다.

아우터조인이 뭐죠?

아우터조인은 조금 복잡하다. 아웃터조인을 쉽게 이해할 수 있도록 여러 가지 실습을 진행해 보겠다.

01단계 플라스크 셸 실행하고 Question 모델 데이터 검색하기
우선 플라스크 셸을 실행하자.

```
C:\_ 명령 프롬프트                                          —  □  ✕

(myproject) c:\projects\myproject>flask shell
Python 3.8.2 (tags/v3.8.2:7b3ab59, Feb 25 2020, 22:45:29) [MSC v.1916 32 bit (Intel)]
on win32
App: pybo [development]
Instance: C:\projects\myproject\instance
```

그런 다음 Question 모델과 Answer 모델을 사용하도록 다음과 같이 코드를 입력하자.

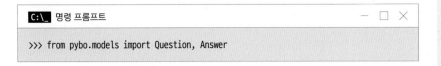

```
C:\_ 명령 프롬프트                                          —  □  ✕

>>> from pybo.models import Question, Answer
```

이어서 Question 모델의 데이터를 모두 검색하자.

```
C:\  명령 프롬프트                                    —  □  ✕
>>> Question.query.count()
306
```

필자의 경우 Question 모델의 데이터가 306건 조회되었다. count 함수로
검색한 데이터의 개수를 계산했다.

02단계 Answer 모델 데이터 검색하기

같은 방법으로 Answer 모델의 데이터 개수를 알아보자. 결과에서 보듯
Answer 모델의 데이터는 7개이다.

```
C:\  명령 프롬프트                                    —  □  ✕
>>> Answer.query.count()
7
```

03단계 Question 모델과 Answer 모델 조인하기

우선 앞에서 배운 조인을 사용해 보자. 다음은 Question과 Answer를 조인한 이
후의 데이터 개수이다. 결과에서 보듯 여기서는 데이터를 7개 얻을 수 있다.

```
C:\  명령 프롬프트                                    —  □  ✕
>>> Question.query.join(Answer).count()
7
```

아우터조인을 설명하기 전에 잠시 생각해야 할 내용이 있다. 만약 "파이썬"
이라는 문자열을 포함한 질문 내용 또는 답변 내용을 찾아 질문 목록을 조회
하고 싶다면, 앞에서 배운 조인을 사용하면 안 된다. 왜냐하면 답변이 없는
질문은 모두 제외하기 때문이다. 비록 답변이 없는 질문이라도 질문 내용에
"파이썬"이 포함되어 있으면 검색 결과에 포함되어야 상식적이다. 그러면
조인을 사용하면 안 될까? 아니다. 왜냐하면 질문에는 "파이썬"이 없지만
답변에는 "파이썬"이 있는 질문 목록을 조회하려면 반드시 조인을 사용해
야 하기 때문이다. 이런 모순을 해결할 수 있는 방법이 없을까? **아니다. 바**
로 아우터조인(outerjoin)으로 이 문제를 해결할 수 있다!

> 만약 답변이 등록된 질
> 문 데이터를 삭제하면
> 조인한 결과물의 총 개수가 답
> 변의 총 개수와 다를 수 있다.
> 왜냐하면 질문을 삭제할 때
> cascade='all',   delete-or
> phan' 옵션을 지정하지 않으
> 면 답변 데이터를 그대로 남기
> 기 때문이다. 다만 답변 데이터
> 가 남아 있더라도 답변 데이터
> 의 question_id는 빈값으로
> 업데이트된다.

아우터조인 사용해 보기

다음은 아우터조인을 사용한 결과이다.

```
C:\_ 명령 프롬프트                                          ─ □ ✕

>>> print(Question.query.outerjoin(Answer).count())
308
```

흥미로운 결과가 나타났다. 질문 개수인 306보다 더 큰 숫자인 308이 나타
났기 때문이다. 2가 증가한 값이 나타난 이유는 '질문'에 등록된 답변이 1개
이상인 경우가 있기 때문이다. 총 질문 개수인 306에 답변 개수가 1 이상인
데이터 2개가 더해져 총 308이 나왔다.

조회된 질문	질문에 달린 답변	중복 여부
1	질문 1에 달린 답변1	중복
1	질문 1에 달린 답변2	중복
2	질문 2에 달린 답변1	중복
2	질문 2에 달린 답변2	중복
3	답변 없음	중복 아님
4	답변 없음	중복 아님
...	...	...
306	답변 없음	중복 아님
총 건수	308	

05단계 **distinct 함수로 아우터조인해서 얻은 결과에서 중복 데이터
제거하기**

같은 질문에 달린 답변에서 얻은 결과는 중복 데이터를 포함한다. 하지만
우리가 필요한 데이터는 중복을 제외한 질문 목록이므로 중복을 제거해야
한다. 중복을 제거하려면 distinct 함수를 사용하면 된다.

```
C:\_ 명령 프롬프트                                          ─ □ ✕

>>> print(Question.query.outerjoin(Answer).distinct().count())
306
```

distinct 함수를 사용하면 중복 데이터가 제거되므로 데이터는 306개 검색
된다. 이처럼 아우터조인은 조인 대상인 모델(Answer)이 없어도 기준 모델
(Question)의 데이터가 제외되지 않는다.

06단계 **아우터조인으로 얻은 결과에서 검색해 보기**

아우터조인을 하면 조인 대상인 Answer 모델로 검색할 수 있는 효과가 있다.

```
C:\  명령 프롬프트                                        —  □  ✕

>>> Question.query.outerjoin(Answer).filter(
...     Question.content.ilike('%파이썬%') ¦
...     Answer.content.ilike('%파이썬%')).distinct()
1
```

이 코드는 질문 내용 또는 답변 내용에 "**파이썬**"이라는 문자열이 있는 질문
목록을 조회한다. 아우터조인을 사용했으므로 '답변이 없는 질문'도 검색
결과에 포함된다. 여기서 사용한 ilike 함수는 대소 문자를 구분하지 않고
데이터를 검색한다. 검색어 앞뒤에 있는 **%** 기호는 "파이썬"이라는 문자열
앞뒤에 추가된 문자열이 있어도 상관없다는 의미이다. 예를 들어 파이썬%
과 같이 뒤에만 %를 지정하면 "파이썬"이라는 문자열로 시작하는 "파이썬
공부"와 같은 문자열은 검색되지만 "점프 투 파이썬"은 검색되지 않는다.

서브쿼리가 뭐죠?

Question 모델과 연결된 다른 모델을 검색하려면 Answer, User 모델을 조
인해야 한다. 하지만 이렇게 모델 자체를 사용하기보다는 필요한 데이터만
모아서 조회하는 서브쿼리를 만들어 조인해야 할 필요도 있다. 왜 서브쿼리
를 사용해야 하는지는 차근차근 알아보자.

답변 작성자를 검색 조건에 포함하려면?

우리는 파이보의 검색 기능을 구현하려면 답변 내용뿐 아니라 답변 작성자
도 검색 조건에 포함해야 한다. 답변 내용 검색은 아우터조인에서 본 것처
럼 Answer 모델을 아우터조인하면 쉽게 해결할 수 있지만, 답변 작성자를

조건에 추가하기는 쉽지 않다. 왜냐하면 답변 작성자는 이미 아우터조인한 Answer 모델과 User 모델을 다시 한번 더 조인해야 하기 때문이다. 이런 복잡한 경우는 다음과 같이 서브쿼리를 사용하는 것이 가독성과 성능 면에서 유리하다. 서브쿼리는 db.session.query로 만든 쿼리에 subquery 함수를 실행하여 만든다.

```
sub_query = db.session.query(Answer.question_id, Answer.content, User.username)\
        .join(User, Answer.user_id == User.id).subquery()
```

이 서브쿼리는 답변 모델과 사용자 모델을 조인하여 만든 것으로, 검색 조건에 사용할 답변 내용 Answer.content과 답변 작성자 User.username가 쿼리 조회 항목으로 추가되었다. 그리고 이 서브쿼리와 질문 모델을 연결할 수 있는 질문 id에 해당하는 Answer.question_id도 조회 항목에 추가되었다. 이처럼 서브쿼리를 생성하면 다음과 같이 Question 모델과 서브쿼리를 아우터조인할 수 있다.

```
Question.query.outerjoin(sub_query, sub_query.c.question_id == Question.id).distinct()
```

sub_query.c.question_id에 사용한 c는 서브쿼리의 조회 항목을 의미한다. 즉, sub_query.c.question_id는 서브쿼리의 조회 항목 중 question_id를 의미한다. 이제 sub_query를 아우터조인했으므로 sub_query의 조회 항목을 filter 함수에 조건으로 추가할 수 있다.

```
Question.query.outerjoin(sub_query, sub_query.c.question_id == Question.id) \
    .filter(sub_query.c.content.ilike('%파이썬%') |     # 답변 내용
            sub_query.c.username.ilike('%파이썬%')      # 답변 작성자
        ).distinct()
```

이 코드로 답변 내용 또는 답변 작성자 이름에서 **"파이썬"** 문자열을 포함하는 질문 목록을 조회할 수 있다. 다음과 같이 지금까지 살펴본 내용을 적용한 코드를 눈으로만 살펴보자.

```python
kw = request.args.get('kw', type=str, default='')  # 검색어

# 검색
search = '%%{}%%'.format(kw)
sub_query = db.session.query(Answer.question_id, Answer.content, User.username)\
    .join(User, Answer.user_id == User.id).subquery()
question_list = Question.query\
    .join(User)\
    .outerjoin(sub_query, sub_query.c.question_id == Question.id)\
    .filter(Question.subject.ilike(search) |      # 질문 제목
            Question.content.ilike(search) |      # 질문 내용
            User.username.ilike(search) |         # 질문 작성자
            sub_query.c.content.ilike(search) |   # 답변 내용
            sub_query.c.username.ilike(search)    # 답변 작성자
            )\
    .distinct()
```

kw는 화면에서 전달받은 검색어이다. 앞에서 언급했듯 검색에서 사용하는 search에는 kw값에 좌우로 % 기호를 붙여서 사용했다. 검색 기준은 Question 모델이므로 질문 제목, 질문 내용은 조인 없이 검색 조건으로 사용할 수 있다. 질문 작성자는 User 모델과 조인하여 검색 조건으로 사용할 수 있다. User 모델은 Question 모델과 1:1 관계이므로 아우터조인을 사용할 필요가 없다. 그리고 답변 내용과 답변 작성자를 검색하도록 서브쿼리를 작성한 후 Question 모델과 아우터조인했다. 그리고 검색 조건은 각각 OR 조건으로 조회하도록 filter 함수 내에서 ¦ 기호를 사용했다.

검색 기능을 구현할 때 GET 방식을 사용해야 하는 이유

검색 기능을 완성하기 전에 검색 기능을 GET 방식으로 구현해야 하는 이유를 잠시 알아보자.

GET 방식으로 검색할 때 값을 플라스크로 입력받는 방법 알아보기

다음은 앞선 실습에서 kw를 사용한 코드의 일부이다. 코드를 유심히 보면 kw는 화면에서 전달받은 검색어라는 것을 짐작할 수 있다.

```
kw = request.args.get('kw', type=str, default='')  # 검색어
```

```
http://localhost:5000/?kw=파이썬&page=1
```

kw는 keywords의 줄임말이다. GET 방식은 URL에 검색어가 노출되고 길이 제한이 있어 줄임말을 많이 사용한다. 그리고 이 코드에서 검색어는 다음과 같이 GET 방식을 사용하기 위해 URL을 통해 들어온 것이다.

kw는 POST 방식으로 전달하면서 page는 GET 방식으로 전달하는 방법은 아예 없다.

kw를 POST로 전달하는 방법은 추천하고 싶지 않다. 왜냐하면 kw를 POST 방식으로 전달하면 page 역시 POST 방식으로 전달해야 하기 때문이다. 또한 POST 방식으로 검색, 페이징 기능을 만들면 웹 브라우저에서 '새로고침' 또는 '뒤로가기'를 했을 때 '만료된 페이지' 오류를 종종 만난다. POST 방식은 같은 POST 요청이 발생하면 중복을 방지하기 때문이다. 예를 들어 2페이지에서 3페이지로 갔다가 '뒤로가기'를 하면 2페이지로 갈 때 '만료된 페이지' 오류를 만난다. 이러한 이유로 게시판을 조회하는 목록 함수는 GET 방식을 사용해야 한다. 정렬 기능 역시 GET 방식으로 구현할 것이다. 그러면 본격적으로 검색 기능을 만들어 보자.

검색 기능 만들어 보기

01단계 question/question_list.html에 검색 창 추가하기

question/question_list.html 템플릿에 검색 창을 추가하자.

파일 이름	C:\projects\myproject\pybo\templates\question\question_list.html

```
{% extends 'pybo/base.html' %}
{% extends 'base.html' %}
{% block content %}
<div class="container my-3">
    <div class="row justify-content-end my-3">
        <div class="col-4 input-group">
            <input type="text" class="form-control kw" value="{{ kw or '' }}">
            <div class="input-group-append">
                <button class="btn btn-outline-secondary" type="button" id="btn_
search">찾기</button>
            </div>
        </div>
    </div>
    <table class="table">
    (... 생략 ...)
```

<table> 위에 검색 창을 생성했다. 그리고 자바스크립트에서 검색 창에 입력된 값을 읽을 수 있도록 input 엘리먼트 class 속성에 kw를 추가했다.

02단계 question/question_list.html에 form 엘리먼트 추가하기

page와 kw를 동시에 GET 방식으로 요청할 수 있도록 form 엘리먼트를 추가하자.

```
파일 이름  C:\projects\myproject\pybo\templates\question\question_list.html

(... 생략 ...)
    <!-- 페이징 처리 끝 -->
    <a href="{{ url_for('question.create') }}" class="btn btn-primary">질문 등록하기</a>
</div>
<form id="searchForm" method="get" action="{{ url_for('question._list') }}">
    <input type="hidden" id="kw" name="kw" value="{{ kw or '' }}">
    <input type="hidden" id="page" name="page" value="{{ page }}">
</form>
{% endblock %}
```

GET 방식으로 요청해야 하므로 method 속성에 "get"을 설정했다. kw와 page는 이전에 요청했던 값을 기억해야 하므로 value 속성에 그 값을 대입했다. kw와 page의 값은 목록 조회 함수에서 전달받을 것이다. form 엘리먼트의 action 속성은 '폼이 전송되는 URL'이므로 목록 조회 URL인 url_for('question._list')를 지정했다.

03단계 question/question_list.html의 페이징 처리 코드 수정하기

그리고 기존의 페이징 처리 방식도 ?page=1에서 값을 읽어 요청하는 방식으로 변경해야 한다.

파일 이름 C:\projects\myproject\pybo\templates\question\question_list.html

```
(... 생략 ...)
<!-- 페이징 처리 시작 -->
<ul class="pagination justify-content-center">
    <!-- 이전페이지 -->
    {% if question_list.has_prev %}
    <li class="page-item">
        <a class="page-link" data-page="{{ question_list.prev_num }}" href="#">이전
</a>
    </li>
    {% else %}
    <li class="page-item disabled">
        <a class="page-link" tabindex="-1" aria-disabled="true" href="#">이전</a>
    </li>
    {% endif %}
    {% for page_num in question_list.iter_pages() %}
        {% if page_num %}
            {% if page_num != question_list.page %}
            <li class="page-item">
                <a class="page-link" data-page="{{ page_num }}" href="#">{{ page_
num }}</a>
            </li>
            {% else %}
            <li class="page-item active" aria-current="page">
                <a class="page-link" href="#">{{ page_num }}</a>
            </li>
            {% endif %}
        {% else %}
            <li class="disabled">
                <a class="page-link" href="#">...</a>
            </li>
        {% endif %}
    {% endfor %}
    <!-- 다음페이지 -->
    {% if question_list.has_next %}
    <li class="page-item">
        <a class="page-link" data-page="{{ question_list.next_num }}" href="#">다음
</a>
    </li>
```

```
    {% else %}
    <li class="page-item disabled">
        <a class="page-link" tabindex="-1" aria-disabled="true" href="#">다음</a>
    </li>
    {% endif %}
</ul>
<!-- 페이징 처리 끝 -->
(... 생략 ...)
```

모든 페이지 링크를 href 속성에 직접 입력하는 대신 data-page 속성으로
값을 읽을 수 있도록 변경했다.

04단계 question/question_list.html에 페이징과 검색 처리를 위해
자바스크립트 코드 추가하기

페이징과 검색을 처리하는 자바스크립트 코드를 추가하자.

파일 이름 C:\projects\myproject\pybo\templates\question\question_list.html

```
(... 생략 ...)
{% endblock %}
{% block script %}
<script type='text/javascript'>
$(document).ready(function(){
    $(".page-link").on('click', function() {
        $("#page").val($(this).data("page"));
        $("#searchForm").submit();
    });
    $("#btn_search").on('click', function() {
        $("#kw").val($(".kw").val());
        $("#page").val(1);  // 검색 버튼을 클릭할 경우 1페이지부터 조회한다.
        $("#searchForm").submit();
    });
});
</script>
{% endblock %}
```

class 속성이 "page-link"인 링크를 누르면 이 링크의 data-page 속성값을 읽어 searchForm의 page 필드에 그 값을 설정하여 폼을 요청하도록 했다. 또한 〈검색〉 버튼을 누르면 검색 창에 입력된 값을 searchForm의 kw 필드에 설정하여 폼을 요청하도록 했다. 이때 〈검색〉 버튼을 누르는 경우는 새로운 검색 요청에 해당하므로 searchForm의 page 필드에 항상 1을 설정하여 폼을 요청하도록 했다.

05단계 views/question_views.py의 _list 함수 수정하기

이제 검색어가 조회에 적용될 수 있도록 question_views.py 파일의 _list 함수를 다음처럼 수정하자.

파일 이름 C:\projects\myproject\pybo\views\question_views.py

```
(... 생략 ...)
from ..models import Question, Answer, User
(... 생략 ...)


@bp.route('/list/')            ─── _list 함수 전체 수정
def _list():
    # 입력 파라미터
    page = request.args.get('page', type=int, default=1)
    kw = request.args.get('kw', type=str, default='')

    # 조회
    question_list = Question.query.order_by(Question.create_date.desc())
    if kw:
        search = '%%{}%%'.format(kw)
        sub_query = db.session.query(
            Answer.question_id, Answer.content, User.username).join(
            User, Answer.user_id == User.id).subquery()
        question_list = question_list \
            .join(User) \
            .outerjoin(sub_query, sub_query.c.question_id == Question.id) \
            .filter(Question.subject.ilike(search) |          # 질문 제목
                    Question.content.ilike(search) |          # 질문 내용
                    User.username.ilike(search) |             # 질문 작성자
```

```
                sub_query.c.content.ilike(search) |   # 답변 내용
                sub_query.c.username.ilike(search)    # 답변 작성자
                ) \
            .distinct()

    # 페이징
    question_list = question_list.paginate(page, per_page=10)
    return render_template('question/question_list.html',
                        question_list=question_list, page=page, kw=kw)
(... 생략 ...)
```

이 코드는 화면에서 전달받은 검색어(kw)가 있으면 질문 제목, 질문 내용, 질문 작성자, 답변 내용, 답변 작성자 항목에서 OR 조건으로 검색한 질문 목록을 반환한다. 그리고 입력으로 받은 **page**와 **kw**의 값을 템플릿으로 전달 하도록 render_template 함수에 추가했다. 검색 창에 '마크다운'이라고 검 색어를 입력한 다음 〈찾기〉 버튼을 눌러 보자. 그러면 다음과 같은 검색 결 과가 나올 것이다.

정렬 기능 만들어 보기

이번에는 질문 목록 정렬 기능을 추가해 보자. 여기서 만들어야 하는 정렬 기능의 정렬 기준은 다음과 같다.

- 최신순: 최근 등록된 질문을 먼저 보여 주는 방식
- 추천순: 추천을 많이 받은 질문을 먼저 보여 주는 방식
- 인기순: 질문에 등록된 답변이 많은 질문을 먼저 보여 주는 방식

이러한 정렬 기준에 해당하는 파라미터 역시 GET 방식으로 요청해야 페이징, 검색, 정렬 기능이 잘 동작한다.

01단계 **question/question_list.html에 정렬 조건 추가하기**

question/question_list.html 파일에 정렬 조건을 추가하자.

파일 이름 C:\projects\myproject\pybo\templates\question\question_list.html

```html
{% extends 'pybo/base.html' %}
{% block content %}
<div class="container my-3">
    <div class="row justify-content-between my-3">  <!-- 양쪽정렬 justify-con
tent-between로 변경 -->
        <div class="col-2">
            <select class="form-control so">
                <option value="recent" {% if so=='recent' %}selected{% endif %}>최신
순</option>
                <option value="recommend" {% if so=='recommend' %}selected{% endif
%}>추천순</option>
                <option value="popular" {% if so=='popular' %}selected {% endif %}>인
기순</option>
            </select>
        </div>
        <div class="col-4 input-group">
            <input type="text" class="form-control kw" value="{{ kw|default_if_
none:"" }}">
            <div class="input-group-append">
                <button class="btn btn-outline-secondary" type="button" id="btn_
search">찾기</button>
            </div>
        </div>
    </div>
    <table class="table">
    (... 생략 ...)
```

우선 `div` 엘리먼트를 오른쪽 정렬(justify-content-end)에서 양쪽 정렬 (justify-content-between)로 변경했다. 그런 다음 왼쪽에는 정렬 기준을 추가하고 오른쪽에는 검색 조건을 추가했다. 또한 '현재 선택된 정렬 기준'을 읽을 수 있도록 `select` 엘리먼트의 `class`를 `so`로 지정했다.

02단계 question/question_list.html의 searchForm 수정하기

`searchForm`에 정렬 기준을 입력할 수 있도록 `input` 엘리먼트를 추가하자.

> **파일 이름** C:\projects\myproject\pybo\templates\question\question_list.html

```
(... 생략 ...)
<form id="searchForm" method="get" action="{{ url_for('question._list') }}">
    <input type="hidden" id="kw" name="kw" value="{{ kw or '' }}">
    <input type="hidden" id="page" name="page" value="{{ page }}">
    <input type="hidden" id="so" name="so" value="{{ so }}">
</form>
(... 생략 ...)
```

03단계 question/question_list.html의 자바스크립트 코드 수정하기

그리고 정렬 기준 콤보박스를 변경할 때 `searchForm` 요청이 발생할 수 있도록 다음과 같이 jQuery 자바스크립트를 추가하자.

> **파일 이름** C:\projects\myproject\pybo\templates\question\question_list.html

```
(... 생략 ...)
{% block script %}
<script type='text/javascript'>
$(document).ready(function(){
    (... 생략 ...)
    $(".so").on('change', function() {
        $("#so").val($(this).val());
        $("#page").val(1);
        $("#searchForm").submit();
    });
});
</script>
{% endblock %}
```

class가 so인 엘리먼트, 즉 정렬 조건에 해당하는 select의 값이 변경되면 그 값을 searchForm의 so 필드에 저장하여 searchForm을 요청하도록 코드를 수정했다.

04단계 views/question_views.py의 _list 함수 수정하기

so에 입력된 값을 이용하여 질문 목록을 정렬할 수 있도록 _list 함수를 다음처럼 수정하자.

파일 이름 C:\projects\myproject\pybo\views\question_views.py

```python
(... 생략 ...)
from sqlalchemy import func
(... 생략 ...)
from ..models import Question, Answer, User, question_voter
(... 생략 ...)


@bp.route('/list/')
def _list():
    # 입력 파라미터
    page = request.args.get('page', type=int, default=1)
    kw = request.args.get('kw', type=str, default='')
    so = request.args.get('so', type=str, default='recent')

    # 정렬
    if so == 'recommend':
        sub_query = db.session.query(
            question_voter.c.question_id, func.count('*').label('num_voter'))\
            .group_by(question_voter.c.question_id).subquery()
        question_list = Question.query \
            .outerjoin(sub_query, Question.id == sub_query.c.question_id) \
            .order_by(sub_query.c.num_voter.desc(), Question.create_date.desc())
    elif so == 'popular':
        sub_query = db.session.query(
            Answer.question_id, func.count('*').label('num_answer'))\
            .group_by(Answer.question_id).subquery()
        question_list = Question.query \
            .outerjoin(sub_query, Question.id == sub_query.c.question_id) \
```

```
                .order_by(sub_query.c.num_answer.desc(), Question.create_date.desc())
        else:  # 최근 질문
            question_list = Question.query.order_by(Question.create_date.desc())

        # 조회
                        ┌─────────────────────────────────────────┐
        if kw:  ◀───────│ 기존 question_list 대입 코드 삭제          │
                        └─────────────────────────────────────────┘
            search = '%%{}%%'.format(kw)
            sub_query = db.session.query(Answer.question_id, Answer.content, User.
            username) \
                .join(User, Answer.user_id == User.id).subquery()
            (... 생략 ...)

        # 페이징
        question_list = question_list.paginate(page, per_page=10)
        return render_template('question/question_list.html',
                               question_list=question_list, page=page, kw=kw, so=so)
(... 생략 ...)
```

코드 수정하는 부분이 길어서 정신이 없을 것이다. 우선 추천순으로 정렬하는 코드를 자세히 살펴보자.

```
sub_query = db.session.query(
    question_voter.c.question_id, func.count('*').label('num_voter'))\
    .group_by(question_voter.c.question_id).subquery()
```

추천순으로 정렬에 서브쿼리를 사용했다. 서브쿼리는 질문별 추천 수를 알아야 해서 사용했다. 서브쿼리의 조회 항목인 `question_voter.c.question_id`는 `Question` 모델과 조인하기 위한 것이고, `func.count('*').label('num_voter')`는 질문별 추천 수를 위한 것이다. `func.count` 함수는 각 질문의 추천 수를 얻어야 하므로 `group_by` 함수와 같이 사용했다. `group_by(question_voter.c.question_id)`는 '같은 질문으로 그룹을 만든다'는 의미이고, `func.count('*')`는 '같은 질문 그룹의 추천 수'를 의미한다. 서브쿼리는 다시 다음과 같이 사용한다.

```
question_list = Question.query \
    .outerjoin(sub_query, Question.id == sub_query.c.question_id) \
    .order_by(sub_query.c.num_voter.desc(), Question.create_date.desc())
```

Question 모델과 서브쿼리를 아우터조인한다. 만약 아우터조인 대신 조인을 사용하면 추천인이 없는 질문이 누락되니 주의하자. 그리고 추천 수를 의미하는 sub_query.c.num_voter를 역순으로 정렬했다. 이렇게 하면 추천 수가 많은 질문으로 정렬되고, 추천 수가 같은 경우 작성일시 역순으로 정렬된다.

코드의 나머지 설명은 추천순 정렬과 다르지 않다. 인기순 정렬은 답변이 많은 게시물부터 보여 준다. Answer 모델을 사용하여 질문별 답변 개수를 알아내는 서브쿼리를 작성한 다음, Question 모델과 아우터조인하여 답변 개수를 역순으로 정렬한다. 최신순 정렬은 단순히 최근 등록된 게시물 순서이므로 기존 게시물 조회 조건과 같다. 마지막으로 page, kw의 화면 요청값 저장과 똑같이 so의 화면 요청값을 기억할 수 있도록 render_template 함수에 정렬 조건 so를 추가했다. 인기순으로 정렬하면 답변 개수가 많은 게시물부터 정렬된다.

03-16 도전! 저자 추천 파이보 추가 기능

아쉽지만 이 책에서 구현할 파이보의 기능은 여기까지다. 여러분과 함께 더 많은 기능을 추가하고 싶지만 이런 경험은 여러분 스스로 파이보를 직접 성 장시키며 체험해 보길 바란다.

다만 이 책에서는 다루지 않았지만 구현하면 좋은 기능을 소개한다. 다음 기능을 스스로 구현하다 보면 플라스크를 더 깊이 이해할 수 있을 것이다.

도전 1 답변 페이징과 정렬 기능

현재 파이보는 질문 1개에 답변이 여러 개 달릴 수 있다. 만약 답변이 100개 라고 상상해 보자. 그러면 답변에도 페이징 기능과 정렬 기능 역시 필요하 다. 유명한 개발자 커뮤니티인 스택오버플로(stackoverflow.com)나 레딧 (reddit.com)에서는 추천 개수가 많은 답변을 맨 위에 보여 준다.

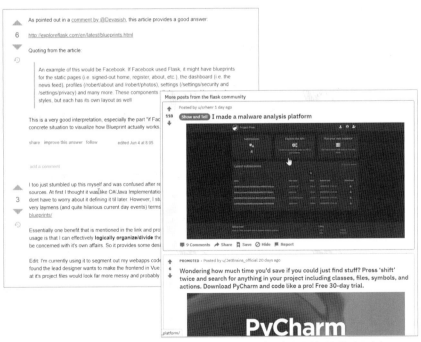

그림 3-15 추천 개수가 많은 답변을 맨 위에 보여 주는 스택오버플로(왼쪽)와 레딧(오른쪽) 커뮤니티

카테고리 기능 만들기

현재 파이보는 질문(질문에 포함된 답변)으로만 게시판이 구성되지만 여기에 '강좌'나 '자유게시판' 게시판을 더 만들고 싶을 수도 있다. 이런 경우 Question 모델에 카테고리 개념을 적용해야 한다. 이를 이용해서 게시판 카테고리 기능을 추가해 보자.

도전 3 **비밀번호 찾기, 변경 기능 만들기**

현재 파이보는 사용자가 비밀번호를 분실했을 때 조치할 수 있는 방법이 없다. 비밀번호를 잃어버렸을 때 가입할 때 입력한 이메일 주소로 임시비밀번호를 발송하여 로그인할 수 있도록 조치하는 간단한 기능을 구현해 보자. 임시비밀번호는 1회 사용할 수 있도록 하고, 사용한 뒤 비밀번호를 강제로 변경하도록 만들면 더 좋다. 또한 분실하지 않더라도 비밀번호를 변경할 수 있도록 기능을 추가할 필요도 있다.

도전 4 **프로필 화면 보여주기**

로그인한 사용자의 프로필 화면을 만들어 보자. 이 화면에는 사용자의 기본 정보와 작성한 질문, 답변, 댓글이 보이면 좋다.

도전 5 **최근 답변과 최근 댓글 기능 추가하기**

현재 파이보는 질문 게시판 위주로 목록이 나타난다. 하지만 사용자는 최근 답변이나 최근 댓글이 궁금할 수도 있다. 최근 답변과 최근 댓글을 확인할 수 있는 기능을 추가해 보자.

도전 6 **조회 수 표시하기**

현재 파이보는 답변 수와 추천 수를 알 수 있지만 조회 수는 표시하지 않는다. 조회 수를 표시할 수 있도록 수정해 보자.

도전 7 **소셜 로그인 추가하기**

파이보에 구글이나 페이스북, 트위터 등을 경유하여 로그인할 수 있는 소셜 로그인 기능을 구현해 보자.

도전 8 마크다운 에디터 적용하기

마크다운 문법을 더 쉽게 입력할 수 있는 마크다운 에디터를 적용해 보자. 인터넷을 찾아보면 추천하는 마크다운 에디터가 몇 가지 있는데 필자는 그 중에서 simpleMDE(simplemde.com)를 추천한다. simpleMDE를 파이보에 적용해 보자.

여기서 소개한 도전 기능은 이미 필자가 만든 파이보 서비스에 적용되어 있다. pybo.kr에 접속하여 기능을 확인하면서 만들어 보자.

04

세상에 선보이는
파이보 서비스!

드디어 파이보를 만드는 긴 여정을 마무리했다. 이 장에서는 '파이보 서비스를 잘 관리하는 방법'과 '파이보 서비스를 세상에 선보이는 방법'을 알아본다. 서비스 관리에는 깃이라는 프로그램이 제격이다. 여기서는 깃을 이용하여 파이보 소스의 버전을 관리할 것이다. 그리고 AWS 라이트 세일을 이용하여 서버를 생성하는 방법과 운영 환경에서 플라스크로 개발한 서비스를 어떻게 하면 효율적으로 관리할 수 있는지도 알아본다. 하지만 무엇보다도 이 장에서는 여러분이 만든 서비스를 세상에 선보이는 소중한 경험을 만끽하기 바란다.

이 장의
목표

✓ 깃으로 소스를 관리한다.

✓ 서비스 배포를 위한 환경을 마련한다.

✓ AWS 라이트세일로 서비스를 배포한다.

04-1 깃으로 버전 관리하기

코드를 작성하다 보면 수정과 삭제가 빈번하게 발생한다. 가끔은 예전에 삭제한 코드를 되살리고 싶을 때도 있고, 수정한 코드를 다시 확인하고 싶을 때도 생긴다. 만약 해당 코드가 포함된 프로젝트에 여러 사람이 참여했다면 파일 1개를 여럿이 수정해야 할 수도 있다. 그러면 누가 어떤 부분을 왜 수정했는지 알아야 한다. 이런 경우 '버전 관리 시스템'을 도입하면 간단히 해결할 수 있다. 이 장에서는 버전 관리 시스템 중에서도 가장 유명한 깃^{Git}을 설치하고 사용해 본다.

🧪 **완성 소스**
github.com/pahkey/
flaskbook/tree/4-01

😊 이후 Git은 깃으로 표기한다.

깃 설치하기

깃 공식 홈페이지에서 깃 설치 파일을 내려받아 설치하자. 설치 파일을 실행한 다음 계속 〈Next〉를 눌러 기본 옵션으로 설치하면 된다.

😊 깃 공식 홈페이지:
git-scm.com

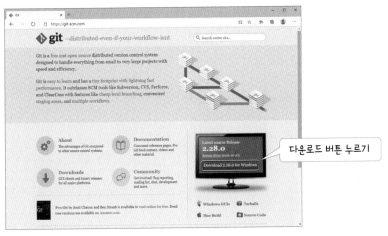

그림 4-1 깃 다운로드 화면

파이보에 깃 적용하기

01단계 파이보 프로젝트에서 저장소 만들기 - git init

이제 파이보에 깃을 사용할 준비가 되었다. 가장 먼저 할 일은 저장소 repository를 만드는 것이다. projects/myproject에서 git init 명령을 실행하자.

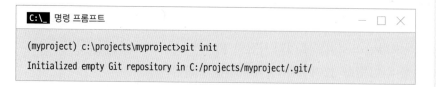

```
(myproject) c:\projects\myproject>git init
Initialized empty Git repository in C:/projects/myproject/.git/
```

그러면 C:/projects/myproject/.git/ 디렉터리가 생성된다. 이후 깃의 관리는 모두 이 디렉터리에서 이뤄질 것이다.

02단계 현재 저장소의 상태 확인하기 - git status

그러면 projects/myproject에서 git status 명령을 실행해 보자.

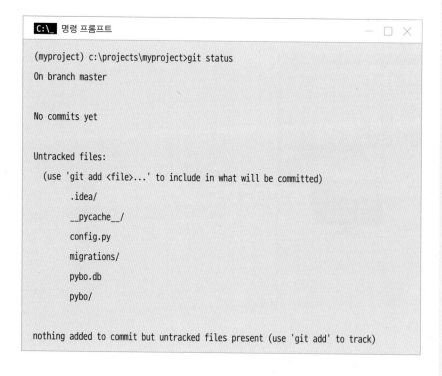

```
(myproject) c:\projects\myproject>git status
On branch master

No commits yet

Untracked files:
  (use 'git add <file>...' to include in what will be committed)
        .idea/
        __pycache__/
        config.py
        migrations/
        pybo.db
        pybo/

nothing added to commit but untracked files present (use 'git add' to track)
```

> git init 명령은 가상 환경을 실행하지 않아도 된다.

> 만약 .git 디렉터리가 보이지 않는다면 윈도우 탐색기의 [보기] 메뉴에서 '숨긴 항목' 옵션을 체크해서 선택해 보자.

`git status` 명령은 현재 저장소의 상태를 출력해 준다. 지금 보이는 메시지는 아직 관리되지 않는 파일^{Untracked files}을 보여 준다. 또 이 파일을 관리하려면 `git add` 명령을 이용하라고 조언도 해준다.

03단계 깃으로 관리하지 않을 파일 무시하기 - .gitignore

앞에서 조언한 대로 `git add` 명령을 수행하기 전에 깃으로 관리할 파일을 고민해야 한다. 예를 들어 파이보를 만들며 직접 작성한 config.py, pybo 디렉터리 등은 깃으로 관리해야 할 대상이 맞지만 .idea나 pybo.db는 사용자별, 시스템별로 달라지는 파일이므로 깃으로 관리하면 안 된다.

.idea는 사용자 설정을 저장하는 파이참 전용 파일이고, pybo.db 파일은 SQLite의 데이터베이스 파일이다.

예를 들어 여러 명이 같은 저장소에서 작업할 때 .idea 파일을 누군가 변경한다면 내가 설정했던 파이참 설정 내용이 다른 사람의 것으로 변경되는 문제가 발생한다. 이런 상황을 방지하기 위해 .gitignore 파일을 작성하여 관리하지 않는 대상을 기술해 주어야 한다. 다음처럼 .gitignore 파일을 생성해 보자.

컴파일된 파이썬 파일인 *.pyc 와 __pycache__ 디렉터리도 깃으로 관리되지 않도록 .gitignore 파일에 추가해 주었다.

04단계 파일을 깃에 등록하고 git status 명령 수행하기 - git add

이제 다음처럼 add 명령을 수행해 보자.

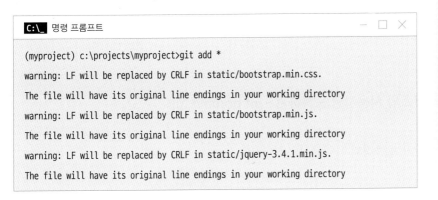

현재 디렉터리 하위의 모든 파일을 추가하기 위해 **git add ***를 수행했다. bootstrap.min.css, bootstrap.min.js, jquery-3.4.1.min.js의 경고 문구 는 '줄바꿈 문자를 \n에서 \r\n으로 강제로 바꾼다'는 의미이므로 무시해도 된다. 다시 **git status** 명령을 수행해 보자. 그러면 깃 스테이지 영역에 추 가된 파일을 확인할 수 있다.

```
C:\_  명령 프롬프트                                          —  □  ×

(myproject) c:\projects\myproject>git status
On branch master


No commits yet


Changes to be committed:
  (use 'git rm --cached <file>...' to unstage)
        new file:   .gitignore
        new file:   config.py
        new file:   migrations/README
        ...
        new file:   pybo/views/main_views.py
        new file:   pybo/views/question_views.py
        new file:   pybo/views/vote_views.py
```

점프 투 플라스크!

깃이 저장소에 변경 사항을 저장할 때는 스테이징을 거친다

깃은 저장소에 변경 사항을 바로 저장하지 않고 스테이징(staging) 이라는 단계를 거친다. 스테이징은 변경 사항 중에서 저장하고 싶은 부분만 선택해서 저장소에 저장하기 직전 단계에 올려놓는 개념이다. 따라서 **git add <파일명>** 명령을 사용하면 **git add** 명령으로 지정한 파일이 스테이 지 영역에 추가되고, 이후 **git commit** 명령을 수행해야 비로소 스테이지 영역에 있는 파일이 저장소에 저장된다.

05단계 **커밋하고 이메일 주소와 사용자명 등록하기 - git commit, git config**

이제 **git commit** 명령을 수행하여 변경된 사항을 저장해 보자.

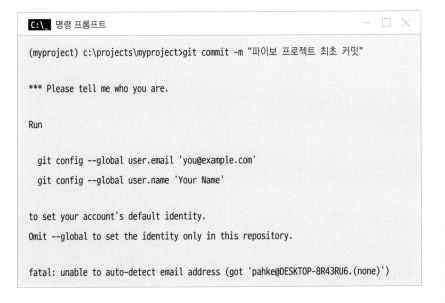

```
C:\   명령 프롬프트                                          -  □  ×

(myproject) c:\projects\myproject>git commit -m "파이보 프로젝트 최초 커밋"

*** Please tell me who you are.

Run

  git config --global user.email 'you@example.com'
  git config --global user.name 'Your Name'

to set your account's default identity.
Omit --global to set the identity only in this repository.

fatal: unable to auto-detect email address (got 'pahke@DESKTOP-8R43RU6.(none)')
```

`git commit` 명령을 수행하면 먼저 위처럼 이메일 주소와 사용자명을 설정
하라는 오류가 발생한다. 다음과 같이 이메일 주소와 사용자명을 설정해
보자.

```
C:\   명령 프롬프트                                          -  □  ×

(myproject) c:\projects\myproject>git config --global user.email "pahkey@gmail.com"
(myproject) c:\projects\myproject>git config --global user.name "박응용"
```

이메일 주소와 사용자
명은 전역(global) 옵션
으로 한 번만 설정하면 계속 유
지된다.

그리고 다시 `git commit` 명령을 수행해 보자.

```
C:\   명령 프롬프트                                          -  □  ×

(myproject) c:\projects\myproject>git commit -m "파이보 프로젝트 최초 커밋"
[master (root-commit) 9b695c0] 파이보 프로젝트 최초 커밋
 41 files changed, 1597 insertions(+)
 create mode 100644 .gitignore
 create mode 100644 config.py
 create mode 100644 migrations/README
 ...
 create mode 100644 pybo/views/main_views.py
 create mode 100644 pybo/views/question_views.py
 create mode 100644 pybo/views/vote_views.py
```

-m 옵션은 커밋의 내용을 입력하는 옵션이다. 만약 이 옵션을 생략하면 커밋의 내용을 입력하는 에디터 창이 나타난다. 이제 다시 git status 명령을 수행해 보자.

```
(myproject) c:\projects\myproject>git status
On branch master
nothing to commit, working tree clean
```

변경 사항이 없고 작업 공간이 깨끗하다는 정보를 확인할 수 있다.

06단계   templates/base.html 수정해 보기

이번에는 base.html 템플릿의 <title>을 다음처럼 바꾸어 저장해 보자.

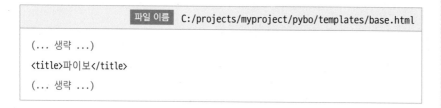

파일 이름   C:/projects/myproject/pybo/templates/base.html

```
(... 생략 ...)
<title>파이보</title>
(... 생략 ...)
```

그리고 다시 git status 명령을 수행해 보자.

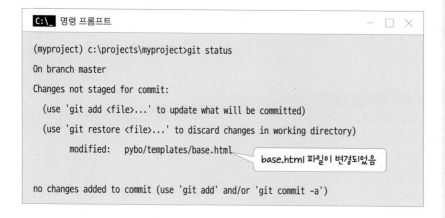

```
(myproject) c:\projects\myproject>git status
On branch master
Changes not staged for commit:
  (use 'git add <file>...' to update what will be committed)
  (use 'git restore <file>...' to discard changes in working directory)
        modified:   pybo/templates/base.html
```
base.html 파일이 변경되었음
```
no changes added to commit (use 'git add' and/or 'git commit -a')
```

파일을 변경하면 git status 명령을 수행할 때 이와 같은 변경 내역 정보가 표시된다.

07단계 **코드의 변경 내역 확인하고 한글 문제 해결하기 - git diff**

코드의 변경 내역을 확인하려면 git diff 명령을 실행하면 된다.

```
(myproject) c:\projects\myproject>git diff
diff --git a/pybo/templates/base.html b/pybo/templates/base.html
index 08b197b..061ffc5 100644
--- a/pybo/templates/base.html
+++ b/pybo/templates/base.html
@@ -8,7 +8,7 @@
    <link rel='stylesheet' href="{{ url_for('static', filename='bootstrap.min.css')
    }}">
    <!-- pybo CSS -->
    <link rel='stylesheet' href="{{ url_for('static', filename='style.css') }}">
-    <title>Hello, pybo!</title>
+    <title><ED><8C><8C><EC><9D><B4><EB><B3><B4></title>
  </head>
  <body>
  {% include "navbar.html" %}
```

한글이 깨져서 <ED>와 같은 문자로 보임

하지만 git diff를 수행할 때 한글 부분이 모두 깨져 보이는 문제가 발생한 다. 이 문제를 해결하려면 다음처럼 set LC_ALL=C.UTF-8 명령을 수행해 주어야 한다.

> 만약 윈도우 파워셸에 서 이를 실행하고 있었 다면 $Env:LC_ALL = "C.UTF-8"을 입력해야 한다.

```
(myproject) c:\projects\myproject>set LC_ALL=C.UTF-8
```

그리고 다시 git diff 명령을 실행해 보자.

```
(myproject) c:\projects\myproject>git diff
diff --git a/pybo/templates/base.html b/pybo/templates/base.html
index 08b197b..061ffc5 100644
--- a/pybo/templates/base.html
+++ b/pybo/templates/base.html
```

```
@@ -8,7 +8,7 @@
    <link rel='stylesheet' href='{{ url_for('static', filename='bootstrap.min.css') }}'>
    <!-- pybo CSS -->
    <link rel='stylesheet' href='{{ url_for('static', filename='style.css') }}'>
-   <title>Hello, pybo!</title>         변경 내역이 잘 보임
+   <title>파이보</title>
  </head>
  <body>
  {% include 'navbar.html' %}
```

한글이 제대로 출력되는 것을 확인할 수 있다. git diff 명령으로 출력되는 문장에서 - 표시는 삭제되는 부분이고 + 표시는 추가되는 부분을 의미한다.

08단계 코드의 변경 내역 되돌리기 - git restore

만약 코드의 변경 내역을 되돌리고 싶은 경우에는 git restore 명령을 수행하면 된다.

```
C:\_ 명령 프롬프트                                          — □ ✕

(myproject) c:\projects\myproject>git restore pybo/templates/base.html
```

git restore 명령 뒤에는 되돌리고 싶은 파일 이름을 적으면 된다. 파일 이름은 git status 명령으로 출력된 파일 이름을 기준으로 적으면 된다. 파이참에서 확인해 보면 변경한 내용이 이전 내용으로 복구되었다는 것을 확인할 수 있다.

09단계 변경 내역 커밋하기 - git commit -a

복구된 templates/base.html 파일의 코드를 다시 <title>파이보</title>로 변경하고 git commit 명령을 수행해 보자.

```
C:\_ 명령 프롬프트                                          — □ ✕

(myproject) c:\projects\myproject>git commit -m "타이틀 변경"
On branch master
Changes not staged for commit:
```

```
  (use 'git add <file>...' to update what will be committed)
  (use 'git restore <file>...' to discard changes in working directory)
        modified:   pybo/templates/base.html

no changes added to commit (use 'git add' and/or 'git commit -a')
```

그러면 '변경 내역이 저장되지 않았다'는 메시지와 함께 git add 명령 또는
git commit -a 명령을 수행하라는 메시지가 나타난다. **만약 변경 내역을 커**
밋하고 싶다면 git add 명령을 진행하고 git commit 명령을 수행하거나
git commit -a 명령과 같이 git commit 명령에 -a 옵션을 추가해야 한다.
-a 옵션은 커밋할 때 add 명령도 함께 처리하라는 옵션이다. 다음처럼 -a 옵
션을 추가하여 변경 내역을 적용하자.

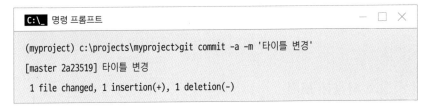

```
(myproject) c:\projects\myproject>git commit -a -m '타이틀 변경'
[master 2a23519] 타이틀 변경
 1 file changed, 1 insertion(+), 1 deletion(-)
```

10단계 커밋 이력 확인하기 - git log

깃으로 커밋한 이력을 확인하고 싶다면 git log 명령을 입력하면 된다.

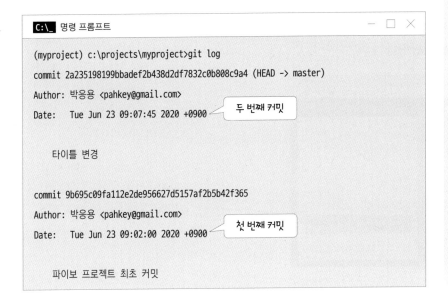

```
(myproject) c:\projects\myproject>git log
commit 2a235198199bbadef2b438d2df7832c0b808c9a4 (HEAD -> master)
Author: 박응용 <pahkey@gmail.com>
Date:   Tue Jun 23 09:07:45 2020 +0900          두 번째 커밋


    타이틀 변경


commit 9b695c09fa112e2de956627d5157af2b5b42f365
Author: 박응용 <pahkey@gmail.com>
Date:   Tue Jun 23 09:02:00 2020 +0900          첫 번째 커밋


    파이보 프로젝트 최초 커밋
```

04-2 깃허브 사용해 보기

04-1에서 깃을 사용하여 로컬 저장소를 생성하고 소스 코드를 관리하는 방법을 배웠다. 하지만 프로젝트는 보통 여럿이 진행하므로 원격 저장소가 반드시 필요하다. 물론 개인 프로젝트라 하더라도 코드의 유실을 방지하려면 원격 저장소는 필수이다. 여기서는 깃을 지원하는 원격 저장소 중에서 가장 유명한 깃허브^{Github}를 어떻게 사용하는지 알아본다.

참고로 원격 저장소는 컴퓨터에 있는 로컬 저장소가 아닌 인터넷의 다른 공간에 있는 저장소를 말한다.

깃허브는 깃을 지원하는 마이크로소프트에서 운영하는 호스팅 서비스이다. 현재 사용자가 4,000만 명 이상이고 4,400만 개가 넘는 신규 저장소가 있다고 하니 그 인기가 어마어마하다. 깃허브는 오픈소스 지원 정책에 따라 무료로 사용할 수 있다.

깃허브 가입하고 원격 저장소 사용해 보기

01단계　깃허브 가입하기

깃허브를 사용해 본 적이 없다면 공식 홈페이지에서 회원가입하자. 깃허브 공식 홈페이지에 접속한 다음 오른쪽 위에 있는 〈Sign up〉을 누르고 이어서 필수 항목을 입력한 다음 〈Sign up for Github〉를 누르면 된다. 가입 절차는 간단하므로 여기서는 생략한다.

깃허브 공식 홈페이지: github.com

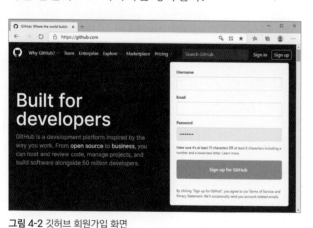

그림 4-2 깃허브 회원가입 화면

02단계 **깃허브에 원격 저장소 생성하고 로컬 저장소와 연결하기**

깃허브를 원격 저장소로 사용하려면 파이보의 로컬 저장소와 깃허브의 원
격 저장소를 연결해야 한다. 깃허브에 로그인하고 〈Create repository〉를
누르자.

그림 4-3 저장소 만들기

이미 깃허브를 사용하고 있다면 'Repositories'의 〈New〉를 누르자.

그림 4-4 깃허브를 사용하면서 볼 수 있는 저장소 만들기 버튼

그러면 원격 저장소를 생성할 수 있는 페이지가 나타난다. 'Repository
name'에 'flask-pybo'를 입력하고 〈Create repository〉를 눌러 원격 저
장소를 생성하자.

 현재 필자의 원격 저장소
URL: github.com/pah
key/flask-pybo.git

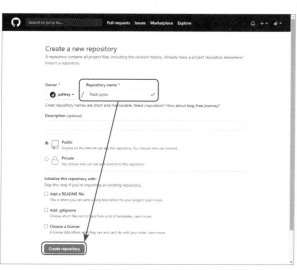

그림 4-5 저장소 만드는 과정

그러면 원격 저장소의 URL을 확인할 수 있는 화면이 나타난다. 이 URL은 로컬 저장소와 연결할 때 사용되므로 기억해야 한다.

필자가 만든 원격 저장소 URL의 pahkey는 깃허브 아이디로 자동 생성된 것이므로 여러분의 원격 저장소 URL과 차이가 있다.

그림 4-6 원격 저장소 URL 확인하기

03단계 로컬 저장소와 원격 저장소 연결하고 원격 저장소에 로컬 저장소 저장시키기

이제 로컬 저장소와 원격 저장소를 연결하자. C:\projects\myproject 디렉터리에서 git remote add origin <원격 저장소 URL> 명령을 수행하자.

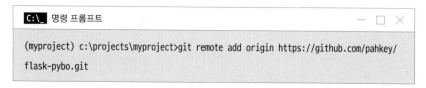

```
(myproject) c:\projects\myproject>git remote add origin https://github.com/pahkey/
flask-pybo.git
```

명령어를 입력할 때에는 URL 아이디에 pahkey 대신 독자 여러분의 아이디를 입력해야 한다. 이 점에 주의하자. 이어서 git push -u origin master 명령으로 로컬 저장소의 내용을 원격 저장소에 저장시키자.

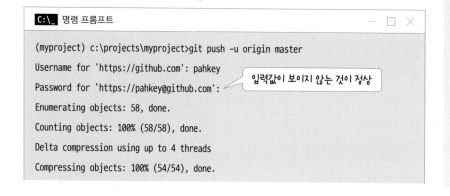

```
(myproject) c:\projects\myproject>git push -u origin master
Username for 'https://github.com': pahkey
Password for 'https://pahkey@github.com':          입력값이 보이지 않는 것이 정상
Enumerating objects: 58, done.
Counting objects: 100% (58/58), done.
Delta compression using up to 4 threads
Compressing objects: 100% (54/54), done.
```

```
Writing objects: 100% (58/58), 86.43 KiB | 3.76 MiB/s, done.
Total 58 (delta 18), reused 0 (delta 0)
remote: Resolving deltas: 100% (18/18), done.
To https://github.com/pahkey/flask-pybo.git
 * [new branch]      master -> master
Branch 'master' set up to track remote branch 'master' from 'origin'.
```

'Username'과 'Password'를 요구하면 여러분의 깃허브 아이디와 비밀번호를 입력하면 된다. 입력을 마치면 원격 저장소에 로컬 저장소 내용이 저장된다.

점프 투 플라스크!

git push 명령 입력 시 비밀번호를 묻지 않도록 설정하기

파이보의 코드를 변경한 다음 깃허브에 저장하기 위해 `git push` 명령을 수행할 때마다 깃허브의 아이디와 비밀번호를 입력해야 한다. 개발이 한창일 때는 이런 작업은 매우 귀찮고 번거롭다. 다음처럼 'credential.helper'의 'store' 옵션을 주면 인증 절차를 생략할 수 있어 한결 편리하다. 물론 최초 인증 절차는 필요하다.

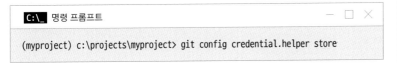

```
C:\_ 명령 프롬프트                                    -  □  ×

(myproject) c:\projects\myproject> git config credential.helper store
```

이제 깃허브 홈페이지에 접속해서 원격 저장소에 정상으로 저장되었는지 확인하자. 깃에서 관리하기로 한 파일이 모두 원격 저장소에 저장되었다는 것을 확인할 수 있다.

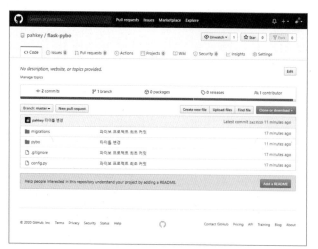

그림 4-7 원격 저장소에 저장된 코드

점프 투 플라스크!

작업한 내용을 원격 저장소에 저장하는 순서 간단 정리

1. 프로그램 변경 작업하기
2. `git add <파일명>` 또는 `git add *` 명령 수행하기
3. `git commit -m "변경 사항 요약"` 명령 수행하기
4. `git push` 명령 수행하기

04-3 파이보를 위한 서버 운영 방법 알아보기

이제 파이보를 서비스할 방법을 소개할 차례이다. 여러분이 제작한 파이보 서비스를 누구나 사용할 수 있도록 하려면 다른 사람이 인터넷으로 파이보 서비스에 접속할 수 있도록 만들어야 한다. 그런데 그렇게 하려면 1년 365일 쉬지 않고 켜 있는 서버가 반드시 필요하다.

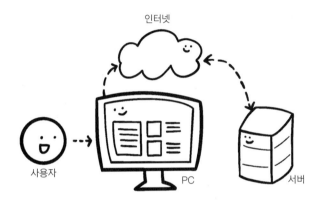

그림 4-8 24시간 동작하여 사용자의 요청에 응답하는 서버

그림에서 보듯 사용자가 파이보 서비스를 사용하려면 항상 켜 있는 서버가 필요하다. 사용자는 PC 또는 모바일 기기로 파이보 서비스에 접속하고, 서버는 사용자가 사용하는 기기의 화면으로 파이보 서비스를 보여 준다. 아무튼 중요한 것은 우리에게는 서버가 필요하다는 것이다. 그러면 서버는 무엇이고 어떻게 운영해야 할까?

서버를 직접 운영하기는 무척 힘들다

서버는 여러분이 흔히 볼 수 있는 PC 본체와 비슷하다. 하지만 서버는 보통 PC보다 더 넓고 납작하며 비싸다. 아무튼 서버를 운영하려면 바로 이 하드웨어를 구매해야 하고 네트워크 장비를 구축한 IDC 센터에 서버를 보내 관리해야 한다. 또한 서버 역시 윈도우와 같은 운영체제를 설치해야 한다. 서버의 운영체제는 보통 리눅스 계열을 많이 설치한다. 그리고 서버를 운영하려면 데이터베이스 설치, 네임 서버 설치, 도메인 등록, 백업 등 해야 할 일이 정말 많다.

여러분이 파이보 서비스를 인터넷에 공개하려면 이 모든 것을 해내야 한다. 하지만 혼자서 이 모든 것을 감내하기는 정말 어렵다. 아마도 파이보 서비스를 인터넷에 공개하기 전에 서버를 설치하고 관리하는 데 엄청나게 많은 시간을 보내야 할 것이다.

클라우드 시스템을 이용하면 파이보를 인터넷에 쉽게 공개하고 운영할 수 있다

하지만 절망할 필요는 없다. 이 모든 것을 쉽게 할 수 있도록 도와주는 클라우드 시스템이 등장했기 때문이다. 클라우드 시스템을 사용하면 여러분이 서버를 구입할 필요도 없고 운영체제를 설치할 필요도 없다. 물론 데이터베이스나 네임 서버의 설치, 백업 등도 할 필요가 없다. 클라우드 시스템이 이 모든 것을 다 준비해 놓았기 때문이다.

클라우드 시스템은 네트워크 기반 서비스 형태로 서버를 관리할 수 있도록 해준다. **쉽게 말해 여러분은 클릭 몇 번으로 서버, 운영체제, 데이터베이스 등과 같은 서버를 운용하는 데 필요한 모든 것을 선택하여 설치할 수 있다. 개발자에게 정말 좋은 시절이 찾아온 것이다.** 파이보는 클라우드 시스템으로 아마존 웹 서비스Amazon Web Services, AWS를 사용할 것이다. AWS는 가장 잘 만든 클라우드 시스템이고 개발자가 되고 싶다면 한번쯤 경험해 볼 만한 서비스이기 때문이다. 평소 AWS에 관심이 있었다면 이번이 사용해 볼 절호의 찬스이다.

앞으로 아마존 웹 서비스는 AWS로 줄여서 사용한다.

04-4 AWS 라이트세일 사용해 보기 - 1달 무료

AWS에 관심이 있다면 'AWS는 어렵고 비싸다'라는 말을 많이 들었을 것이다. 하지만 AWS 라이트세일^{AWS Lightsail}을 구입하면 AWS를 쉽고 저렴하게 사용할 수 있다. 여기서는 AWS 라이트세일을 어떻게 사용하는지 알아보자.

AWS 라이트세일이란?

AWS 라이트세일은 아마존에서 운영하는 웹 서비스에 특화된 클라우드 서비스이다. AWS를 처음 시작하려면 공부할 내용이 무척 많다. 하지만 AWS 라이트세일은 웹 서비스 운영에 꼭 필요한 기능만 준비되어 있으므로 비교적 공부할 내용이 적다. 또한 AWS와 비교하면 AWS 라이트세일은 정말 가성비가 좋다. 처음 1달은 무료이며 그 이후 비용은 월 3.5달러이다. 하지만 저렴한 비용에 비해 꽤 좋은 웹 서버를 운영할 수 있다. 참고로 **비용이 부담스럽다면 AWS 라이트세일을 1달만 사용하고 삭제하면 추가 요금이 발생하지 않는다.** 월 3.5달러로 여러분에게 제공될 서버의 사양은 다음과 같다.

> AWS 라이트세일 사용 취소는 04-4 가장 마지막 부분에 안내한다. 우선 안심하고 실습을 진행하자.

> **AWS 라이트세일의 사양**
> - 메모리: 512MB
> - CPU: 1vCPU
> - SSD: 20GB
> - 트래픽: 1TB

이 정도면 서비스 초기 단계에는 충분하다. 물론 사용자가 많아져서 트래픽이 많아지면 좀 더 좋은 사양으로 업그레이드해야 한다. AWS 라이트세일은 업그레이드 역시 쉽다.

AWS 가입하기

AWS 공식 홈페이지:
aws.amazon.com/
ko

01단계 AWS 공식 홈페이지에서 계정 생성하기

AWS 라이트세일을 이용하려면 AWS 계정이 필요하다. 먼저 AWS 공식 홈페이지에서 AWS 계정을 생성하자. AWS 공식 홈페이지에 접속한 다음 〈AWS 계정 생성〉을 누르자.

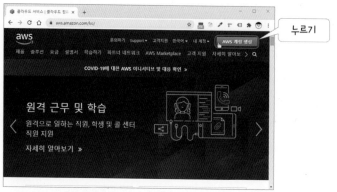

그림 4-9 AWS 홈페이지에서 계정 생성하기

이어서 '이메일 주소'와 '암호' 그리고 '계정 이름'을 입력하고 〈(필수) 동의하고 계정 만들기〉를 누른다.

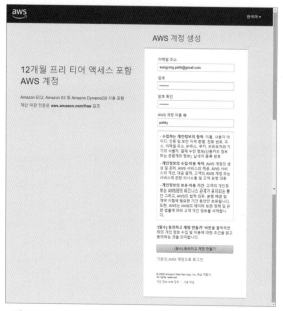

그림 4-10 AWS 회원가입 화면

연락처 정보 입력하기

계속해서 '연락처 정보'를 입력하고 〈계정을 만들고 계속 진행〉을 누른다.
이때 주소 정보는 반드시 영문으로 입력해야 한다. 영문 주소는 juso.go.kr
에 접속한 다음 자신의 집 주소를 검색하고 '영문 보기'를 누르면 쉽게 알 수
있다.

영문 주소는 인터넷 검
색 창에서 '영문 주소
변환'을 검색하면 쉽게 찾을
수 있다.

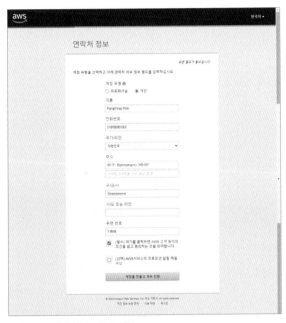

그림 4-11 연락처 정보 입력 화면

03단계 **결제 정보 입력하기 - 신용카드 또는 해외 결제 가능한 체크카
드 필요**

'결제 정보'를 입력한 다음 〈검증 및 추가〉를 누르자. 참고로 계정을 생성하
려면 신용카드 또는 해외 결제를 할 수 있는 체크카드가 필요하다. 결제 정
보를 입력할 때 카드 인증을 위해 1달러가 자동으로 출금된다. 출금된 1달
러는 1~2주 내에 다시 입금되니 안심하자. 만약 이 과정이 어려운 학생이라
면 부모님께 부탁드리자.

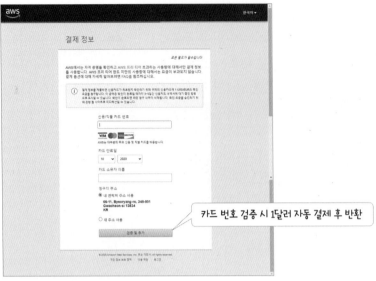

카드 번호 검증 시 1달러 자동 결제 후 반환

그림 4-12 결제 정보 입력 화면

04단계 본인 인증 후 무료 지원 플랜 선택하기

다음 화면에서 자격 증명 확인을 위해 자신의 휴대전화 번호를 입력하고
〈SMS 전송〉을 누른다. 이어서 휴대전화로 전달된 4자리 확인 코드를 입력
하고 〈무료〉 지원 플랜을 선택하자.

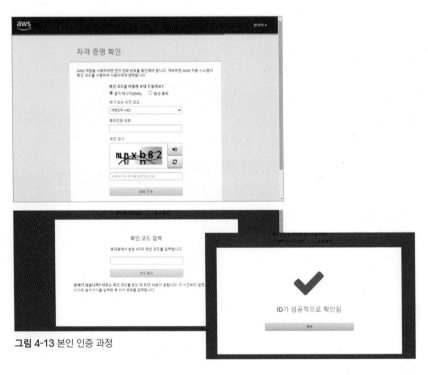

그림 4-13 본인 인증 과정

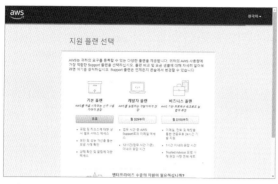
그림 4-14 무료 지원 플랜 선택

05단계 **콘솔에 로그인하기**

이제 다 왔다. 〈콘솔에 로그인〉을 누른 다음 가입한 계정으로 로그인을 수행하자.

그림 4-15 콘솔 로그인 과정

 AWS 라이트세일 인스턴스 생성하기

AWS 계정 생성을 마쳤다면 AWS 라이트세일을 사용할 수 있다. AWS에 로그인하여 다음 단계를 순서대로 따라 해보자. 혹시 언어 설정이 나오면 〈한국어〉를 선택하자.

AWS 라이트세일 공식 홈페이지에 접속하기

AWS 공식 홈페이지에서 계정을 생성했으니 아이디와 비밀번호를 입력하고 접속하자.

그림 4-16 첫 로그인 시 인스턴스가 없다는 안내 화면

02단계 **인스턴스 생성하기**

[인스턴스] 탭에서 〈인스턴스 생성〉을 누르자. [데이터베이스], [네트워킹], [스토리지], [스냅샷]과 같은 탭은 지금은 필요 없으므로 무시하자.

그림 4-17 인스턴스 생성하기

그런 다음 그림을 보고 인스턴스를 생성하는 데 필요한 여러 옵션을 지정하자. '인스턴스 이미지 선택'에서 플랫폼으로 〈Linux/Unix〉를 선택하고 블루프린트는 〈OS 전용〉을 선택한다. 그런 다음 〈Ubuntu 20.04 LTS〉를 선택한다. 운영체제는 아주 다양한데 가장 안정되고 많은 사람이 사용하는 우분투를 설치할 것이다.

AWS 라이트세일 공식 홈페이지: lightsail.aws.amazon.com

우분투는 16.04, 18.04, 20.04 버전이 있는데 최신 버전인 20.04를 선택했다.

그림 4-18 운영체제 선택하기

03단계 　인스턴스 플랜 선택하기 - 비용 고르기

‘인스턴스 플랜 선택’에서 〈월별 요금〉과 〈$3.5 USD〉를 선택하자. 참고로 월 3.5달러 이외의 요금제는 첫 달 무료 혜택이 없다. 이어서 스크롤을 내려 마지막으로 〈인스턴스 생성〉을 누르자.

> 🙂 인스턴스명은 자동으로 선택한 OS명에 인덱스를 붙여 ‘Ubuntu-1’과 같이 표시되는데 원하는 이름으로 바꾸어도 좋다.

그림 4-19 비용 고르기(첫 달 무료)

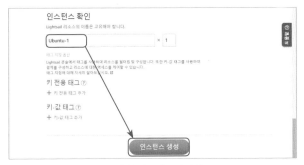

그림 4-20 인스턴스 이름 확인 후 인스턴스 생성 완료

〈인스턴스 생성〉을 누르면 다음과 같은 화면이 나타난다. 인스턴스를 생성하는 동안에는 '대기 중'이라는 메시지를 보여 준다.

그림 4-21 인스턴스 목록 화면

04단계 인스턴스 생성 완료!

1~2분 지나면 인스턴스가 '대기 중'에서 '실행 중'으로 바뀐다. 축하한다. 여러분의 서버가 생성되었다.

그림 4-22 정상으로 생성된 인스턴스

04-5 파이보 세상에 공개하기

AWS 라이트세일로 여러분의 서버를 생성했다. 서버가 생성되었으니 서버에 파이보를 설치하고 모든 사람이 사용할 수 있도록 만들어 보자. 파이보를 서버에 설치하고 사용하기 위해 준비하는 과정은 여러분이 PC에서 개발을 진행할 때 설치했던 것과 크게 다르지 않다. 우선 AWS 라이트세일이 처음인 독자를 위해 서버 접속부터 차근차근 소개한다.

Do it! 실습 서버에 접속하여 필요한 도구 설치하기

01단계 서버에 접속하기

먼저 AWS에 로그인한 다음 lightsail.aws.amazon.com에 접속하자. 다음 화면이 나타나면 여러분의 인스턴스에 있는 명령 프롬프트 아이콘을 누르자. 여러분에게 익숙한 명령 프롬프트 창이 나타날 것이다.

> 😊 lightsail.aws.amazon.com에 먼저 접속했다면 [루트 사용자]를 선택한 다음 회원가입할 때 사용한 이메일 주소를 입력하여 로그인하자.

그림 4-23 인스턴스에서 명령 프롬프트 아이콘 누르기

그림 4-24 인스턴스의 명령 프롬프트, 터미널

앞으로 서버에 필요한 모든 작업은 여기서 진행된다고 생각하면 된다. 그런데 여러분이 보고 있는 AWS의 명령 프롬프트 창은 사실 매우 불편하다. 04-7에서 이보다 훨씬 편리한 방법을 소개한다. 지금은 공부한다는 생각으로 사용해 보자.

02단계 현재 시간 확인해 보고 우리나라 시간으로 서버 설정하기

명령 프롬프트에서 date 명령을 사용해 보자. 그러면 우리나라 시간이 아닌 UTC 시간이 출력된다.

```
ubuntu@ip-172-26-15-179:~$ date
Fri Oct  9 01:57:23 UTC 2020
```

참고로 UTC 시간은 국제 표준 시간이므로, 파이보 게시물의 등록 시간을 우리나라 시간으로 맞추려면 설정을 바꿔야 한다.
참고로 앞으로 '터미널'이라고 표시된 부분은 AWS 서버에 접속한 터미널에서 실행해야 한다는 것을 의미하므로 실습에 참고하자.
한국 시간으로 설정하기 위해 다음 명령을 수행하자.

```
ubuntu@ip-172-26-15-179:~$ sudo ln -sf /usr/share/zoneinfo/Asia/Seoul /etc/localtime
```

다시 date 명령을 수행하면 우리나라 시간으로 출력될 것이다. 여러분의 시계와 비교하여 맞는지 확인해 보자.

```
ubuntu@ip-172-26-15-179:~$ date
Fri Oct  9 11:01:50 KST 2020
```

03단계 서버에 파이썬이 설치되어 있는지 확인하기

플라스크를 사용하려면 파이썬이 반드시 설치되어 있어야 한다. 서버에 파이썬이 설치되어 있는지 python 명령을 입력해 보자.

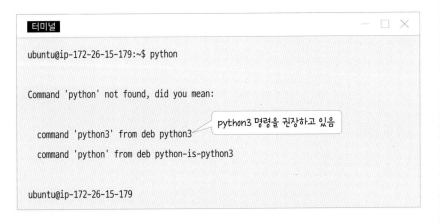

```
ubuntu@ip-172-26-15-179:~$ python

Command 'python' not found, did you mean:

  command 'python3' from deb python3
  command 'python' from deb python-is-python3

ubuntu@ip-172-26-15-179
```

python3 명령을 권장하고 있음

'python3를 입력하라'는 메시지가 나타나면 python3 명령을 입력해 보자.

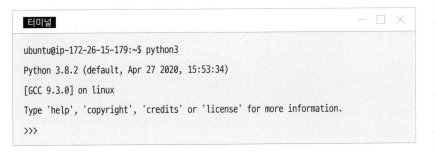

```
ubuntu@ip-172-26-15-179:~$ python3
Python 3.8.2 (default, Apr 27 2020, 15:53:34)
[GCC 9.3.0] on linux
Type 'help', 'copyright', 'credits' or 'license' for more information.
>>>
```

그러면 파이썬 셸이 실행된다. 그렇다. 여러분의 AWS 라이트세일 인스턴스에는 파이썬 3.8.2 버전이 이미 설치되어 있는 상태이다. 파이썬이 정상으로 설치되어 있다는 것을 확인했으니 exit()를 실행하여 파이썬 셸을 종료하자.

04단계   가상 환경 설정하기

이어서 플라스크를 설치하자. 이때 우분투에서 가상 환경을 사용할 수 있도록 'python3-venv' 패키지를 설치하자. 이때 질문 창이 나타나면 모두 Enter 를 눌러 진행하자. 그리고 홈 디렉터리(/home/ubuntu) 하위에 필요한 projects, venvs 디렉터리를 생성하자.

```
터미널                                              ─  □  ✕

ubuntu@ip-172-26-15-179:~$ sudo apt install python3-venv
Reading package lists... Done
Building dependency tree
(... 생략 ...)
ubuntu@ip-172-26-15-179:~$ mkdir projects
ubuntu@ip-172-26-15-179:~$ mkdir venvs
ubuntu@ip-172-26-15-179:~$ ls
projects  venvs
```

이어서 venvs 디렉터리에 진입하여 플라스크 가상 환경을 생성하자.

```
터미널                                              ─  □  ✕

ubuntu@ip-172-26-15-179:~$ cd venvs
ubuntu@ip-172-26-15-179:~/venvs$ python3 -m venv myproject
ubuntu@ip-172-26-15-179:~/venvs$
```

이어서 가상 환경으로 진입하자.

```
터미널                                              ─  □  ✕

ubuntu@ip-172-26-15-179:~/venvs$ cd myproject
ubuntu@ip-172-26-15-179:~/venvs/myproject$ cd bin
ubuntu@ip-172-26-15-179:~/venvs/myproject/bin$ . activate
(myproject) ubuntu@ip-172-26-15-179:~/venvs/myproject/bin$
```

/home/ubuntu/venvs/myproject/bin 디렉터리로 이동한 다음 . activate 명령을 수행하면 가상 환경으로 진입할 수 있다. 만약 가상 환경에서 벗어나려면 아무 곳에서나 deactivate 명령을 수행하면 된다.

가상환경 설정을 위해 필요한 패키지를 설치하기 전에 다음처럼 sudo apt update를 수행하여 우분투 패키지를 최신버전으로 업그레이드하자.
ubuntu@ip-172-26-15-179:~$ sudo apt update

ubuntu@ip-172-26-15-179:~$ 프롬프트에서 '~'는 홈 디렉터리인 /home/ubuntu를 의미한다.

. activate 명령은 '.'과 'activate' 사이에 공백이 있어야 한다.

05단계   wheel 패키지 설치하기

서버 환경에서는 pip로 파이보 관련 패키지를 설치할 경우 'wheel 패키지 관련 오류'가 발생할 수 있다. 그러므로 `pip install wheel` 명령으로 wheel 패키지를 먼저 설치하자.

그리고 Flask를 비롯해 필요한 패키지를 설치하자.

```
터미널                                                                   —  □  ✕

(myproject) ubuntu@ip-172-26-15-179:~/venvs/myproject/bin$ pip install Flask
(myproject) ubuntu@ip-172-26-15-179:~/venvs/myproject/bin$ pip install Flask-Migrate
(myproject) ubuntu@ip-172-26-15-179:~/venvs/myproject/bin$ pip install Flask-WTF
(myproject) ubuntu@ip-172-26-15-179:~/venvs/myproject/bin$ pip install email_validator
(myproject) ubuntu@ip-172-26-15-179:~/venvs/myproject/bin$ pip install Flask-Markdown
```

Do it! 실습 파이보 설치하기

파이보 관련 파일은 깃허브 원격 저장소에 저장되어 있다. 그러니 서버에서 깃을 이용하면 파이보 관련 파일을 쉽게 내려받을 수 있다.

01단계   projects 디렉터리에서 원격 저장소의 파일 내려받기

projects 디렉터리로 이동하자.

깃으로 파이보 관련 파일을 내려받으려면 여러분이 업로드한 깃허브의 원격 저장소 URL을 알아야 한다. 원격 저장소 URL을 미리 복사하자.

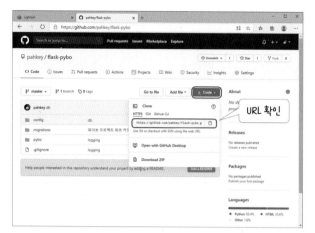

그림 4-25 원격 저장소의 URL 복사하기

URL에 표시된 'pahkey'는 필자의 깃허브 아이디이다. 'pahkey' 대신 여러분의 아이디를 사용해야 한다는 것을 잊지 말자.

URL을 확인한 뒤 서버에서 **git** 명령어로 파이보 관련 파일을 내려받자. 이 때 git clone https://github.com/pahkey/flask-pybo.git myproject와 같이 맨 뒤에 **myproject**를 반드시 입력하자.

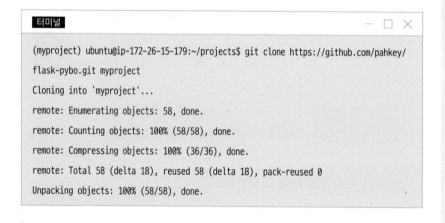

혹시 깃허브를 살펴보는 과정을 수행하느라 서버 연결이 종료될 수 있다. 그런 경우에는 〈다시 연결〉을 눌러 서버를 다시 실행하자. 다시 연결하면 가상 환경이 해제되므로 가상 환경 진입도 반드시 다시 해야 한다.

ls 명령을 수행해 보면 myproject 디렉터리가 생성된 것을 확인할 수 있다.

파이보 실행하기

01단계 **플라스크 서버 실행하기 전에 환경 변수 설정하기**

이제 파이보가 구동될 수 있도록 플라스크 서버를 실행해 보자. 하지만 그 전에 FLASK_APP 환경 변수를 먼저 지정해야 한다. 다음처럼 FLASK_APP 환경 변수를 설정하자.

```
터미널                                          ─ □ ✕

(myproject) ubuntu@ip-172-26-15-179:~/projects$ export FLASK_APP=pybo
```

FLASK_APP 환경 변수에 pybo를 지정했다. 그리고 다음처럼 FLASK_ENV 환경 변수도 일단 development로 지정하자. 참고로 FLASK_ENV 환경 변수는 이후 production으로 바꿀 예정이다.

```
터미널                                          ─ □ ✕

(myproject) ubuntu@ip-172-26-15-179:~/projects$ export FLASK_ENV=development
```

02단계 **데이터베이스 초기화하기**

myproject 디렉터리에서 flask db upgrade 명령으로 데이터베이스를 초기화하자.

```
터미널                                          ─ □ ✕

(myproject) ubuntu@ip-172-26-15-179:~/projects$ cd myproject
(myproject) ubuntu@ip-172-26-15-179:~/projects/myproject$ flask db upgrade
INFO  [alembic.runtime.migration] Context impl SQLiteImpl.
INFO  [alembic.runtime.migration] Will assume non-transactional DDL.
INFO  [alembic.runtime.migration] Running upgrade  -> d87066a025db, empty message
INFO  [alembic.runtime.migration] Running upgrade d87066a025db -> 9e538beacc38,
empty message
...
INFO  [alembic.runtime.migration] Running upgrade 7b16c6a315a3 -> 288dedb8822d,
empty message
```

03단계 플라스크 서버 실행하기

이어서 플라스크 서버를 실행하자. 아무 이상 없이 잘 구동될 것이다.

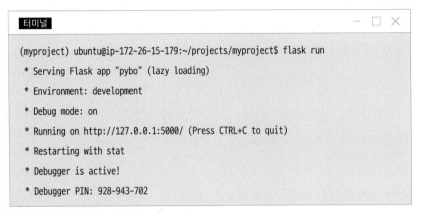

```
(myproject) ubuntu@ip-172-26-15-179:~/projects/myproject$ flask run
 * Serving Flask app "pybo" (lazy loading)
 * Environment: development
 * Debug mode: on
 * Running on http://127.0.0.1:5000/ (Press CTRL+C to quit)
 * Restarting with stat
 * Debugger is active!
 * Debugger PIN: 928-943-702
```

고정 IP 생성하기

이렇게 서버에 구동된 파이보 서비스(플라스크 서버)에 접속하려면 고정 IP가 필요하다. AWS 라이트세일에서 고정 IP를 사용해 보자.

01단계 고정 IP 생성 메뉴로 이동하기

AWS 라이트세일의 메인 화면에서 [네트워킹] 탭으로 이동한 뒤 〈고정 IP 생성〉을 누른다.

그림 4-26 고정 IP 생성 화면

02단계 **고정 IP 인스턴스에 연결하기**

인스턴스 선택에서 [Ubuntu-1]을 선택하고 고정 IP명을 입력한 뒤 〈생성〉을 눌러 고정 IP를 생성하자. 필자의 경우 '3.35.153.92'라는 고정 IP가 생성되었다.

고정 IP명은 원하는 이름으로 설정해도 된다. 여기서는 기본값으로 제시된 StaticIp-1을 사용했다.

그림 4-27 인스턴스 선택하고 생성하기

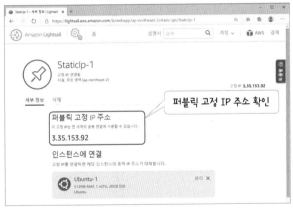

그림 4-28 퍼블릭 고정 IP 주소를 확인하는 화면

 방화벽 설정하고 파이보 서버에 접속해 보기

01단계 **인스턴스에 접속 포트 번호 설정하기**

우리의 파이보 서버(인스턴스)는 포트 번호가 5000번이다. 그래서 외부에서 5000번 포트로 접속하려면 '방화벽 해제 작업'을 해야 한다. AWS 라이트세일의 메인 화면에서 [인스턴스] 탭을 선택한 뒤 다음처럼 [Ubuntu-1]을 클릭하자.

HTTP 기본 포트인 80번 포트에서 서비스하는 방법은 04-10에서 알아본다.

그림 4-29 인스턴스 선택하기

이어서 [네트워킹] 탭을 선택하고 〈+규칙 추가〉를 클릭한다.

그림 4-30 방화벽 규칙 추가 화면

다음처럼 포트 번호 '5000'을 입력하고 생성한다.

그림 4-31 포트 번호 추가 화면

02단계 **플라스크 서버 다시 구동하기**

그리고 인스턴스 터미널로 돌아와 flask run 명령을 실행하여 플라스크 서버를 다시 구동하자. 이때 flask run 명령 뒤에 --host=0.0.0.0이라는 파라미터를 붙였다. --host=0.0.0.0의 의미는 '외부에서 이 서버에 접속할 수 있도록 아이피를 개방한다'이다.

```
터미널                                                        —  □  ×

(myproject) ubuntu@ip-172-26-15-179:~/projects/myproject$ flask run --host=0.0.0.0
 * Serving Flask app "pybo" (lazy loading)
 * Environment: development
 * Debug mode: on
 * Running on http://0.0.0.0:5000/ (Press CTRL+C to quit)
 * Restarting with stat
 * Debugger is active!
 * Debugger PIN: 928-943-702
```

 점프 투 플라스크!

플라스크 서버가 종료되지 않은 상태에서 터미널이 종료되었다면?

플라스크 서버가 종료되지 않은 상태에서 다음처럼 터미널이 종료되었다면 이미 실행 중인 플라스크 서버 프로세스를 종료해야 한다.

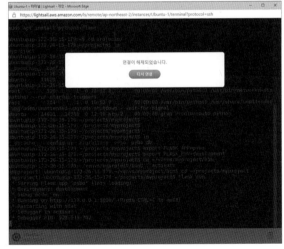
그림 4-32 터미널 연결이 해제된 모습

04 · 세상에 선보이는 파이보 서비스!

〈다시 연결〉을 눌러 터미널에 다시 접속한 뒤 다음처럼 따라 해보자. 가상 환경에 진입하고 환경 변수를 설정한 뒤 프로젝트 루트 디렉터리인 ~/projects/myproject로 이동하자.

```
터미널                                                    —  □  ✕

ubuntu@ip-172-26-15-179:~$ export FLASK_APP=pybo
ubuntu@ip-172-26-15-179:~$ export FLASK_ENV=development
ubuntu@ip-172-26-15-179:~$ cd ~/venvs/myproject/bin
ubuntu@ip-172-26-15-179:~/venvs/myproject/bin$ . activate
(myproject) ubuntu@ip-172-26-15-179:~/venvs/myproject$ cd ~/projects/myproject
(myproject) ubuntu@ip-172-26-15-179:~/projects/myproject$
```

그리고 기존에 실행한 플라스크 서버를 종료하기 위해 다음과 같이 killall flask 명령을 수행한 후 서버를 다시 실행하자.

```
터미널                                                    —  □  ✕

(myproject) ubuntu@ip-172-26-15-179:~/projects/myproject$ killall flask
(myproject) ubuntu@ip-172-26-15-179:~/projects/myproject$ flask run
--host=0.0.0.0
 * Serving Flask app 'pybo' (lazy loading)
 * Environment: development
 * Debug mode: on
 * Running on http://0.0.0.0:5000/ (Press CTRL+C to quit)
 * Restarting with stat
 * Debugger is active!
 * Debugger PIN: 928-943-702
```

만약 killall flask 명령을 수행하지 않고 flask run 명령을 수행하면 다음과 같은 오류가 발생할 것이다.

```
터미널                                                    —  □  ✕

(myproject) ubuntu@ip-172-26-15-179:~/venvs/myproject$ flask run
--host=0.0.0.0
 * Serving Flask app 'pybo' (lazy loading)
 * Environment: development
 * Debug mode: on
```

```
Traceback (most recent call last):
  File '/home/ubuntu/venvs/myproject/bin/flask', line 11, in <module>
    sys.exit(main())
  ...
  File '/home/ubuntu/venvs/myproject/lib/python3.8/site-packages/werkzeug/
serving.py', line 1030, in run_simple
    s.bind(server_address)
OSError: [Errno 98] Address already in use
```

03단계 고정 IP로 파이보에 접속해 보기

인스턴스 터미널을 잠시 내려놓고 여러분의 컴퓨터에서 웹 브라우저를 실행한 다음 앞서 설정한 고정 IP에 포트 번호를 붙여(3.35.153.92:5000) 접속해 보자. 그러면 다음 화면을 볼 수 있다.

그림 4-33 고정 IP로 접속한 파이보

이제부터 누구나 웹 브라우저에서 3.35.153.92:5000을 입력하여 여러분의 파이보 서비스를 사용할 수 있다. 여러분이 만든 서비스가 세상에 공개되는 순간이다. 축하한다!

만약 웹 브라우저 화면에 flask.cli.NoAppException 오류가 나타나면 flask run --host=0.0.0.0 명령을 projects/myproject 디렉터리에서 실행했는지 확인해 보자. flask run 명령은 아무 곳에서나 실행할 수 있으므로 잘못된 위치에서 실행하고 나서 어리둥절하기 쉽다. 올바른 위치에서 이 명령을 실행하지 않으면 실제 서비스를 할 때 페이지 전송에 영향을 주므로 반드시 명령 실행 위치에 주의해야 한다.

AWS 인스턴스와 고정 IP 삭제하여 의도하지 않은 요금 발생 막기

AWS 라이트세일 인스턴스는 1달간 무료로 사용할 수 있고 이후엔 비용이 발생한다. 이를 원치 않는다면 인스턴스와 고정 IP를 삭제해야 한다. 인스턴스는 다음처럼 AWS 라이트세일 홈페이지 화면의 [인스턴스] 탭에서 삭제할 수 있다.

그림 4-34 인스턴스 삭제 화면

고정 IP는 다음처럼 [네트워킹] 탭에서 삭제할 수 있다.

그림 4-35 고정 IP 삭제 화면

04-6 서버·개발 환경을 위한 config 분리하기

서버 환경과 개발 환경은 대부분 같지만 약간 차이점이 있다. 그중 가장 큰 차이점은 config.py 파일에 등록한 SECRET_KEY 환경 변수다. 개발 환경에서는 SECRET_KEY 환경 변수에 단순히 "dev"값을 저장했다. 하지만 서버 환경에서는 이런 문자열을 사용하면 안 된다. 외부에서 소스 코드를 보고 뜻을 추측하여 이를 악용할 수 있기 때문이다.

또한 config.py 파일을 수정하여 서버 환경에서는 SQLite 대신 훨씬 안정된 데이터베이스를 사용하도록 만들 것이다. 이처럼 config.py 파일에 정의된 환경 변수는 개발 환경과 서버 환경에 따라 다르게 설정해야 한다. 여기서는 개발·서버 환경에서 서로 다른 config.py 파일을 읽어서 처리하는 방법을 알아보자. 잠시 AWS 라이트세일을 사용하지 말고 여러분의 컴퓨터 개발 환경으로 돌아와 작업하자.

완성 소스
github.com/pahkey/
flaskbook/tree/4-06

누가 봐도 SECRET_KEY는 아주 중요한 값이라는 것을 짐작할 수 있다.

SECRET_KEY는 플라스크가 어떤 값을 암호화할 때 사용하는 중요한 환경 변수다. 예를 들어 로그인 비밀번호 등은 이 SECRET_KEY를 사용해 암호화·복호화된다.

 Do it!
실습

환경 파일 분리하기

여러분은 앞으로 config.py 파일을 다음과 같은 패키지 구조로 변경할 것이다. 잠시 눈으로 살펴보자.

```
디렉터리   C:/projects/myproject/config

config/
    __init__.py
    default.py
    production.py
    development.py
```

config 디렉터리에는 환경 파일을 저장한다. default.py 파일은 모든 환경에서 공통으로 사용할 환경 변수를 저장하고, production.py 파일은 서버 환경에서, development.py 파일은 개발 환경에서 사용할 환경 변수를 저장한다.

01단계 **config 디렉터리 생성하기**

우선 config 디렉터리부터 생성하자. config 디렉터리는 config.py 파일이
있는 디렉터리에서 생성하자.

디렉터리를 생성한 뒤 myproject/config.py 파일은 삭제하자.

02단계 **config/__init__.py 파일 생성하기**

config 디렉터리 하위에 __init__.py 파일을 생성하자. 이 파일은 config
디렉터리가 '패키지'라는 것을 알려 주므로 아무 내용 없이 파일만 생성하
면 된다.

03단계 **config/default.py 파일 작성하기**

이어서 default.py 파일을 생성하고 다음 코드를 작성하자.

프로젝트의 루트 디렉터리인 **BASE_DIR**은 기존 config.py 파일에 있던 환경
변수다. 여기서 **os.path.dirname**을 겹쳐 사용한 점이 눈에 띌 것이다. 기
존 config.py 파일의 위치는 C:/projects/myproject였다. 그런데 이제
default.py 파일의 위치가 C:/projects/myproject/config로 디렉터리의
깊이가 1만큼 더 늘어났으므로 **os.path.dirname**을 한 번 더 사용하여 **BASE_
DIR**을 설정한 것이다. default.py 파일 기준으로 C:/projects/myproject/
config/default.py에서 **os.path.dirname**을 2번 사용했으므로 **BASE_DIR**에
는 C:/projects/myproject가 대입된다.

04단계   config/development.py 파일 작성하기

이어서 개발 환경을 담당할 development.py 파일을 생성하고 다음과 같
이 코드를 작성하자.

```
파일 이름   C:/projects/myproject/config/development.py

from config.default import *


SQLALCHEMY_DATABASE_URI = 'sqlite:///{}'.format(os.path.join(BASE_DIR, 'pybo.db'))
SQLALCHEMY_TRACK_MODIFICATIONS = False
SECRET_KEY = "dev"
```

이 파일은 개발 환경에서 사용하는 환경 변수를 정의한 것이다. `from
config.default import *`는 config/default.py 파일에 정의되어 있는 모
든 내용을 사용한다는 의미이다. 즉, development.py에서 default.py의
BASE_DIR 환경 변수의 값을 그대로 사용할 수 있다.

05단계   config/production.py 파일 작성하기

그리고 서버 환경을 담당할 production.py 파일을 생성하여 작성하자.

> 보통 서버 환경을 prod uction 환경이라고 하므로 파일 이름을 server가 아니라 production으로 지었다.

```
파일 이름   C:/projects/myproject/config/production.py

from config.default import *


SQLALCHEMY_DATABASE_URI = 'sqlite:///{}'.format(os.path.join(BASE_DIR, 'pybo.db'))
SQLALCHEMY_TRACK_MODIFICATIONS = False
SECRET_KEY = b'Zb3\x81\xdb\xf1\xd9\xd7-Knb\x8eB\xa5\x18'
```

> 해당 값은 직접 입력하지 말 것. 다음 페이지에 있는 명령 프롬프트에서 복사하여 붙여 넣기

서버 환경에서 사용할 데이터베이스는 아직 준비되지 않았으므로 일단 개
발 환경과 같은 데이터베이스 설정을 유지하자. 그리고 서버 환경에서 사용
할 SECRET_KEY는 다음처럼 발급하여 저장했다.

```
┌─ C:\_  명령 프롬프트 ─────────────────────────── — □ × ─┐
│                                                          │
│ (myproject) c:\projects\myproject>python -c "import os; print(os.urandom(16))" │
│                                                          │
│ b'Zb3\x81\xdb\xf1\xd9\xd7-Knb\x8eB\xa5\x18'              │
└──────────────────────────────────────────────────────────┘
```

b부터 마지막 작은따옴표까지 모두 복사

 16자리 바이트 문자열은 필자와 여러분의 화면에서 다르게 나타날 것이다.

명령 프롬프트에서 python -c "import os; print(os.urandom(16))" 명령을 입력하면 무작위로 16자리 바이트 문자열이 출력된다. 출력된 문자열을 production.py 파일에 있는 **SECRET_KEY**에 저장하자.

여기까지 수정한 다음 여러분 컴퓨터에 있는 config 디렉터리의 구조는 다음과 같아야 한다. 만약 구조가 다르다면 다시 한번 차분히 설정하기 바란다.

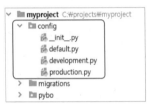

```
∨ ■ myproject  C:₩projects₩myproject
  ∨ ■ config
      🐍 __init__.py
      🐍 default.py
      🐍 development.py
      🐍 production.py
  > ■ migrations
  > ■ pybo
```

그림 4-36 config 디렉터리 구조

Do it! 실습

플라스크에 분리한 환경 파일 적용하기

01단계 pybo/__init__.py 파일 수정하기

환경 파일이 config.py 파일에서 config 디렉터리로 대체되었으므로 이 내용을 파이보가 알 수 있도록 pybo/__init__.py 파일을 수정해야 한다.

파일 상단의 import config 문장은 삭제하자.

| 파일 이름 | C:/projects/myproject/pybo/__init__.py |

```python
(... 생략 ...)
import config
(... 생략 ...)


def create_app():
    app = Flask(__name__)
    app.config.from_envvar('APP_CONFIG_FILE')

    # ORM
    (... 생략 ...)
```

app.config.from_object(config)을 app.config.from_envvar('APP_
CONFIG_FILE')로 바꿨다. app.config.from_envvar('APP_CONFIG_FILE')
은 '환경 변수 APP_CONFIG_FILE에 정의된 파일을 환경 파일로 사용하
겠다'는 의미이다.

02단계 myproject.cmd 변경하고 개발 서버 실행하기

따라서 개발 환경에서 다음과 같이 APP_CONFIG_FILE 환경 변수를 설정
하고 개발 서버를 실행하는 과정이 필요하다.

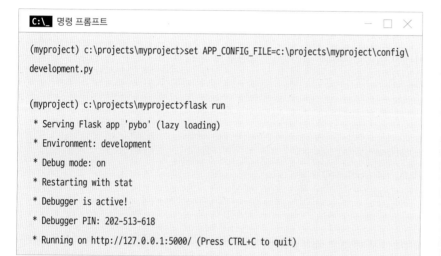

```
(myproject) c:\projects\myproject>set APP_CONFIG_FILE=c:\projects\myproject\config\
development.py

(myproject) c:\projects\myproject>flask run
 * Serving Flask app 'pybo' (lazy loading)
 * Environment: development
 * Debug mode: on
 * Restarting with stat
 * Debugger is active!
 * Debugger PIN: 202-513-618
 * Running on http://127.0.0.1:5000/ (Press CTRL+C to quit)
```

환경 변수 APP_CONFIG_FILE을 개발 환경 설정 파일인 config/
development.py로 설정하고 개발 서버를 실행했다. 알겠지만 지금과 같
이 명령 프롬프트에서 set 명령으로 환경 변수 APP_CONFIG_FILE을 매
번 설정하고 개발 서버를 실행하면 매우 불편하다. 따라서 myproject.cmd
를 다음과 같이 수정하자.

파일 이름 C:/venvs/myproject.cmd

```
@echo off
cd c:/projects/myproject
set FLASK_APP=pybo
set FLASK_ENV=development
set APP_CONFIG_FILE=c:\projects\myproject\config\development.py
c:/venvs/myproject/scripts/activate
```

로컬에서 가상 환경을 진입할 때 사용한 myproject.cmd 배치 파일에 `set APP_CONFIG_FILE=c:\projects\myproject\config\development.py`과 같이 설정해 주었다. 이렇게 하면 매번 환경 변수 APP_CONFIG_FILE을 매번 설정하지 않아도 가상 환경에 진입한 뒤 `flask run` 명령으로 개발 서버를 실행할 수 있어 편리하다.

03단계 서버 환경 변경하기

이제 서버 환경을 변경할 차례다. 서버 환경도 개발 환경과 마찬가지로 설정을 진행해야 한다. 우선 깃을 이용하여 변경 사항을 적용하자. 그리고 이제부터 로컬과 서버를 자주 이동하면서 작업할 것이다. 명령 프롬프트는 로컬에서 실행하는 것이고, 터미널은 AWS 라이트세일에서 실행하는 것이므로 실습 진행 시 헷갈리지 말자.

```
C:\_  명령 프롬프트                                              — □ ×

(myproject) c:\projects\myproject>git add *
(myproject) c:\projects\myproject>git commit -m "config 변경"
(myproject) c:\projects\myproject>git push
```

라이트세일의 터미널에 접속하여 다음 명령을 수행하자.

```
터미널                                                        — □ ×

ubuntu@ip-172-26-12-247:~$ cd ~/venvs/myproject/bin
ubuntu@ip-172-26-12-247:~/venvs/myproject/bin$ . activate
(myproject) ubuntu@ip-172-26-12-247:~/venvs/myproject/bin$ cd ~/projects/myproject/
(myproject) ubuntu@ip-172-26-12-247:~/projects/myproject$ git pull
(... 생략 ...)
```

가상 환경에 접속하여 `git pull` 명령으로 변경 내용을 깃허브에서 내려받은 것이다. 이어서 터미널에서 환경 변수 FLASK_APP, FLASK_ENV, APP_CONFIG_FILE을 설정하고 서버를 실행하자.

> FLASK_ENV는 여전히 development이다. 이를 production으로 변경하는 방법은 04-11에서 알아볼 것이다.

```
터미널                                                                    —  □  ×

(myproject) ubuntu@ip-172-26-12-247:~/projects/myproject$ export FLASK_APP=pybo
(myproject) ubuntu@ip-172-26-12-247:~/projects/myproject$ export FLASK_ENV=devel
opment
(myproject) ubuntu@ip-172-26-12-247:~/projects/myproject$ export APP_CONFIG_FILE=/
home/ubuntu/projects/myproject/config/production.py
(myproject) ubuntu@ip-172-26-12-247:~/projects/myproject$ flask run --host=0.0.0.0
 * Serving Flask app 'pybo' (lazy loading)
 * Environment: development
 * Debug mode: on
 * Running on http://0.0.0.0:5000/ (Press CTRL+C to quit)
 * Restarting with stat
 * Debugger is active!
 * Debugger PIN: 143-548-656
```

서버 설정 자동화하기

서버도 개발 환경과 마찬가지로 가상 환경에 진입할 때 환경 변수 FLASK_APP, FLASK_ENV, APP_CONFIG_FILE 설정을 자동화할 수 있다. 이때 서버에서는 파이참과 같은 편집기를 사용할 수 없으므로 여기서는 nano 편집기를 사용한다.

01단계 nano 편집기로 /venvs/myproject.sh 작성하기

터미널에서 venvs 디렉터리로 이동한 다음 nano myproject.sh 명령을 수행하자.

```
터미널                                                                    —  □  ×

(myproject) ubuntu@ip-172-26-12-247:~/projects/myproject$ cd /home/ubuntu/venvs/
(myproject) ubuntu@ip-172-26-12-247:~/venvs$ nano myproject.sh
```

그러면 다음과 같은 화면이 나타난다. 이 화면이 nano 편집기이다. 아쉽게도 nano 편집기에서는 마우스를 사용할 수 없다. 하지만 화살표 키로 커서를 움직이며 편집할 수 있으므로 그다지 어렵지 않다. 편집기 아래에는 여러 가지 단축키 기능이 표시되어 있다.

^는 Ctrl 을 의미한다. ^X는 Ctrl 와 X 를 동시에 누르라는 뜻이다.

그림 4-37 nano 편집기 화면

nano 편집기에서 다음 내용을 입력하고 `Ctrl` + `O`를 눌러서 myproject. sh 파일을 저장한 뒤 `Ctrl` + `X`를 눌러서 편집기를 종료하자.

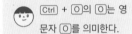 `Ctrl` + `O`의 `O`는 영 문자 `O`를 의미한다.

파일 이름	/home/ubuntu/venvs/myproject.sh

```
#!/bin/bash

cd ~/projects/myproject
export FLASK_APP=pybo
export FLASK_ENV=development
export APP_CONFIG_FILE=/home/ubuntu/projects/myproject/config/production.py
. ~/venvs/myproject/bin/activate
```

이어서 터미널에서 myproject.sh 파일을 실행하자.

터미널	— ☐ ✕

```
(myproject) ubuntu@ip-172-26-12-247:~/venvs$ . myproject.sh
(myproject) ubuntu@ip-172-26-12-247:~/projects/myproject$
```

이제 myproject.sh 파일 덕분에 가상 환경에 진입하고 환경 변수를 설정하 는 것도 자동으로 진행된다. 이때 `myproject.sh` 앞에 있는 '.' 입력을 잊지 말자. 이제부터 터미널에서 myproject.sh 파일을 실행하여 환경 변수 설정 을 자동으로 할 수 있다.

점프 투 플라스크!

alias를 이용하는 방법

서버 홈 디렉터리의 .profile 파일 맨 아랫줄에 다음과 같이 myproject라는 alias를 추가하면 shell을 이용하는 것보다 더 간편하게 가상 환경에 진입하고 환경 변수를 설정할 수 있다.

파일 이름 /home/ubuntu/.profile

```
alias myproject='export FLASK_APP=pybo;export FLASK_ENV=development;export
APP_CONFIG_FILE=/home/ubuntu/projects/myproject/config/production.py;cd ~/
projects/myproject;. ~/venvs/myproject/bin/activate'
```

이렇게 설정을 마치고 터미널에 접속한 다음 아무 곳에서나 `myproject`를 입력해도 가상 환경 진입과 환경 변수 설정이 자동으로 진행될 것이다.

터미널 — □ ×

```
ubuntu@ip-172-26-12-247:~$ myproject
(myproject) ubuntu@ip-172-26-12-247:~/projects/myproject$
```

/home/ubuntu/.profile 파일 역시 vi나 nano 편집기로 수정해야 한다.

04-7 MobaXterm으로 서버에 접속하기

지금까지는 서버 작업을 위해 AWS 라이트세일 터미널을 사용했다. 하지만 AWS 라이트세일 터미널은 웹에서 실행해야 하고 접속도 자주 끊어지고 기능도 다양하지 않다. 개발자에게는 이런 점이 가장 불편하다. 여기서는 AWS 라이트세일 웹 터미널 대신 접속도 끊어지지 않고 여러 편의 기능을 제공하는 MobaXterm이라는 프로그램을 사용하여 AWS 라이트세일 서버를 이용하는 방법을 알아본다.

 이후 명령 프롬프트와 MobaXterm 프로그램의 명칭을 구분하기 위해 MobaXterm 프로그램은 이름 그대로 살려 표기하겠다.

Do it! 실습   MobaXterm에 비밀키 연결하고 서버에 접속하기

AWS 라이트세일 웹 터미널 대신 MobaXterm으로 서버에 접속하려면 AWS 계정 비밀키가 필요하다. 비밀키는 내려받아서 사용해야 하므로 다음 과정을 따라 하자.

01단계   비밀키 내려받기
AWS 라이트세일 메인 화면에서 [계정]을 눌러 계정 화면으로 이동한 다음 [SSH 키] 탭을 누르고 〈다운로드〉를 누르자.

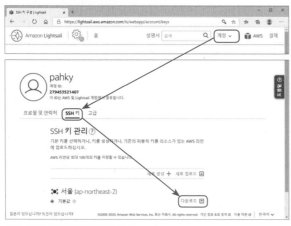

그림 4-38 SSH 키 다운로드 화면

그러면 LightsailDefaultKey-ap-northeast-2.pem과 같은 이름의 비밀
키가 다운로드된다. 이 비밀키를 C:\venvs 디렉터리에 붙여 넣고 **rename** 명
령을 이용해 파일 이름을 myproject.pem으로 변경하자.

```
c:\venvs>rename LightsailDefaultKey-ap-northeast-2.pem myproject.pem
```

02단계 MobaXterm 설치하기

비밀키가 준비되었다. 이제 MobaXterm을 설치하자. MobaXterm은 무료
이므로 누구나 설치할 수 있다. MobaXterm 설치 주소에 접속한 다음 '무
료 버전(Home Edition)' 설치 파일을 내려받아 설치하자. 설치 과정은 간
단하므로 생략한다.

MobaXterm 설치 주
소: mobaxterm.mo
batek.net/download.html

03단계 MobaXterm으로 서버에 접속하기

MobaXterm을 실행하여 〈Session〉을 누르자. 이어서 다음 화면이 나타나
면 ❶~❺ 번호를 참고하여 순서대로 누르자.

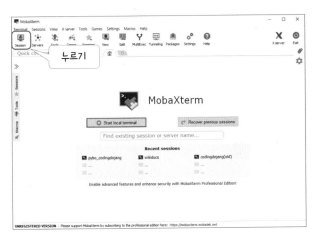

그림 4-39 MobaXterm으로 서버에 접속하기

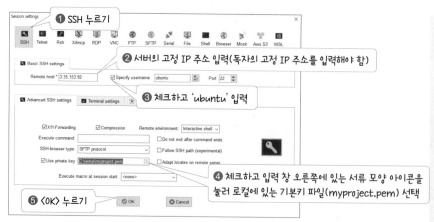

① SSH 누르기

② 서버의 고정 IP 주소 입력(독자의 고정 IP 주소를 입력해야 함)

③ 체크하고 'ubuntu' 입력

④ 체크하고 입력 창 오른쪽에 있는 서류 모양 아이콘을 눌러 로컬에 있는 기본키 파일(myproject.pem) 선택

⑤ 〈OK〉 누르기

그림 4-40 서버 접속을 위한 설정값 입력하기

이와 같이 설정값을 모두 입력하면 MobaXterm으로 서버에 접속할 수 있다. 이제 불편한 AWS 라이트세일 터미널 대신 MobaXterm으로 서버 작업을 할 수 있다.

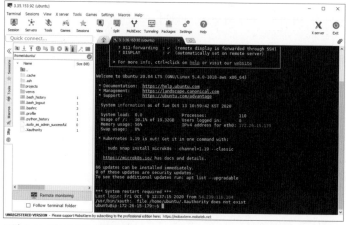

그림 4-41 서버 접속을 완료한 화면

04-8 웹 브라우저와 서버, 파이보 동작 방식 이해하기

지금까지 우리는 파이보를 실행하려고 명령 프롬프트 또는 터미널에서 `flask run` 명령으로 플라스크의 내장 서버를 실행했다. 하지만 이렇게 내장 서버를 실행하는 방식은 개발 환경에 적합하다. 운영 환경에서 서비스를 하려면 다른 방법으로 파이보를 실행해야 한다. 여기서는 웹 브라우저가 어떻게 파이보와 상호 작용하는지 알아보고, 파이보를 운영 환경으로 실행하는 방법을 알아본다.

웹 브라우저의 동작 방식 이해하기

사용자가 파이보에 접속하려면 웹 브라우저에 URL을 입력해야 한다. 이때 웹 브라우저가 URL을 사용해서 서버에 요청하는 페이지는 크게 2가지이다.

웹 브라우저는 정적 페이지를 요청한다

첫 번째로 웹 브라우저는 서버에 정적 페이지를 요청한다. 파이보가 서버에서 실행된 상태에서 웹 브라우저로 다음 URL에 접속해 보자.

```
3.35.153.92:5000/static/style.css
```

그러면 웹 브라우저 화면에 다음과 같은 내용이 그대로 출력되는 것을 확인할 수 있다.

```
.comment {
    border-top:dotted 1px #ddd;
    font-size:0.7em;
}
```

서버에서 실행되는 파이보가 URL 요청으로 static/style.css 파일을 찾아 웹 브라우저로 보내 준 것이다. 그리고 style.css 파일은 변하지 않는 성질이 있는데 .js 파일이나 .jpg, .png 파일도 마찬가지이다. 이런 파일을 정적 파일이라 하며, 웹 브라우저에서 .css, .js, .jpg, .png과 같은 정적 파일을 요청하는 행위를 '정적 페이지 요청'이라 한다. 이 용어에 익숙해지자.

웹 브라우저는 동적 페이지를 요청한다

이번에는 3.35.153.92:5000을 요청하는 경우를 생각해 보자. 이런 경우 파이보는 질문 목록을 만들어 웹 브라우저에 보여 줄 것이다. 이때 웹 브라우저에 보여 주는 질문 목록은 서버의 데이터베이스에 어떤 내용이 있는지에 따라 수시로 변한다. 이런 식으로 같은 URL을 요청했는데 다른 결과를 보여 주는 것을 '동적 페이지 요청'이라 한다.

웹 서버 동작 방식 이해하기

이번에는 웹 서버가 어떻게 동작하는지 자세히 알아보자. 웹 서버는 웹 브라우저의 URL 요청(정적·동적 요청)을 처리한다. 웹 서버에 정적 페이지 요청을 하면 단순히 정적 파일을 찾아 응답하면 되지만, 동적 페이지 요청은 조금 복잡한 과정을 거쳐 응답한다.

동적 페이지 요청을 완벽하게 처리하려면 웹 서버와 WSGI 서버가 필요하다

웹 서버에 동적 페이지 요청이 들어오면 파이썬 프로그램을 호출해야 한다. 예를 들어 질문 목록 조회 페이지 요청이 들어오면 질문 목록을 조회하여 출력하는 파이썬 프로그램을 호출해야 한다. 하지만 대부분의 웹 서버는 어떻게 파이썬 프로그램을 호출해야 하는지 모르므로 파이썬 프로그램을 호출하지 못한다. 이런 경우에는 파이썬 프로그램을 호출하는 WSGI[web server gateway interface] 서버가 필요하다. 웹 서버는 WSGI 서버를 호출하고, WSGI 서버는 파이썬 프로그램을 호출하여 동적 페이지 요청을 처리하는 것이다.

> WSGI는 위스키라고 읽는다.

WSGI 서버 알아보기

WSGI 서버에는 여러 종류가 있지만 'uwsgi'와 'Gunicorn'를 가장 많이 사용한다. 우리의 파이보는 'Gunicorn'을 사용할 것이다.

WSGI 서버의 동작 원리 구체적으로 알아보기

WSGI 서버의 동작 원리를 조금 더 자세히 알아보자. 앞에서 설명했듯이 웹 서버로 들어온 동적 페이지 요청은 WSGI 서버를 호출한다. 그리고 WSGI 서버는 WSGI 애플리케이션을 이용하여 동적 페이지 요청을 처리한다. 어떻게 보면 동적 페이지 요청은 결국 WSGI 애플리케이션이 처리하는 것이다. WSGI 애플리케이션에는 장고, 플라스크, 토네이도 등이 있다. 그렇다! 우리가 지금껏 공부한 플라스크가 바로 WSGI 애플리케이션인 것이다.

지금까지 설명한 내용을 그림으로 살펴보기

다음은 지금까지 설명한 내용을 그림으로 나타낸 것이다.

WSGI 서버는 웹 서버와 WSGI 애플리케이션 중간에 위치한다. 그래서 WSGI 서버는 WSGI 미들웨어(middleware) 또는 WSGI 컨테이너(container)라고도 한다.

지금까지 flask run 명령으로 동작한 서버는 '내장 서버'로 웹 서버와 WSGI 서버의 기능을 모두 포함한 것이다. 다만 내장 서버는 기능이 단순하고 '대량 요청'이나 '동시 요청' 처리를 효율적으로 하지 못하므로 운영 환경에는 적합하지 않다.

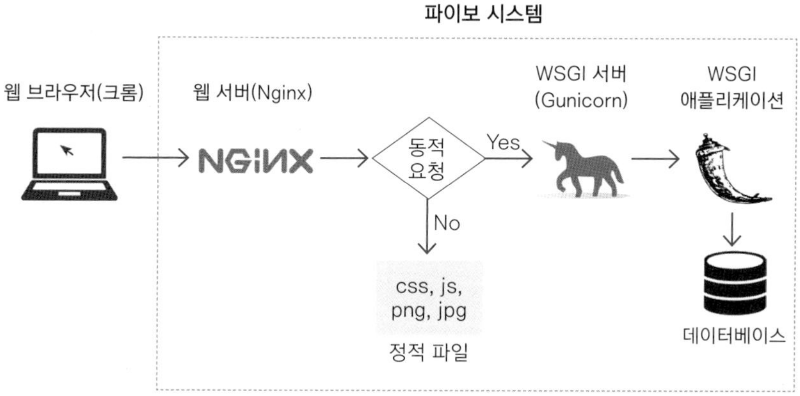

그림 4-42 WSGI 서버의 동작 원리

웹 브라우저의 정적 페이지 요청은 웹 서버가, 동적 페이지 요청은 [WSGI 서버 〉 WSGI 애플리케이션]이 처리한다. 웹 브라우저의 요청을 파이보에서 어떤 과정으로 처리하는지 정리하고 넘어가자.

04-9 ｜ WSGI 서버 Gunicorn 사용하기

이제 파이보에서 사용할 WSGI 서버인 Gunicorn을 설치하고 사용해 보자.

 Do it! 실습 Gunicorn 설치하고 사용해 보기

01단계 ｜ Gunicorn을 파이보 서버 환경에 설치하기

Gunicorn은 개발이 아니라 운영을 위한 도구이므로 로컬 환경에 설치할 필
요가 없다. 서버 환경에 Gunicorn을 설치하자. MobaXterm으로 AWS 서
버에 접속한 뒤 가상 환경에서 **pip**을 이용하여 Gunicorn을 설치하자.

> Gunicorn은 구니콘이
> 라고 읽는다.

```
터미널   MobaXterm                                            —  □  ✕

(myproject) ubuntu@ip-172-26-12-247:~/projects/myproject$ pip install gunicorn
Collecting gunicorn
  Using cached https://files.pythonhosted.org/packages/69/ca/926f-
7cd3a2014b16870086b2d0fdc84a9e49473c68a8dff8b57f7c156f43/gunicorn-20.0.4-py2.
py3-none-any.whl
Requirement already satisfied: setuptools>=3.0 in /home/ubuntu/venvs/myproject/lib/
python3.6/site-packages (from gunicorn)
Installing collected packages: gunicorn
Successfully installed gunicorn-20.0.4
```

02단계 ｜ Gunicorn 사용해 보기

Gunicorn이 동작하는지 간단하게 실행해 보자. 여러 명령을 입력해야 하
므로 주의하자.

```
터미널   MobaXterm                                            —  □  ✕

(myproject) ubuntu@ip-172-26-12-247:~$ cd ~/projects/myproject/
(myproject) ubuntu@ip-172-26-12-247:~/projects/myproject$ gunicorn --bind 0:5000
"pybo:create_app()"
```

```
[2020-06-24 17:07:36 +0900] [13541] [INFO] Starting gunicorn 20.0.4
[2020-06-24 17:07:36 +0900] [13541] [INFO] Listening at: http://0.0.0.0:5000
(13541)
[2020-06-24 17:07:36 +0900] [13541] [INFO] Using worker: sync
[2020-06-24 17:07:36 +0900] [13544] [INFO] Booting worker with pid: 13544
```

/home/ubuntu/projects/myproject 디렉터리로 이동한 뒤 `gunicorn --bind 0:5000 "pybo:create_app()"` 명령을 수행했다. 명령을 조금 쪼개서 설명하면 `--bind 0:5000`는 5,000번 포트로 WSGI 서버를 수행한다는 의미이고, `"pybo:create_app()"`은 WSGI 서버가 호출하는 WSGI 애플리케이션은 파이보의 애플리케이션 팩토리인 `create_app()`이라는 의미이다. 서버가 잘 시작되는지 확인하고 웹 브라우저에서 다음 URL에 접속해 보자. 파이보가 잘 동작할 것이다.

> pybo:create_app() 명령에서 pybo와 create_app()을 구분하는 구분자는 '.'이 아니라 ':'이라는 점에 주의하자.

```
3.35.153.92:5000
```

> 3.35.153.92는 필자의 고정 IP이므로 독자 여러분의 서버 고정 IP로 바꿔서 접속하자.

다시 말하지만 Gunicorn은 파이썬 프로그램을 실행하는 애플리케이션 서버이다. 그래서 정적 파일을 처리하는 데는 적합하지 않다. 알다시피 파이보에는 bootstrap.min.css, bootstrap.min.js, style.css와 같은 많은 정적 파일이 있다. 정적 파일을 효과적으로 처리하는 웹 서버는 04-10에서 알아보자. 아무튼 Gunicorn이 정상으로 동작하는 것을 확인했으므로 Ctrl + C 을 눌러 Gunicorn을 종료하자.

Do it! 실습 Gunicorn 소켓 사용해 보기

Gunicorn은 앞에서 본 것처럼 포트를 이용하여 서버를 띄운다. 하지만 Unix 계열 시스템에서는 포트로 서비스하기보다는 유닉스 소켓(Unix Socket)을 사용하는 것이 빠르고 효율적이다. 이번에는 Gunicorn을 유닉스 소켓으로 서비스하는 방법을 알아보자.

> 현재 여러분의 서버가 Unix 계열 시스템인 우분투이다.

Gunicorn 실행하기

다음과 같이 Gunicorn을 실행하자.

```
터미널 MobaXterm                                                    — □ ×

(myproject) ubuntu@ip-172-26-12-247:~/projects/myproject$ gunicorn --bind unix:/
tmp/myproject.sock "pybo:create_app()"
[2020-06-24 17:13:20 +0900] [13626] [INFO] Starting gunicorn 20.0.4
[2020-06-24 17:13:20 +0900] [13626] [INFO] Listening at: unix:/tmp/myproject.sock
(13626)
[2020-06-24 17:13:20 +0900] [13626] [INFO] Using worker: sync
[2020-06-24 17:13:20 +0900] [13629] [INFO] Booting worker with pid: 13629
```

명령을 유심히 살펴보면 포트 방식으로 Gunicorn을 실행했을 때와 다르다. 즉, --bind unix:/tmp/myproject.sock 부분이 다르다. 기존에는 --bind 0:5000와 같이 입력했지만 유닉스 소켓 방식은 --bind unix:/tmp/myproject.sock와 같이 입력했다.

유닉스 소켓 방식으로 Gunicorn 서버를 실행하면 단독으로 Gunicorn 서버에 접속하여 실행해 볼 수 없다. 유닉스 소켓 방식으로 실행한 Gunicorn 서버는 Nginx와 같은 웹 서버에서 유닉스 소켓으로 WSGI 서버에 접속하도록 설정해야 한다.

Gunicorn 서비스로 등록하기

이번에는 AWS 서버에 Gunicorn을 서비스로 등록해 보자. 그 이유는 Gunicorn의 시작, 중지를 쉽게 하고 또 AWS 서버를 다시 시작할 때 Gunicorn을 자동으로 실행하기 위해서이다. Gunicorn을 서비스로 등록하려면 환경 변수 파일과 서비스 파일을 작성해야 한다.

01단계 환경 변수 파일 생성하기

Gunicorn이 서비스로 실행될 경우 필요한 환경 변수의 값을 읽을 수 있도록 Gunicorn이 사용하는 환경 변수 파일을 생성해 주어야 한다.

서버에서 nano 편집기를 이용하여 작성하자.

파일 이름	/home/ubuntu/venvs/myproject.env

```
FLASK_APP=pybo
FLASK_ENV=development
APP_CONFIG_FILE=/home/ubuntu/projects/myproject/config/production.py
```

02단계   서비스 파일 생성하기

그리고 /etc/systemd/system/ 디렉터리에 다음과 같은 내용의
'myproject.service' 서비스 파일을 생성하자. 다만 서비스 파일은 시스템
디렉터리에 저장해야 하므로 **sudo nano myproject.service** 명령과 같은
관리자 권한[sudo]으로 파일을 생성해야 한다.

파일 이름 `/etc/systemd/system/myproject.service`

```
[Unit]
Description=gunicorn daemon
After=network.target

[Service]
User=ubuntu
Group=ubuntu
WorkingDirectory=/home/ubuntu/projects/myproject
EnvironmentFile=/home/ubuntu/venvs/myproject.env
ExecStart=/home/ubuntu/venvs/myproject/bin/gunicorn \
        --workers 2 \
        --bind unix:/tmp/myproject.sock \
        "pybo:create_app()"

[Install]
WantedBy=multi-user.target
```

서비스 파일에 입력한 **'EnvironmentFile'**이 환경 변수 파일을 불러온다.
'--worker 2'는 Gunicorn 프로세스를 2개 사용하라는 의미이다.

> 프로세스를 2개로 지정한 이유는 여러분이 선택한 월 사용료가 3.5달러인 사양의 서버에는 프로세스 개수가 이 정도이면 적당하기 때문이다.

03단계   서비스 실행하고 등록하기

서비스 파일이 생성되면 다음 명령으로 서비스를 실행해 보자. 서비스 파일
이 관리자 디렉터리에 있으므로 실행 역시 관리자 권한으로 실행해야 한다.

터미널 MobaXterm   — ☐ ✕

```
sudo systemctl start myproject.service
```

서비스가 잘 실행되는지 확인하려면 sudo systemctl status myproject. service 명령을 실행하면 된다. 만약 다음과 같은 메시지가 나타나지 않으면 '/var/log/syslog' 파일에서 오류 원인을 확인하고 수정해야 한다.

```
터미널  MobaXterm                                                    —  □  ✕

(myproject) ubuntu@ip-172-26-12-247:/etc/systemd/system$ sudo systemctl status
myproject.service
● myproject.service - gunicorn daemon
   Loaded: loaded (/etc/systemd/system/myproject.service; disabled; vendor preset:
enabled)
   Active: active (running) since Wed 2020-06-24 17:20:51 KST; 16s ago
 Main PID: 13776 (gunicorn)
    Tasks: 3 (limit: 547)
   CGroup: /system.slice/myproject.service
           ├─13776 /home/ubuntu/venvs/myproject/bin/python3 /home/ubuntu/venvs/
myproject/bin/gunicorn --workers 2 --bind unix:/tmp/myproject.sock pybo:create_
app()
           ├─13797 /home/ubuntu/venvs/myproject/bin/python3 /home/ubuntu/venvs/
myproject/bin/gunicorn --workers 2 --bind unix:/tmp/myproject.sock pybo:create_
app()
           └─13798 /home/ubuntu/venvs/myproject/bin/python3 /home/ubuntu/venvs/
myproject/bin/gunicorn --workers 2 --bind unix:/tmp/myproject.sock pybo:create_
app()

Jun 24 17:20:51 ip-172-26-12-247 systemd[1]: Started gunicorn daemon.
Jun 24 17:20:51 ip-172-26-12-247 gunicorn[13776]: [2020-06-24 17:20:51 +0900]
[13776] [INFO] Starting gunicorn 20.0.4
Jun 24 17:20:51 ip-172-26-12-247 gunicorn[13776]: [2020-06-24 17:20:51 +0900]
[13776] [INFO] Listening at: unix:/tmp/myproject.sock (13776)
Jun 24 17:20:51 ip-172-26-12-247 gunicorn[13776]: [2020-06-24 17:20:51 +0900]
[13776] [INFO] Using worker: sync
Jun 24 17:20:51 ip-172-26-12-247 gunicorn[13776]: [2020-06-24 17:20:51 +0900]
[13797] [INFO] Booting worker with pid: 13797
Jun 24 17:20:51 ip-172-26-12-247 gunicorn[13776]: [2020-06-24 17:20:51 +0900]
[13798] [INFO] Booting worker with pid: 13798
```

04단계 AWS 서버가 다시 시작될 때 자동으로 Gunicorn 실행하기

마지막으로 AWS 서버가 다시 시작될 때 Gunicorn을 자동으로 실행하도록 'enable' 옵션을 이용하여 서비스를 등록하자.

터미널 MobaXterm	— ☐ ✕
`sudo systemctl enable myproject.service`	

만약 서비스를 종료하려면 다음 명령을 수행하면 된다.

터미널 MobaXterm	— ☐ ✕
`sudo systemctl stop myproject.service`	

서비스를 다시 시작하려면 다음 명령을 수행하면 된다.

터미널 MobaXterm	— ☐ ✕
`sudo systemctl restart myproject.service`	

04-10 웹 서버, Nginx 사용해서 파이보에 접속하기

여기서는 웹 서버 Nginx를 설치하고 사용해 보자. Nginx는 높은 성능을 목적으로 개발한 웹 서버로 파이썬 웹 프레임워크인 장고나 플라스크에서 많이 사용한다. Nginx를 사용하려면 설정 과정을 거쳐야 하는데 무척 간단하므로 어렵지 않다.

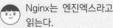 Nginx는 엔진엑스라고 읽는다.

 Nginx 설치하고 설정하기

01단계 Nginx 설치하기

Nginx를 관리자 권한으로 설치하자.

> **터미널** MobaXterm — □ ✕
>
> (myproject) ubuntu@ip-172-26-12-247:~/projects/myproject$ sudo apt install nginx

02단계 Nginx 설정하기

Nginx를 설치했으니 Nginx를 설정해 보자. /etc/nginx/sites-available/ 디렉터리로 이동하자. /etc/nginx/sites-available은 Nginx의 설정 파일이 위치한 디렉터리로 맨 처음 설치할 때에는 default라는 설정 파일만 보인다.

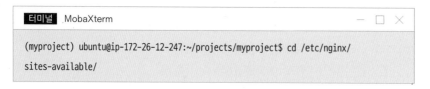

> **터미널** MobaXterm — □ ✕
>
> (myproject) ubuntu@ip-172-26-12-247:~/projects/myproject$ cd /etc/nginx/
> sites-available/

이어서 파이보를 사용할 수 있도록 Nginx의 설정 파일을 작성하자. 이 역시 시스템 디렉터리이므로 관리자 권한으로 작성하자.

```
(myproject) ubuntu@ip-172-26-12-247:/etc/nginx/sites-available$ sudo nano myproject
```

계속해서 myproject 파일을 수정하자.

파일 이름 /etc/nginx/sites-available/myproject

```
server {
        listen 80;
        server_name 3.35.153.92;

        location = /favicon.ico { access_log off; log_not_found off; }

        location /static {
                alias /home/ubuntu/projects/myproject/pybo/static;
        }

        location / {
                include proxy_params;
                proxy_pass http://unix:/tmp/myproject.sock;
        }
}
```

> /static 요청은 Nginx가 처리(정적 요청)

> /static 요청 이외의 요청은 모두 Gunicorn이 처리(동적 요청)

HTTP 프로토콜의 기본 포트는 80이므로 listen 80과 같이 웹 서버를 80 포트로 서비스하도록 설정했다. 앞으로 '3.35.153.92:5000' 포트 번호를 생략한 '3.35.153.92'에 접속해도 파이보에 접속할 수 있다. server_name 에는 여러분의 고정 IP를 등록하자. location /static은 정적 파일일 경우 웹 브라우저에서 /static으로 시작하는 URL 요청을 받으면 Nginx가 '/home/ubuntu/projects/myproject/pybo/static' 디렉터리의 파일을 읽어 처리한다는 설정이다. location /은 '/static'으로 시작하는 URL 이외의 모든 요청은 Gunicorn이 처리한다는 설정이다. proxy_pass는 04-9에서 설정했던 Gunicorn의 유닉스 소켓 경로이다.

03단계   Nginx가 myproject 파일을 환경 파일로 읽도록 설정하기

이제 myproject 파일을 Nginx가 환경 파일로 읽을 수 있도록 설정해야 한다. '/etc/nginx/sites-enabled/' 디렉터리로 이동하자.

```
(myproject) ubuntu@ip-172-26-12-247:/etc/nginx/sites-available$ cd /etc/nginx/
sites-enabled/
```

sites-enabled 디렉터리는 site-available 디렉터리에 있는 설정 파일 중에서 활성화하고 싶은 것을 링크로 관리하는 디렉터리이다.
ls 명령을 수행하면 현재 default 설정 파일만 링크되는 것을 확인할 수 있다.

```
(myproject) ubuntu@ip-172-26-12-247:/etc/nginx/sites-enabled$ ls
default
```

04단계   myproject 파일 링크하기

먼저 default 링크를 삭제하자.

```
(myproject) ubuntu@ip-172-26-12-247:/etc/nginx/sites-enabled$ sudo rm default
```

그리고 myproject 파일을 링크하자.

```
(myproject) ubuntu@ip-172-26-12-247:/etc/nginx/sites-enabled$ sudo ln -s /etc/ng
inx/sites-available/myproject
```

ls 명령을 수행하면 default는 사라지고 myproject 링크만 남는다는 것을 확인할 수 있다.

```
터미널  MobaXterm                                            —  □  ×

(myproject) ubuntu@ip-172-26-12-247:/etc/nginx/sites-enabled$ ls
myproject
```

Nginx 실행해 보기

01단계 **Nginx 다시 시작하기**

Nginx는 설치할 때 자동으로 실행되므로 앞에서 작성한 Nginx 설정을 적
용하려면 Nginx를 다시 시작해야 한다.

```
터미널  MobaXterm                                            —  □  ×

(myproject) ubuntu@ip-172-26-12-247:/etc/nginx/sites-enabled$ sudo systemctl re
start nginx
```

혹시 Nginx 설정 파일에 오류가 발생했다면?

Nginx의 설정 파일에 오류가 있는지 확인하는 방법은 다음과 같다.

```
터미널                                                       —  □  ×

(myproject) ubuntu@ip-172-26-12-247:/etc/nginx/sites-enabled$ sudo nginx -t
nginx: the configuration file /etc/nginx/nginx.conf syntax is ok
nginx: configuration file /etc/nginx/nginx.conf test is successful
```

이 명령을 수행할 때 오류가 발생하면 설정 파일이 올바르지 않은 것이므로 Nginx 서
버가 정상으로 실행되지 않는다. 그런 경우에는 설정 파일을 다시 작성한 뒤 Nginx를
다시 실행해야 한다. 다음은 Nginx를 종료하고 다시 실행하는 명령이다.

```
터미널                                                       —  □  ×

(myproject) ubuntu@ip-172-26-12-247:/etc/nginx/sites-enabled$ sudo systemctl
stop nginx
(myproject) ubuntu@ip-172-26-12-247:/etc/nginx/sites-enabled$ sudo systemctl
start nginx
```

파이보 동작 확인하기

Gunicorn과 Nginx를 모두 적용했으니 파이보에 접속해 보자. 포트 번호 없이 입력하니 조금 더 그럴싸하다. 축하한다!

```
3.35.153.92
```

그림 4-43 포트 번호 없이 접속한 파이보

04-11 운영 환경으로 배포하기

지금까지 우리는 FLASK_ENV 환경 변수를 "development"로 설정하고 플라스크 애플리케이션을 실행했다. 하지만 운영 환경에서는 FLASK_ENV를 "development"로 설정하면 디버그 모드가 자동으로 켜져서 오류 내용이 웹 브라우저 화면에 나타나므로 위험하다. 그래서 운영 환경에서는 FLASK_ENV 환경 변수를 "production"으로 설정해야 한다.

웹 브라우저에 오류 내용이 표시되면 서버 해킹 등 나쁜 결과를 초래할 수도 있기 때문이다.

파이보 운영 환경으로 배포하기

서버의 Gunicorn 환경 설정 파일 myproject.env을 다음과 같이 수정하자.

파일 이름	/home/ubuntu/venvs/myproject.env

```
FLASK_APP=pybo
FLASK_ENV=production
APP_CONFIG_FILE=/home/ubuntu/projects/myproject/config/production.py
```

변경 사항을 적용하려면 Gunicorn을 다시 시작해야 한다.

터미널	MobaXterm	— □ ×

```
sudo systemctl restart myproject.service
```

04-12 서비스답게 오류 페이지 다듬기

플라스크는 라우트 함수로 등록되지 않은 페이지의 요청을 받으면 404 오류 페이지를 보여 준다.

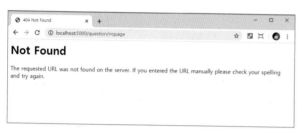

그림 4-44 밋밋한 404 오류 페이지 화면

그런데 404 오류 페이지가 밋밋해 보인다. 대부분의 서비스는 이런 식으로 오류 페이지를 보여 주지 않는다. 다음은 구글에서 없는 페이지를 요청하면 404 오류 페이지를 어떻게 보여 주는지 확인한 결과 화면이다. 최소한 이런 식으로 사용자에게 404 오류 페이지를 보여 줘야 '서비스 답다' 할 수 있다.

그림 4-45 구글의 404 오류 페이지 화면

여기서는 404, 500 오류 페이지를 '서비스답게' 표시하는 방법을 알아본다.

Do it!
실습
오류 페이지 서비스답게 만들기

01단계 **pybo/__init__.py 파일 수정하기**

다음을 참고하여 pybo/__init__.py 파일을 수정하자.

```python
from flask import Flask, render_template
(... 생략 ...)


def page_not_found(e):
    return render_template('404.html'), 404


def create_app():
    (... 생략 ...)
    # 오류페이지
    app.register_error_handler(404, page_not_found)


    return app
```

이는 404 오류가 발생할 때 page_not_found 함수가 호출되도록 수정한 것이다. page_not_found 함수의 매개변수 e는 '오류'를 의미하며 오류 코드^{code} 속성과 오류 내용^{description} 속성을 포함한다. 만약 오류 내용을 표시하고 싶다면 템플릿에 e를 전달하면 된다. page_not_found 함수에서 return render_template('404.html'), 404와 같이 return 문의 2번째 매개변수에 404라고 명시적으로 전달해 주었다. 이렇게 하면 웹 브라우저에 404 오류 페이지가 표시된다. 만약 404를 생략하면 404.html 템플릿이 렌더링되어 404 오류 페이지가 나타나지만 클라이언트는 200 코드(정상일 때 발생하는 코드)를 수신할 것이므로 404를 생략하지 않도록 주의하자.

02단계 404 오류 템플릿 생성하기

404 오류가 발생하면 표시할 템플릿을 생성하자.

```html
{% extends 'base.html' %}
{% block content %}
<div class='container'>
    <div class='row justify-content-center'>
        <div class='col-12 text-center'>
```

```
                <span class='display-1 d-block'>404</span>
                <div class='mb-4 lead'>페이지를 찾을 수 없습니다.</div>
                <a href='/' class='btn btn-link'>홈으로 돌아가기</a>
        </div>
    </div>
</div>
{% endblock %}
```

03단계 **파이보에 없는 URL 요청해 보기**

그런 다음 간단히 테스트하기 위해 로컬 환경에서 파이보를 실행한 뒤 파이
보에 없는 URL을 요청해 보자.

그림 4-46 변경된 404 오류 페이지

그러면 변경된 404 오류 페이지를 볼 수 있다. 404 페이지 외에 500 페이지
를 추가하고 싶다면 404 페이지를 등록한 것과 같은 방법으로 `app.`
`register_error_handler(500, server_error)`로 `server_error` 함수를 등
록한 다음 `server_error` 함수를 생성하면 된다.

04단계 **깃으로 변경 내역 add, commit하고 깃허브에 push하기**

변경 내역은 반드시 깃에 적용해야 한다.

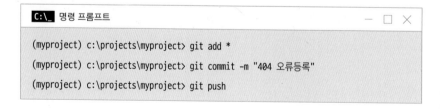

서버에서 변경 내역 pull하기

서버에서 git pull 명령으로 변경 내역을 적용하고 Gunicorn을 다시 시작
하자.

```
터미널   MobaXterm                                        —  □  ✕

(myproject) ubuntu@ip-172-26-15-179:~/projects/myproject$ git pull
(myproject) ubuntu@ip-172-26-15-179:~/projects/myproject$ sudo systemctl restart
myproject.service
```

플라스크에 로깅 적용하기

이번에는 서버에서 발생하는 오류를 확인하기 위해 플라스크에 로깅^{logging}을 적용해 보자.

서버 오류 발생시켜 로깅으로 처리해 보기

서버 환경에서 파이보를 운영하다 보면 예기치 못한 상황으로 오류가 발생할 수 있다. 여기서는 임시로 main_views.py 파일에서 오류를 발생시키고 이를 로깅으로 처리해야만 하는 이유를 알아본다.

01단계 **index 함수에 오류 발생시켜 로컬에서 파이보에 접속해 보기**

index 함수 1번째 줄에 강제로 오류 발생 코드를 작성해 보자.

파일 이름 C:/projects/myproject/pybo/views/main_views.py

```
(... 생략 ...)
@bp.route('/')
def index():
    3/0  # 강제로 오류 발생
    return redirect(url_for('question._list'))
```

3을 0으로 나눠 ZeroDivisionError 오류를 발생시켰다. 이어서 로컬에서 서버를 구동하고 파이보에 접속하면 다음과 같이 ZeroDivisionError가 발생한다.

간단히 테스트해 보려고 로컬에서 서버를 구동한 것이다.

그림 4-47 ZeroDivisionError를 웹 브라우저에 보여 주는 화면

운영 서버에서 파이보에 접속해 보기

그런데 깃을 이용하여 main_views.py 파일의 변경 내역을 깃허브에 push 하고 파이보에 접속하면 다음과 같은 화면이 나타난다. 이는 우리가 의도하지 않은 화면이다.

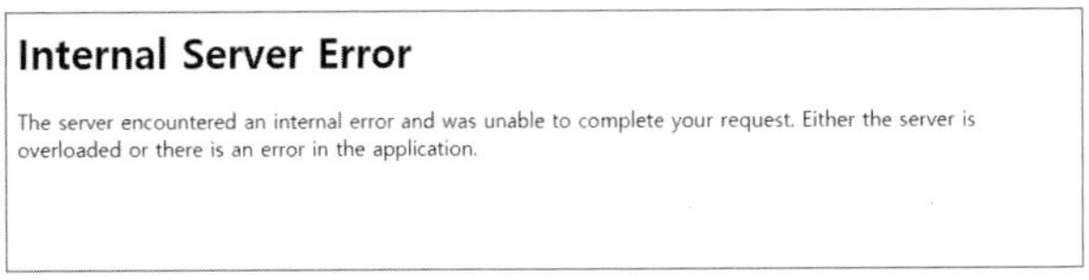

Internal Server Error

The server encountered an internal error and was unable to complete your request. Either the server is overloaded or there is an error in the application.

그림 4-48 서버에서는 오류를 정확히 보여 주지 않음

'Internal Server Error'가 표시되면 어떤 오류가 발생해서 나타난 화면인지 알 수 없다. 그렇다고 해서 오류를 표시하기 위해 플라스크 설정을 FLASK_ENV=development로 변경할 수도 없는 노릇이다.

이런 상황에서 구세주는 로그 파일이다. '그냥 화면에 정확한 오류를 출력하면 되지 않을까?'라고 생각할 수도 있다. 하지만 운영 환경은 여러 사람이 사용하므로 화면에 오류를 보여 주는 방법은 적당하지 않다. 만약 A의 오류 내용을 확인하려면 운영자가 A로 로그인한 다음 파이보를 같은 방법으로 (오류가 발생했던 방법으로) 사용해야 하는데, 이 역시 적당하지 않기 때문이다. 그래서 보통 운영 환경에서는 오류 식별을 위해 로그 파일을 생성하여 확인하는 방법을 사용한다. 여기서는 운영 환경에서 오류가 발생하면 특정 파일에 로그를 기록하는 방법을 알아본다.

> 앞에서 우리는 보안 문제 때문에 FLASK_ENV를 운영 환경에 맞도록 설정했다.

Do it! 실습 플라스크에 로깅 설정하기

01단계 config/production.py 파일 수정하기

운영 환경에서 로그를 파일로 저장하려면 production.py 파일을 다음과 같이 수정해야 한다.

파일 이름 C:/projects/myproject/config/production.py

```
from logging.config import dictConfig
(... 생략 ...)


dictConfig({
```

```
    'version': 1,
    'formatters': {
        'default': {
            'format': '[%(asctime)s] %(levelname)s in %(module)s: %(message)s',
        }
    },
    'handlers': {
        'file': {
            'level':'INFO',
            'class': 'logging.handlers.RotatingFileHandler',
            'filename': os.path.join(BASE_DIR, 'logs/myproject.log'),
            'maxBytes': 1024 * 1024 * 5,  # 5 MB
            'backupCount': 5,
            'formatter': 'default',
        },
    },
    'root': {
        'level': 'INFO',
        'handlers': ['file']
    }
})
```

플라스크는 파이썬의 기본 logging 모듈을 사용하므로 logging 모듈에 있
는 dictConfig를 그대로 사용하여 로그를 설정할 수 있다. 다음은 방금 입
력한 항목을 자세히 설명한 것이다. 어떤 로깅을 설정을 했는지 자세히 살
펴보자.

version을 고정값 "1"로 지정했다

version은 고정값 "1"을 사용해야 한다. 만약 다른 값을 입력하면
ValueError가 발생한다. 이 값은 의미 없어 보일 수도 있지만, logging 모
듈이 업그레이드되어도 현재 설정을 보장해 주는 안전장치이다.

formatters에 로그를 출력할 형식을 정의했다

formatters에는 '로그를 출력할 형식'을 정의한다. 여기서는 default 포맷
터를 등록했다. default 포맷터에 사용한 항목은 다음과 같다.

- asctime: 현재 시간
- levelname: 로그의 레벨(debug, info, warning, error, critical)
- module: 로그를 호출한 모듈명
- message: 출력 내용

handlers에 로그를 출력할 방법을 정의했다

handlers에는 '로그를 출력하는 방법'을 정의한다. 여기서는 file이라는 핸들러를 등록했다. file 핸들러에 사용한 항목은 다음과 같다.

- level: 출력 로그 레벨, 여기서는 INFO를 사용
- class: 로그 핸들러 클래스, RotatingFileHandler를 사용. RotatingFileHandler 는 파일 크기가 설정한 값보다 커지면 파일 뒤에 인덱스를 붙여 백업. RotatingFileHandler의 장점은 로그가 무한히 생겨도 파일 개수를 일정하게 유지 (rolling)하므로 '로그 파일이 너무 커져서 디스크가 꽉 차는 위험'을 방지
- filename: 로그 파일명
- maxBytes: 로그 파일 크기, 5MB로 설정
- backupCount: 로그 파일의 개수, 로그 파일을 총 5개 유지하도록 설정
- formatter: 포맷터, default 설정

root에 INFO 로그를 출력하도록 설정하고 이를 위해 file 핸들러를 추가했다

root는 '최상위 로거'를 의미한다. 로그 레벨은 INFO로 설정하고, 로그를 출력할 핸들러로 file 핸들러를 추가했다.

- level: 로그 레벨, INFO로 설정
- handler: 로그 핸들러, 위에서 정의한 file로 설정

참고로 로그 레벨은 다음과 같이 5단계로 구성된다.

1단계 DEBUG: 디버깅 목적으로 사용
2단계 INFO: 일반 정보를 출력할 목적으로 사용
3단계 WARNING: 경고 정보를 출력할 목적으로(작은 문제) 사용
4단계 ERROR: 오류 정보를 출력할 목적으로(큰 문제) 사용
5단계 CRITICAL: 아주 심각한 문제를 출력할 목적으로 사용

설명에서 짐작할 수 있듯이 로그 레벨의 순서는 다음과 같다. 그리고 설정한 레벨 이상의 로그만 출력될 것이다.

- DEBUG < INFO < WARNING < ERROR < CRITICAL

예를 들어 핸들러나 로거에서 로그 레벨을 INFO로 설정하면 DEBUG 로그는 출력되지 않고 INFO 이상의 로그, 즉 INFO, WARNING, ERROR, CRITICAL만 출력된다.

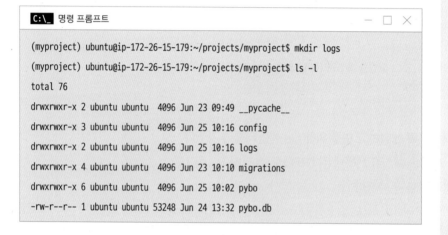

만약 ERROR로 설정하면 ERROR, CRITICAL 로그만 출력된다.

02단계 **변경 내역 서버에 적용하기**

서버에 logs 디렉터리를 생성한 뒤 변경 내역을 서버에 적용하자.

```
C:\_ 명령 프롬프트                                          —  □  ×

(myproject) ubuntu@ip-172-26-15-179:~/projects/myproject$ mkdir logs
(myproject) ubuntu@ip-172-26-15-179:~/projects/myproject$ ls -l
total 76
drwxrwxr-x 2 ubuntu ubuntu  4096 Jun 23 09:49 __pycache__
drwxrwxr-x 3 ubuntu ubuntu  4096 Jun 25 10:16 config
drwxrwxr-x 2 ubuntu ubuntu  4096 Jun 25 10:16 logs
drwxrwxr-x 4 ubuntu ubuntu  4096 Jun 23 10:10 migrations
drwxrwxr-x 6 ubuntu ubuntu  4096 Jun 25 10:02 pybo
-rw-r--r-- 1 ubuntu ubuntu 53248 Jun 24 13:32 pybo.db
```

만약 logs 디렉터리 없이 서버에 적용하고 Gunicorn을 다시 시작하면 502 오류 페이지를 만날 것이므로 반드시 logs 디렉터리를 생성하자.

---

502 Bad Gateway

nginx/1.14.0 (Ubuntu)

그림 4-49 logs 디렉터리가 없으면 502 오류 페이지 발생

03단계 logs 디렉터리 .gitignore 파일에 추가하기

아참, logs 디렉터리는 버전 관리 대상이 아니므로 .gitignore 파일에 logs 디렉터리를 추가하자. 추가한 후에는 반드시 깃허브에 이를 반영하자.

`파일 이름` `C:/projects/myproject/.gitignore`

```
.idea
pybo.db
*.pyc
__pycache__
logs
```

04단계 서버의 파이보에 접속하여 오류 로그 확인하기

Gunicorn을 다시 시작한 다음 파이보에 접속해 보자. main_vews.py 파일의 `index` 함수에서 3을 0으로 나누는 오류 때문에 웹 브라우저에는 'Internal Server Error' 오류 페이지가 나타난다. 하지만 이제는 로그 파일에 오류가 정확하게 기록되므로 이를 확인하면 된다.

`터미널` MobaXterm

```
(myproject) ubuntu@ip-172-26-15-179:~/projects/myproject$ cd logs
(myproject) ubuntu@ip-172-26-15-179:~/projects/myproject/logs$ cat myproject.log
[2020-06-25 10:17:06,958] ERROR in app: Exception on / [GET]
Traceback (most recent call last):
  ...
  File '/home/ubuntu/venvs/myproject/lib/python3.6/site-packages/flask/app.py',
line 1950, in full_dispatch_request
    rv = self.dispatch_request()
  File '/home/ubuntu/venvs/myproject/lib/python3.6/site-packages/flask/app.py',
line 1936, in dispatch_request
    return self.view_functions[rule.endpoint](**req.view_args)
  File '/home/ubuntu/projects/myproject/pybo/views/main_views.py', line 14, in
index
    3/0
ZeroDivisionError: division by zero
```

로그를 보면 오류 내용을 정확하게 확인할 수 있음

cat myproject.log에서 cat은 파일 내용 전체를 출력하는 유닉스 명령이다. 하지만 보통 로그를 확인할 때는 cat 명령보다 tail -f myproject.log 명령을 더 많이 사용한다. tail -f myproject.log 명령은 myproject.log 파일에 로그가 쌓일 때마다 로그 내용이 자동으로 출력된다.

파이보에서 직접 로그 출력하도록 설정하기

앞서 파이보에서 오류가 발생하면 오류 내용이 자동으로 오류 파일에 출력
되도록 설정했다. 하지만 오류가 아닌 상황에서도 디버깅 또는 로그를 이용
해 데이터를 수집하느라 로그를 직접 출력해야 할 때도 있다. 이제 파이보에
서 로그를 직접 출력하는 방법을 알아보자. main_views.py 파일의 **index** 함
수에 임시로 작성한 **3/0** 코드를 삭제하고 다음과 같이 수정해 보자.

파일 이름 C:/projects/myproject/pybo/views/main_views.py

```python
from flask import Blueprint, url_for, current_app
(... 생략 ...)


@bp.route('/')
def index():
    current_app.logger.info("INFO 레벨로 출력")
    (... 생략 ...)
```

파이보에서 직접 로그를 출력하려면 current_app.logger를 사용해야 한
다. current_app은 create_app 함수로 생성한 플라스크 앱 app을 의미한
다. current_app은 request와 마찬가지로 컨텍스트 구간에서 사용할 수 있
는 플라스크가 자동으로 생성해 주는 객체이다.

파이보에서 직접 출력하는 로그 확인하기

이제 서버에 변경 내역을 적용하고 파이보에 접속하면 myproject.log 파일
에 다음과 같은 로그가 출력된다.

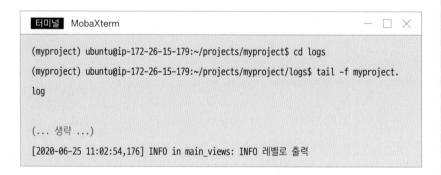

```
터미널  MobaXterm                                            ─ □ ✕

(myproject) ubuntu@ip-172-26-15-179:~/projects/myproject$ cd logs
(myproject) ubuntu@ip-172-26-15-179:~/projects/myproject/logs$ tail -f myproject.
log

(... 생략 ...)
[2020-06-25 11:02:54,176] INFO in main_views: INFO 레벨로 출력
```

04-14 파이보에 도메인 적용하기 - 비용 발생

이미 알겠지만 우리가 만든 파이보에 접속하려면 고정 IP를 이용해야 한다.

```
3.35.153.92
```

하지만 대부분의 웹 사이트는 이런 식으로 접속하지 않는다. 고정 IP는 외우기 어렵기 때문이다. 보통 다음과 같이 기억하기 쉬운 도메인을 이용한다.

```
pybo.kr
```

여기서는 도메인을 사용하는 방법을 알아본다. **참고로 도메인을 등록하려면 1년간 1~3만 원의 비용이 필요하다는 점을 참고하자.**

도메인 고르고 구입하기 - 비용 발생

01단계　도메인 고르기

도메인을 사용하려면 '중복되지 않은 이름'을 골라야 한다. '후이즈검색.한국'에 접속하여 도메인을 검색하자. 예를 들어 'pahkey.co.kr'을 검색하면 '등록되지 않은 도메인'이라고 나온다. 이렇게 등록되지 않은 도메인만 구입할 수 있다.

> 😊 인터넷 주소 창에 '후이즈검색.한국'을 입력하여 접속하자.

그림 4-50 WHOIS 서비스에서 도메인 조회

AWS Route 53 공식
주소: console.aws.
amazon.com/route53/
home

02단계 도메인 구입하기

도메인을 찾았다면 이제 도메인을 구입할 차례이다. 도메인은 AWS에서도 판매한다. AWS에서 도메인을 구입하려면 AWS Route 53에 접속하면 된다.

하지만 아쉽게도 AWS Route 53은 .kr 또는 .co.kr 도메인을 팔지 않는다. 만약 .kr과 같은 우리나라 도메인을 구입하려면 다른 도메인 업체를 찾아야 한다. 필자는 '가비아'에서 'pybo.kr' 도메인을 구입했다. 이 책은 도메인 사이트를 홍보하거나 홍보할 의도가 없고, 도메인 구입 방법은 아주 간단하므로 생략한다. **다만 꼭 알아야 할 것은 대부분의 도메인 판매 사이트에서는 도메인을 구입할 때 '네임 서버 주소'를 설정하는 항목이 있다는 점이다.** '네임 서버 주소'는 '고정 IP'와 '도메인'을 연결하는 항목이다. 이때 '네임 서버 주소'를 잘못 입력할 수도 있는데, 이 주소는 언제든지 수정할 수 있으므로 처음 등록할 때 임의로 해도 된다.

Do it! 실습 도메인과 AWS의 고정 IP 연결하기

도메인을 구입했다면 도메인과 AWS에 등록된 고정 IP를 연결해야 한다. 다음 단계를 따라 해서 도메인과 고정 IP를 연결하자.

01단계 AWS에서 DNS 영역 생성하기

먼저 AWS에 로그인하여 lightsail.aws.amazon.com에 접속한 뒤 [네트워킹] 탭을 선택하고 〈DNS 영역 생성〉을 클릭하자.

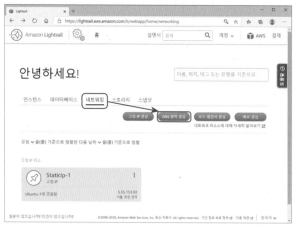

그림 4-51 DNS 영역 생성

도메인 입력하고 DNS 영역 생성하기

구매한 도메인을 입력하고 〈DNS 영역 생성〉을 클릭하자.

그림 4-52 도메인 입력 후 DNS 영역 생성하기

03단계 DNS 레코드 추가하기

DNS 레코드의 세부 정보 화면이 나타나면 〈+레코드 추가〉를 눌러 'DNS 레코드'에서 'A 레코드'를 선택하고 도메인에는 '@'를 입력한다. 그리고 고정 IP 'StaticIp-1'을 선택하고 오른쪽 바로 위에 체크 표시가 나타나도록 하자.

그림 4-53 DNS 레코드를 추가하는 과정

3단계를 마치고 나면 그림 4-54과 같은 화면이 나타난다. 화면에 표시한 부분이 AWS 라이트세일이 제공하는 네임 서버 주소 목록이다. 네임 서버 주소는 도메인의 네임 서버 주소로 등록해야 하므로 기억해 두자.

AWS 라이트세일의 네임 서버 주소는 'DNS 영역 생성'을 새로 하면 변경되므로 주의하자.

그림 4-54 DNS 레코드를 추가 완료한 화면

04단계 도메인 판매 업체에 AWS 네임 서버 주소 설정하기

AWS의 네임 서버 주소가 생성되었으므로 도메인을 구매한 업체에 접속하여 도메인의 네임 서버 주소를 AWS의 네임 서버 주소로 변경해야 한다. 필자의 경우 다음과 같은 화면에서 pybo.kr 도메인의 네임 서버 주소를 AWS의 네임 서버 주소로 등록했다. 이때 네임 서버 주소가 도메인에 적용되려면 보통 1~2일 걸린다.

그림 4-55 네임 서버 주소를 적용한 화면

05단계 Nginx 설정에 도메인 적용하기

도메인이 생성되었다면 Nginx의 설정도 변경해야 한다.

```
                                    파일 이름    /etc/nginx/sites-available/myproject

server {
        listen 80;
        server_name pybo.kr;

        location = /favicon.ico { access_log off; log_not_found off; }

        location /static {
                alias /home/ubuntu/projects/myproject/pybo/static;
        }

        location / {
                include proxy_params;
                proxy_pass http://unix:/tmp/myproject.sock;
        }
}
```

server_name을 3.35.153.92에서 pybo.kr로 변경했다. server_name을 수
정했다면 Nginx를 다시 시작하자.

```
 터미널   MobaXterm                                              —  □  ×

 (myproject) ubuntu@ip-172-26-15-179:/etc/nginx/sites-available$ sudo systemctl
 restart nginx
```

06단계 도메인 접속 확인하기

이제 도메인으로 파이보에 접속할 수 있다. 도메인 세계에 온 것을 축하한다!

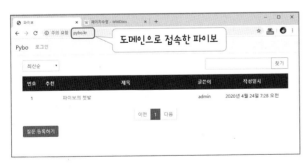

그림 4-56 도메인으로 접속한 파이보

04-15 PostgreSQL 데이터베이스 적용하기 - 1달 무료

맨 처음 SQLite 데이터베이스를 언급하면서 SQLite는 개발 단계에서 유용하고 운영 단계에서는 많이 부족하다고 설명했다. 이제 우리 파이보는 운영 단계에 접어들었으므로 SQLite보다 성능이 좋은 데이터베이스를 도입해야 한다. 데이터베이스의 종류는 아주 다양하다. 대표적으로 오라클과 같은 상용 데이터베이스가 있지만, 이 데이터베이스는 대규모 서비스에 적합하다. 소규모 서비스는 무료인 PostgreSQL, MySQL과 같은 데이터베이스를 많이 사용한다. 여기에서는 PostgreSQL 데이터베이스를 사용한다.

> 🧪 완성 소스
> github.com/pahkey/
> flaskbook/tree/4-15

Do it! 실습   PostgreSQL 데이터베이스 생성하기 - 비용 발생, 1달 무료

PostgreSQL는 2가지 방법으로 사용할 수 있다. 첫 번째 방법은 서버에 PostgreSQL을 설치하여 사용하는 것이고, 두 번째 방법은 AWS 라이트세일에서 제공하는 데이터베이스 인스턴스를 사용하는 것이다. 이 책에서는 첫 번째 방법을 권장하지 않는다. 왜냐하면 데이터베이스를 서버에 설치하고 여러 상황에 맞게 환경 설정하기란 결코 쉽지 않기 때문이다. 그래서 우리는 두 번째 방법으로 PostgreSQL을 사용할 것이다. **참고로 AWS 라이트세일에서 제공하는 PostgreSQL은 첫 달 1달은 무료이고 이후 매월 15달러의 비용이 발생한다는 점을 알아 두자.**

> 😀 PostgreSQL 데이터베이스는 앞으로 줄여서 PostgreSQL이라고 할 것이다.

01단계   데이터베이스 생성하기

AWS 라이트세일에 로그인한 다음 lightsail.aws.amazon.com에 접속하고 [데이터베이스] 탭의 〈데이터베이스 생성〉을 클릭하자.

그림 4-57 데이터베이스 생성 화면

이어서 〈AWS 리전 및 가용 영역 변경〉을 클릭하고 〈서울〉을 선택하자.

그림 4-58 AWS 리전 및 가용 영역 변경 화면

02단계 **데이터베이스 인스턴스 버전 선택하고 플랜 선택하기**

〈PostgreSQL〉을 선택하고 버전은 최신 버전을 선택하자. 그리고 플랜은 $15을 선택하자. 다시 말하지만 $15 플랜은 1달 무료이다.

이 책을 작성하는 시점의 PostgreSQL 최신 버전은 12.4이다.

그림 4-59 데이터베이스 종류와 플랜 선택 화면

03단계 데이터베이스 인스턴스 필숫값 입력하고 생성 마무리하기

리소스 이름에 'Database-1'을 입력하고 〈데이터베이스 생성〉을 클릭하자.

그림 4-60 데이터베이스 이름 입력 후 데이터베이스 생성

그러면 다음과 같이 데이터베이스 인스턴스가 생성된다. 하지만 상태는 '생성 중'이므로 아직 사용할 수 없는 상태이다. 10~15분 기다리면 데이터베이스 인스턴스가 '사용 가능'으로 변경된다. 잠시 휴식을 취하고 돌아오자.

그림 4-61 데이터베이스 생성 중 확인

04단계 데이터베이스 인스턴스 설정 확인하기

'사용 가능'으로 변경된 'Database-1'을 클릭하고 연결 세부 정보를 확인
하자.

그림 4-62 데이터베이스 생성 완료 화면

그림 4-63 데이터베이스 연결 세부 정보 확인 화면

연결 세부 정보에서는 중요한 정보 3가지를 확인할 수 있다.

> ❶ 사용자 이름: dbmasteruser를 확인할 수 있음
> ❷ 암호: 〈표시〉를 누르면 암호를 볼 수 있음
> ❸ 데이터베이스 주소: '엔드포인트'로 데이터베이스의 도메인 주소가 적혀 있음

이 정보는 파이보에서 PostgreSQL에 접속할 때 필요하므로 반드시 기억해
두어야 한다.

데이터베이스 생성하고 파이보에서 사용해 보기

생성된 PostgreSQL 인스턴스에 파이보가 사용할 'flask_pybo'라는 이름
의 데이터베이스를 생성하자.

01단계 서버에 PostgreSQL 클라이언트 설치하기

앞에서 생성한 PostgreSQL 인스턴스에 접속하려면 서버에 PostgreSQL
클라이언트를 설치해야 한다.

터미널 MobaXterm   — □ ✕

```
(myproject) ubuntu@ip-172-26-15-179:~/projects/myproject$ sudo apt install post
gresql-client
```

postgresql-client 패키지를 설치했다. 이 패키지를 설치하면 AWS 라이트
세일의 데이터베이스 인스턴스에 **createdb**나 **psql** 등의 명령으로 데이터
베이스를 생성하거나 데이터베이스 쿼리를 실행할 수 있다.

02단계 데이터베이스 생성하기

다음 명령을 실행하여 PostgreSQL 데이터베이스 인스턴스에 'flask_
pybo'라는 이름의 데이터베이스를 생성하자. 이때 '데이터베이스 주소'는
앞에서 확인한 '엔드포인트'에 적힌 것을 의미한다.

```
터미널  MobaXterm                                                    —  □  ×

(myproject) ubuntu@ip-172-26-15-179:~/projects/myproject$ createdb flask_pybo --us
ername=dbmasteruser -h <데이터베이스 주소>          엔드포인트 입력
```

그리고 createdb 명령을 실행할 때 암호를 물어보는데 역시 앞에서 확인했
던 암호를 입력하면 된다.

03단계 파이보에서 데이터베이스에 접속하기

이제 파이보에서 'flask_pybo' 데이터베이스에 접속하자. 파이보는 플라스
크로 개발되었으므로 플라스크에서 PostgreSQL에 접속하는 데 필요한
psycopg2 모듈이 필요하다. psycopg2 모듈을 설치하자.

```
터미널  MobaXterm                                                    —  □  ×

(myproject) ubuntu@ip-172-26-15-179:~/projects/myproject$ pip install psycopg2-binary
Collecting psycopg2-binary
  Downloading https://files.pythonhosted.org/packages/d3/8a/a7ed55c2c55bd4f5844d-
72734fedc0cef8a74518a0a19105a21c15628f1e/psycopg2_binary-2.8.5-cp36-cp36m-manyli-
nux1_x86_64.whl (2.9MB)
    100% |████████████████████████████████| 2.9MB 444kB/s
Installing collected packages: psycopg2-binary
Successfully installed psycopg2-binary-2.8.5
```

04단계 config/production.py 파일에 SQLALCHEMY_
DATABASE_URI 설정하기

그리고 다시 로컬로 돌아와 production.py 파일의 SQLALCHEMY_DATABASE_
URI 항목을 수정하자.

```
(... 생략 ...)
SQLALCHEMY_DATABASE_URI = 'postgresql+psycopg2://{user}:{pw}@{url}/{db}'.format(
    user='dbmasteruser',
    pw=' !74jHF6(3.y=Xm.i_VQyK}oGA4.7Mh.Z ',
    url=' ls-ba57b1ba6d1319c2fb5f25a76c51aa38b898dbf9.cgsoso8jj2vb.ap-northeast-2.
rds.amazonaws.com',
    db='flask_pybo')
```

우리가 입력한 **SQLALCHEMY_DATABASE_URI** 항목의 의미는 각각 다음과 같다.

- user: 사용자 이름
- pw: 암호
- url: 데이터베이스 주소
- db: 데이터베이스 이름

변경 내역은 add, commit, push 과정을 거쳐 깃허브에 올리고 서버로 들어 가 pull을 이용해서 적용하자.

05단계 **migrations 디렉터리 삭제 후 테이블 생성하기**

이제 서버의 데이터베이스가 PostgreSQL로 변경되었으니 migrations 디렉터리를 삭제해야 한다. 왜냐하면 migrations 디렉터리에 생성된 파일은 모두 SQLite를 기반으로 해서 만들어졌기 때문이다. 다음 명령으로 migrations 디렉터리를 삭제하자.

터미널 MobaXterm   — □ ×

```
(myproject) ubuntu@ip-172-26-15-179:~/projects/myproject$ rm -rf migrations
```

rm -rf 명령은 강제로 파일이나 디렉터리를 삭제하므로 주의해서 사용해 야 한다.

이어서 데이터베이스를 초기화하고 필요한 테이블을 생성하자.

터미널 MobaXterm   — □ ×

```
(myproject) ubuntu@ip-172-26-15-179:~/projects/myproject$ flask db init
(myproject) ubuntu@ip-172-26-15-179:~/projects/myproject$ flask db migrate
(myproject) ubuntu@ip-172-26-15-179:~/projects/myproject$ flask db upgrade
```

서버에 PostgreSQL을 적용했다. 서버를 실행하여 파이보 기능이 잘 동작하는지 확인하자.

 답변 수가 없는 게시글이 먼저 보이는 문제 해결하기

그런데 여기서 잠시 짚고 넘어갈 문제가 있다. **바로 Null 데이터를 정렬할 때 PostgreSQL의 order_by 함수가 SQLite의 order_by 함수와 다르게 동작한다는 점이다.** 예를 들어 PostgreSQL에서는 인기순으로 정렬할 때 답변 수가 없는 것부터 먼저 나타난다. 이 문제를 해결하려면 PostgreSQL의 order_by 함수를 사용하기 전에 nullslast 함수를 사용해야 한다. 이를테면 다음과 같이 order_by 함수를 사용하는 부분의 코드를 모두 수정해야 한다.

```
from sqlalchemy import nullslast
(... 생략 ...)
order_by(nullslast(sub_query.c.num_answer.desc()), Question.create_date.desc())
```

하지만 이와 같이 수정하면 로컬 환경에서는 여전히 SQLite를 사용하므로 PostgreSQL에서만 사용할 수 있는 'nullslast라는 구문을 해석할 수 없다'는 오류가 발생한다. 그러므로 우리는 로컬 환경과 서버 환경의 코드를 나눠서 처리해야 한다. 여기서는 그에 맞도록 코드를 수정한다.

01단계 **question_views.py 수정하기**

| 파일 이름 | C:/projects/myproject/pybo/views/question_views.py |

```
(... 생략 ...)
from sqlalchemy import func, nullslast
(... 생략 ...)

def _nullslast(obj):
    if current_app.config['SQLALCHEMY_DATABASE_URI'].startswith("sqlite"):
        return obj
    else:
        return nullslast(obj)
```

```
@bp.route('/list/')
def _list():
    (... 생략 ...)


    # 정렬
    if so == 'recommend':
        (... 생략 ...)
        question_list = Question.query \
            .outerjoin(sub_query, Question.id == sub_query.c.question_id) \
            .order_by(_nullslast(sub_query.c.num_voter.desc()), Question.create_
date.desc())
    elif so == 'popular':
        (... 생략 ...)
        question_list = Question.query \
            .outerjoin(sub_query, Question.id == sub_query.c.question_id) \
            .order_by(_nullslast(sub_query.c.num_answer.desc()), Question.create_
date.desc())
    else:  # recent
        question_list = Question.query.order_by(Question.create_date.desc())
(... 생략 ...)
```

_nullslast라는 함수를 만들고 SQLite이 아닌 경우 nullslast 함수를 적
용하도록 코드를 수정했다. 이제 환경에 관계없이 게시글이 잘 정렬될 것
이다.

 ## pgAdmin으로 로컬에서 PostgreSQL 서버에 접속하기

나중에 서버를 운영하다 보면 데이터베이스 백업과 같은 작업을 할 수도 있
다. 그런 경우 pgAdmin 프로그램은 PostgreSQL 사용자에게 많은 편의를
제공해 준다. 여기서는 pgAdmin으로 PostgreSQL 서버의 데이터베이스에
접속하는 방법을 간단히 소개한다. 나머지 궁금한 내용은 스스로 공부하자.

pgAdmin으로 접속하기 위해 AWS 데이터베이스 퍼블릭 모드로 변경하기

pgAdmin으로 PostgreSQL 서버의 데이터베이스에 접속하려면 AWS에서 [네트워킹] 탭에 있는 '네트워크 보안'을 '퍼블릭 모드'로 변경해야 한다. 이렇게 퍼블릭 모드를 활성화한 뒤 사용자 이름과 암호를 사용해야 하므로 이때 개인 정보가 유출되지 않도록 주의하자.

그림 4-64 데이터베이스 퍼블릭 모드 전환 화면

pgAdmin 설치하고 PostgreSQL 서버에 접속하기

www.pgadmin.org/download에서 pgAdmin을 내려받고 설치하자. 설치 과정은 간단하므로 생략한다. pgAdmin이 설치되면 다음처럼 서버를 등록하면 된다. 'Create - Server' 창에서 [General] 탭의 'Name' 항목에 'pybo'를 입력하자.

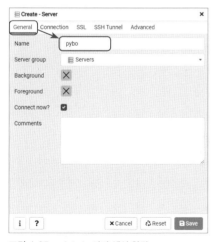

그림 4-65 pgAdmin 서버 생성 화면

이어서 [Connection] 탭에서 다음 내용을 입력하고 〈Save〉를 클릭하자. Host는 여러분의 PostgreSQL 서버 주소이므로 AWS에 접속하여 복사해서 입력하자. Port, Maintenance database는 책에서 제시한 화면과 똑같이 입력하면 된다.

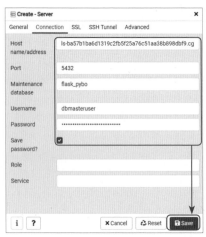

그림 4-66 서버 연결 정보 입력 화면

2단계 작업을 완료하면 다음과 같이 PostgreSQL 서버에 접속한 모습을 보여 준다. 이후 pgAdmin으로 데이터베이스 작업을 할 수 있다.

그림 4-67 pgAdmin 연결 완료 화면

이제 모든 과정이 끝났다! 점프 투 플라스크 졸업을 축하한다!

Basic Programming Course
기초 프로그래밍 코스 | 파이썬, C 언어, 자바로 시작하는 프로그래밍! 기초 단계를 독파한 후 응용 단계로 넘어가세요!

기초 단계

박응용 | 432쪽

김성엽 | 576쪽

김동형 | 856쪽

시바타 보요 저, 강민 역 | 408쪽

시바타 보요 저, 강민 역 | 452쪽

시바타 보요 저, 강민 역 | 424쪽

응용 단계

김창현 | 384쪽

강성윤 | 720쪽

김종관 | 564쪽

나는 어떤 코스가 적합할까?

A 파이썬 개발자가 되고 싶은 사람

- Do it! 점프 투 파이썬
- Do it! 점프 투 파이썬 — 라이브러리 예제 편
- Do it! 파이썬 생활 프로그래밍 with 챗GPT
- Do it! 점프 투 장고
- Do it! 장고+부트스트랩 파이썬 웹 개발의 정석
- Do it! 챗GPT+파이썬으로 AI 직원 만들기

B 자바·코틀린 개발자가 되고 싶은 사람

- Do it! 점프 투 자바
- Do it! 자바 완전 정복
- Do it! 자바 프로그래밍 입문
- Do it! 안드로이드 앱 프로그래밍
- Do it! 깡샘의 안드로이드 앱 프로그래밍 with 코틀린

B 기초 프로그래밍 코스

Do it!
점프 투 파이썬 — 전면 개정판

하루 한 시간이면 당신도 프로그램을
만들 수 있다!

초보자의 마음을 가장 잘 이해하고,
프로그래밍의 재미를 알려주는 책

난이도 ▰▰▰▰▰
박응용 지음 | 18,800원

Do it!
자료구조와 함께 배우는
알고리즘 입문 — 파이썬 편

213개의 그림과

136개의 파이썬 실전 예제로
빠르고 쉽게 배운다!

난이도 ▰▰▰▰▰
시바타 보요 지음 | 22,000원

Do it!
C언어 입문

실무 20년, 현업 프로그래머가
초보자를 위해 엮었다!

120개 예제·270개 그림으로
배우는 C 프로그래밍 기본!

난이도 ▰▰▰▰▰
김성엽 지음 | 25,000원

Do it!
자료구조와 함께 배우는
알고리즘 입문 - C 언어 편

263개의 도해와 114개의 예제!

자료구조와 알고리즘을
한 번에 쉽고 정확하게 배운다!

난이도 ▰▰▰▰▰
보요 시바타 지음 | 22,000원

Do it!
자바 프로그래밍 입문

개발 10년, 강의 10년! 명강사의
기초 튼튼 코딩 밥상!

135개 그림! 실전 예제! 자바 기본
문법은 이 책 한권으로 OK!

난이도 ▰▰▰▰▰
박은종 지음 | 25,000원

Do it!
자료구조와 함께 배우는
알고리즘 입문 - 자바 편

220개의 도해와 88개의 예제!

꼼꼼한 코드 설명과 그림으로 이
해하기 쉽다!

난이도 ▰▰▰▰▰
보요 시바타 지음 | 22,000원

▰▰▰▰▰ 문과생, 비 전문가도 보는 책   ▰▰▰ 해당 분야의 이해가 조금 필요한 책

웹 프로그래밍의 기초부터 배우고 싶다면?

Web Programming&Web Design Course

웹 프로그래밍 & 디자인 코스

Do it!
HTML5 + CSS3 웹 표준의 정석 — 전면 개정 2판

웹 분야 1위 도서! HTML5 최신 표준안으로 개정!
코딩 왕초보도 이 한 권이면 기초부터 활용까지 완전 정복!

난이도 고경희 지음 | 25,000원

Do it!
리액트 프로그래밍 정석

리액트 기초부터 가상 코딩 거래소 만들기,
파이어베이스 서비스 배포까지!

난이도 ⬛⬛⬛⬜⬜ 박호준 지음 | 36,000원

Do it!
타입스크립트 프로그래밍

10만 건의 빅데이터 처리와
API 서버 & 리액트 웹 개발까지!

난이도 ⬛⬛⬛⬜⬜ 전예홍 지음 | 25,000원

Do it!
웹 프로그래밍을 위한 자바스크립트 기본 편

풀스택 개발자가 되기 위한 첫걸음
실습으로 재미있게 끝낸다!

난이도 ⬛⬛⬛⬜⬜ 고경희 지음 | 18,800원

Do it!
자바스크립트 + 제이쿼리 입문
— 전면 개정판

4년 연속 베스트셀러! 자바스크립트, 제이쿼리의
기본과 실전에 필요한 핵심을 모두 담았다!

난이도 ⬛⬛⬛⬜⬜ 정인용 지음 | 20,000원

Do it!
Vue.js 입문

Vue.js 현업 개발자이자
국내 최초 Vue.js 전문 강사가
엄선한 핵심 노하우!

난이도 ⬛⬛⬛⬜⬜ 장기효 지음 | 15,000원

Do it!
파이썬 웹 프로그래밍

나만의 블로그를 직접 개발하며
배우는 파이썬 웹 프로그래밍!

난이도 ⬛⬛⬛⬜⬜ 이성용 지음 | 미정

⬛⬛⬛⬜⬜ 문과생, 비 전문가도 보는 책   ⬛⬛⬛⬜⬜ 해당 분야의 이해가 조금 필요한 책